客家研究
Hakka
Studies

叢書主編：蕭新煌 教授

本書為科技部（現為國家科學與技術委員會）110 年度補助整合型研究計畫
「族群理論與政策的反思與重建：以「客家」為核心的思考」研究成果並由
科技部領學者助攻方案—沙克爾頓計畫（輔導規劃型）（MOS 108-2638-H-
008-002-MY2）提供出版經費。

客家研究 與 族群研究的對話

張翰璧、蔡芬芳　主編

陳秀琪、賴維凱、黃雯君、王保鍵、孫　煒、
黃菊芳、張陳基　著

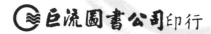巨流圖書公司印行

國家圖書館出版品預行編目（CIP）資料

客家研究與族群研究的對話 / 張翰璧, 蔡芬芳, 陳秀琪,
賴維凱, 黃雯君, 王保鍵, 孫煒, 黃菊芳, 張陳基著；張
翰璧, 蔡芬芳主編. -- 初版. -- 高雄市：巨流圖書股份
有限公司, 2023.01
　　面；　公分

　　ISBN 978-957-732-684-3（平裝）

　　1.CST: 客家　2.CST: 文化研究　3.CST: 族群
　　4.CST: 文集

536.21107　　　　　　　　　　　　　　111019805

客家研究與族群研究的對話

主　　　編	張翰璧、蔡芬芳	
作　　　者	張翰璧、蔡芬芳、陳秀琪、賴維凱、黃雯君、王保鍵、孫煒、黃菊芳、張陳基	
責 任 編 輯	張如芷	
封 面 設 計	毛湘萍	
發 　行　 人	楊曉華	
總　 編 　輯	蔡國彬	

出　　　版　巨流圖書股份有限公司
　　　　　　802019 高雄市苓雅區五福一路57號2樓之2
　　　　　　電話：07-2265267
　　　　　　傳真：07-2264697
　　　　　　e-mail：chuliu@liwen.com.tw
　　　　　　網址：http://www.liwen.com.tw

編 　輯 　部　100003 臺北市中正區重慶南路一段57號10樓之12
　　　　　　電話：02-29222396
　　　　　　傳真：02-29220464

劃 撥 帳 號　01002323 巨流圖書股份有限公司
購 書 專 線　07-2265267 轉236

法 律 顧 問　林廷隆律師
　　　　　　電話：02-29658212

出 版 登 記 證　局版臺業字第1045號

ISBN 978-957-732-684-3（平裝）
初版一刷・2023 年 1 月

定價：450 元

目錄

圖目錄

表目錄

導論

族群理論與政策的反思：
以「客家」為核心的思考

張翰璧、蔡芬芳

　　本書各章節內容源自科技部（自 2022 年改制為國家科學與技術委員會，簡稱國科會）補助的整合型計畫「族群理論與政策的反思與重建：以「客家」為核心的思考」[1]。在當代學術研究之中，臺灣少數族群文化發展的性質、功能及其制度定位，以及地方社會的發展，是一個至關重要的新興研究議題，本書藉著理論、政策、族群研究、族群資料庫的四個面向，希望以批判理論的觀點，從理論、社會事實、族群政策三個層次，在過去的多元文化／族群／客家研究基礎上，開始「重構客家」，作為未來族群政治發展的基礎，並找出客家文化再創造的結構力量與機制。上述成果，將可作為建構全面性臺灣族群文化發展理論、族群主流化論述的基礎工程。同時隨著全球／當代臺灣社會族群邊界的模

1　本整合型計畫總主持人為張翰璧，共同主持人為蔡芬芳，執行期間為 110 年 1 月 1 日至 110 年 12 月 31 日，計畫編號為 MOST 110-2420-H-008-001，特此向科技部致謝。本書中的作者皆為整合型計畫成員，各章內容為作者各自科技部計畫部分成果，然而因考量客語在臺灣多元文化政策中極具重要性，因此邀請黃雯君加入，讓本書內容更加完備。

糊或是族群衝突的增加，對於族群關係與國家發展帶來新的影響，如何從不同領域的人文及社會科學多重觀點切入，深入族群日常生活與互動，檢視不同政治與社會制度與分類方式對於族群關係與認同的影響；思考每個個體的族群認同可能在與當下的時空、文化與社會對話、互動所交織出的複雜現象；找尋並建立一個新的方式來容納臺灣族群文化的彈性與變遷，並同時促進族群多元平等、共榮、尊重之實踐，以發展出合乎正義原則之社會自覺或改善政體之學術知識。

西方啟蒙運動塑造的「現代性」歷史條件，使得西方／臺灣學術界對於少數族群文化發展在民主化過程中的位置、功能與運作的認識相當不足，而且易傾向於意識形態的詮釋，認為少數族群的相關政策濫用公共資源，甚且被污名化。本書研究目標在於了解客家／族群的生活樣態，探求適當的定位，並提供合理的制度設計與政策建議。也希望將研究成果轉為實務運用，提供政府治理的建議，解決複雜的在地社會發展的議題，以及滿足人民／族群／國族的多元需求。

在世界政治建構「同質性的民族」時，找尋「異質性族群」的衝突愈見激烈，臺灣的族群政治與政策發展的關鍵，在於重新思考多元文化主義與族群的相關理論，並將理論帶回臺灣歷史社會的脈絡中思考，以取得多元族群的平衡，推動強調「同中有異」、「異中有同」的生活方式和認同架構。本書希望將研究成果，進一步貢獻在於建構多重認同下的臺灣地方社會，找出新的推動社會往前發展的力量，使這些不同於全球化的歷史推力，能夠成為臺灣面對國際的新架構。

一、研究背景：「同質性的民族」vs.「異質性族群」

　　Bagehot 稱 19 世紀是「民族創建的世紀」（nation-building），並給予民族一個解釋，「若你不曾問起民族的意義為何，我們會以為我們早已知道答案，但是，實際上我們很難解釋清楚到底民族是什麼，也很難給它一個簡單定義。」（Bagehot 1887；轉引自 Hobsbawm 1997：3）在國際社會層次，自二次世界大戰到 1960 年代末，全球政治情勢面臨著民族自決的國族打造過程，以及與之密切相關的族群衝突現象，世界政治在建構「同質性的民族」時，找尋「異質性族群」的衝突愈見激烈。這兩種趨勢，使得戰後西方學者聚焦相關的國族、族群等研究並建構理論。到了 1990 年代東西冷戰結束，民主與人權成為普世價值，全球化的資本運作快速發展，世界政治的同質性發展，促使個別國家逐步聚焦民族內部的平等性問題，除了性別、世代、階級等原本就是重要的平等議題外，族群成為新的關注焦點，多元文化主義的口號雖沒有取代民主理論，卻是民族國家取得統治正當性的重要基礎，藉此將少數族群團體認同的投入，轉移至國族認同之中。然而，政治變遷並未如政治統治階級所願，族群認同運動與族群間衝突依舊在世界各地上演，且伴隨著宗教的力量，愈趨嚴重。另一個發展趨勢是，個別國家的族群衝突，隨著二戰後大量移民的出現，族群打造和族群衝突有時成為跨國界的議題，牽動國家間關係。換言之，族群認同的發展，牽動的層次包含甚廣，可能會同時涉及族群內部、個別國家內部族群關係、跨國界的族群動員、國族的國際政治等層次。

　　國內政治社會的發展和國際社會有著連動的趨勢。臺灣社會自二戰以來，逐漸形成五大「族群」：原住民、福佬、客家、「外省」、新住民的論述。然而政治解嚴以來的當代族群運動，或是族群議題的討論多

集中在原住民（民族國家建立過程中幾乎被剝奪所有權利的族群／種族）、客家（在民族國家建立過程中被剝奪了「文化權」）以及新住民（全球化浪潮下自願移動的婚姻移民，是否可以用「族群」的概念描述他們的集體性有待學術的深入討論），基本上，這三類「族群」所形成的歷史背景、面對的族群議題、以及要求的族群權利不盡相同。近二十年來，臺灣的政治口號和社會主張，一直強調臺灣是個多元族群（multi-ethnic）所組成的社會，以此來支持不同族群政策的發展，但是所面臨的是另一層次的政策區隔，例如原住民、客家、新住民的相關議題與補助申請，幾乎要回到專責機構（原住民族委員會〔簡稱原民會〕、客家委員會〔簡稱客委會〕、內政部移民署）處理，而非針對普遍公民施政的文化部。這種行政上的潛規則相當程度代表政治妥協和社會共識。然而，政府並未針對上述族群政策的現實，深入思考如何透過多元文化理論與政策、族群理論與政策的整體思考，針對不同族群所面臨的問題與不同權利面向進行深刻的論述。就規範上而言，我們追求的是何種族群關係（同化／涵化／融合、隔離、還是和諧共存）？究竟原住民族、客家、新住民之族群權利內涵為何？這是臺灣所面臨的新社會挑戰：如何在政策思考、規劃和執行過程中建立「族群感知」的能力，以達到族群平等，建立和諧的族群關係。

此外，以客家為例，自 1988 年還我母語運動到 2001 年客委會的成立，2021 年是客委會成立二十週年。相對於原民會，客委會的許多政策著力於語言復振。因為戒嚴時期一元化的語言文化政策，使得客家族群被形容成社會中的隱形人，較少以母語積極地參與社會和政治運動（徐正光、蕭新煌 1995）。2001 年自客委會的設立，關於族群政策的制定和廣播頻道、電視節目等公共資源分配的檢討與相關政策的制定持續進行修正，客家在公共領域現身似乎提升了客家族群的自尊與認同，

而客家族群的「文化權」恢復似乎也朝向正面的方向發展。以臺灣全部客家人為範圍的「客家想像」開始逐步建構，並逐步擴及海外。然而，二十年的族群政策也需要有階段性的檢討與思考。

　　基本上，「族群政策」具有雙元性，必須建立政府對於族群／多元文化的論述，一方面又必須建立在個別社會的族群研究和相關族群統計資料庫的基礎上。換言之，「族群」作為當代政治或是集體生活的重要基礎，除了個人主觀認同外，還應關注其呈現的社會事實（族群研究、族群政策、族群統計資料）與歷史延展性（特定時空環境下的歷史產物，殖民主義、民族國家、多元文化主義發展過程的交織性）。尤其，族群的成立有其共通的客觀組成條件，例如語言、文化、共居地，跨國的族群團體更會面臨當今民族國家的國籍選擇的問題，無法單純僅靠主觀認同來界定族群。在處理族群議題時，除了探討族群議題出現的歷史性和社會情境外，提出不同族群的劃分標準和制訂政策，也必須提出族群呈現的社會基礎。如果沒有族群相關資料的蒐集，族群共同體的劃分標準將會受到質疑，甚至漫無標準。以客委會和原民會為例，自成立以來，都希望建立族群統計相關的資料庫，除了作為施政參考，也是正當化族群事務機構的存在。換言之，所謂的族群或是族群議題，不僅需要客觀條件和主觀認定，還涉及社會或集體層次的政治、社會等巨觀層次的問題，例如學校的語言教育、多元文化政策、族群媒體傳播等影響。這些議題和政策及其背後的「族群」意涵和族群關係，都隨著時間而有變化，與時俱進。因此，族群相關的調查（人口、語言、社會經濟狀況等）與文化研究（語言、文學等），都應該納入國家體制、社會脈絡和歷史情境架構下討論。

　　雖然，自 1960 年代以來，社會科學開始研究族群相關議題，並建立知識論述，然而在愈來愈部落化的政治中，族群理論或是相關研究可

以提供何種的參照或是研究經驗，讓族群既提供團體內成員認同的依附，又能找到每個國家在族群問題上的平衡點，建立臺灣未來發展的核心價值與願景，是本書企圖進行研究的目的。

二、一種移動、兩種主義

對於企圖分析族群衝突或移民整合議題並建立相關理論的社會科學家而言，族群意識的出現及其在歷史、社會脈絡的動態發展是理論與實證分析的核心軸線（Bayar 2009：1639）。種族和族群運動成為學術討論和政策與政治辯論中反覆出現的主題，這種趨勢與不斷變化的全球化發展和個別國家政治有關。族群作為當代世界存在的一個重要問題，與資本主義發展出來的社會不公平具有密切的關聯性。然而，「族群」一詞的普遍使用與相關權利的提倡是相當晚近的發展。1963 年聯合國在通過「消除各種形式種族的歧視宣言」，提到對於種族、膚色以及族群的歧視，會妨害到國與國之間友好及和平關係，並損及民族間的和平及安全。宣言中使用的是「種族」、「族群」的概念。而對於種族議題的關心，主要在於消極的反歧視，而非正面的集體權。1965 年，聯合國又通過《消除各種形式種族歧視國際公約》，雖然在定義「種族歧視」之際提及種族、膚色、血緣、國籍，以及族群等字眼，並未明指集體權的概念，倒是提出國家必須想辦法提升少數族群的地位（第 1 條，第 5 款）（施正鋒 2005：12-13）。

種族、族群與多元文化主義的出現，與過去五、六百年來世界史的發展密切相關，第一次的大規模移動，是帝國主義的殖民，建立起以體質（種族）為基礎的統治階層，權力系統的核心是殖民帝國的白人階

級。第二次的大規模移動，指的是全球化下的人群，因為通商、就學、旅遊、通婚等大規模人群的移動。人群的移動與接觸，加上民主和人權成為普世價值，多元文化主義的論述伴隨少數族群反殖民、反國族建構的運動迅速發展，族群關係也從種族中心的層級式權力關係，逐步發展為多元文化主義的扁平式互動關係。

　　自 20 世紀初以來，種族和族群關係的研究一直是社會科學的一部分，在第二次世界大戰之前和之後的時期，種族和族群社會學研究的許多方法開始形成。1950 年代和 1960 年代的民權和黑人權力運動以及 1960 年代的學生騷亂和種族騷亂之後，種族和種族主義的研究也成為美國社會學的重要研究領域（Murji and Solomos 2015：1）。事實上，「種族」或是「族群」的團體分類概念很早就存在，不同的歷史脈絡與社會制度會以其為工具，作為統治的策略。特別是在提及非洲研究時，種族總是和「部落主義」（tribalism）畫上等號，儘管非洲從去殖民化到現在，發生了許多重要的經濟和政治變化，歐洲的非洲裔和非屬非洲裔學者仍然存有「部落」作為分析單位的思想模式。如果「部落主義」被認為是非洲特有的，那麼知識分析架構和意識形態本身則是起源於歐洲（Mafeje　1971：253），尤其是殖民時期統治觀點的分類，殖民政權在建立政權統治的同時，創造了被稱為「部落」的社會事物（social things），並以此為基礎劃分權力的位階與文化的高低。這樣的統治層級的架構，沿著歷史發展往民族國家推進，逐步轉變成民族與族群團體的架構，實質上的權力關係依舊可區分成優勢族群與少數族群。當民族國家進一步發展民主制度時，統治層級的架構逐漸扁平化，少數群體、部落或是種族的人群分類概念，都成為社會運動的基礎。

　　James（2006）從政治角度探討全球化發展下「部落主義」的發展。所謂「部落主義」，是去殖民政治領域經常引用的辭彙，國家體制

之下依然存在部落（tribe）或種族（race）群體，本質上在區分我群和他群的不同，是基於部族成員共同創造文化而產生的對我族的認同感。通常，部族具有實際的血緣關係和假想的共同起源（祖先或神話），產生一種強烈的部族情感和部族情緒，以對抗民族主義的發展與政治權力上的不對等關係。例如 20 世紀末期的盧安達、波士尼亞、科索沃、車臣等地回到新部落主義的矛盾，理性的現代民族國家統治，滲入感性的部族成員的政治認同。從歷史的發展和概念的使用，來看「種族」、「族群」、「多元文化」充滿了批判性和社會實踐的特性。

不論是各地發生的族群衝突、戰後全球化經濟下的商人移動，都隱含著民族、種族、族群的因素，因此，許多當代的政治理論開始強調「多元文化主義」（multiculturalism），希望修補去脈絡化的民主制度，用具體的集體權利（差異政治）補充抽象的個人平等。因此，自 1960 年代以來，多元文化主義逐漸獲得不同國家的重視。然而，各國多元文化主義的主張，卻是建立在不同的歷史脈絡和社會情境中，因此所隱含的種族／族群的基礎也不一樣，有必要做更細緻的區分。根據上述的文獻與族群衝突產生的歷史脈絡，當代多元文化主義要面對的脈絡，包括殖民主義統治時強調之種族分類（個人的生物屬性、以家庭為核心的社會組織所產生的文化屬性）、民族主義的國族概念（集體的政治、社會和文化屬性）、全球化下的族群團體概念（跨界與流動的社會與文化屬性），或許可以稱之為三項歷史推動力的交織性，同時受到政策制度、社會互動和個人社會位置的影響。

三、社會分類的族群化內涵、政策與資料庫的建立：以「臺灣客家」為例

歷史上，英文「Hakka」的意涵涉及對於此團體的社會定位（張翰璧 2013）。

（一）從「種族」到「族群」的客家

羅香林在《客家研究導論》書中，將客家研究劃分為四個時期。第一個時期約是 1868 年到 1904 年，許多外國傳教士開始對客家人歷史、語言及其他相關問題進行了初步探討；第二個時期是 1905 年到 1919 年，上海商務印書館的教科書提出客家人非漢族的說法，引起客家人的不滿，紛紛組織研究團體闡述客家源流，追溯客家與中原漢族的淵源關係；第三個時期是 1920 年到 1930 年，一些從外國留學回來的學者，運用近代人類學、民族學和民俗學等新興學科的知識，研究華南地區客家民系的調查與研究；到 1930 年以後，中國學術機構開始對客家民系作現代學術探討，如燕京大學在顧頡剛、洪煨蓮提議下進行調查研究（張翰璧、曾士軒 2014）。

在土客械鬥的背景下，19 世紀的人種學家 Eitel（1873-74：163）指出「Hakka people」是擁有不同於「Han」人起源的種族（race），非漢人的後裔。到 20 世紀，*Encyclopedia of Mission*（1912）中將「Hakka」描述成居住在廣東與汕頭山區的種族或部落（tribe），其社會等級（social rank）較華人（local Chinese）低（Campbell 1923：473-480）。1945 年出版的 *Encyclopedia Britannica* 則指出，「Hakka people」可能不屬於真正的華人，在血緣上與緬甸人（Burmese）和暹羅人

（Siamese）較有關係（轉引自 Constable 1996：14）。

　　英國海峽殖民地政府在 1877 年，成立「華民護衛司」（Chinese Protectorate）後，主要是以「種族」的概念來分類華人（Purcell 1967：85），這種分類的轉變呈現在人口調查資料中（張翰璧 2013）。1911 年開始以「種族」作為分類的概念，將華人分成六個主要的種族（Nathan 1922：29）。在 1911 年的人口調查（*1911 Census of the Federated Malay States*）中，A.M. Pountney 用「tribe」呈現華人內部的差異性。1921 年和 1931 年的統計中，「Hakka」已經用來取代「Kheh」（Vlieland 1932：78）。後來，針對馬來聯邦的人口調查，採取了 A. M. Pountney 的建議，以語言為基礎將華人內部的差異，並以「部落」（tribe）的概念呈現，包括福建（Hokkien）、廣東（Cantonese）、潮州（Tie Chiu）、海南（Hailam）、客（Kheh）、鶴釗（Hok Chiu）、福州（Hok Chia）、興化（Hin Hoa）、廣西（Kwongsai）、北部省份（Northern Provinces）、其他（Other Tribes）（Nathan 1922：77-78）。這是「Hakka」一詞首次為英屬殖民政府所使用（張翰璧 2013）。

　　當時，「Hakka」主要指涉種族的生物和文化根源（個人的生物屬性和社會屬性）。後來，許多東南學者，例如 G. William Skinner（1957：35）與 Richard J. Coughlin（1960：6）沿用這個概念，在研究泰國時的華人時，指出客家只是說不同方言的華人。麥留芳（1985：15、197）進一步指出 19 世紀馬來亞華人的認同是「方言群的認同」（dialect group identification），同時指涉語言和祖籍地。Yen（1986：198-202）在分析 19 世紀末檳城華人社群的社會衝突時（例如 1867 年的檳城暴動），用的是方言群（dialect group）的概念，並進一步以幫（bang）的概念說明馬來亞移民社會中的職業分工。Yen（1986：35、195-202）認為幫的認同之形成，是混合了方言、區域（祖籍地）與職業的分類（其

中包括經濟利益的衝突）。

　　Kiang（1992：82）從臺灣客家的觀點出發，不同意將客語視為中國的「方言」之一，認為客語是獨立發展的語言。從上述研究中，可以看到學者們對「Hakka」呈現出相當不同且複雜的定義。早期的研究隱含較多種族的概念，將「Hakka」視為「漢人」（Han）中的族群團體（ethnic group），東南亞的研究中則較常使用「方言群」、「語群」（speech group）或「幫」的概念（張翰璧 2013）。1990 年代以來，隨著「族群」理論的廣泛使用，以及臺灣社會通婚頻率的提高，「族群」觀點的客家研究逐漸取代「種族」觀點的客家論述。

　　相對於香港傳教士在「客家研究」上的貢獻，以及殖民政府的人口調查，臺灣有關客家的研究，是隨著臺灣社會的演變而逐漸受到學界的重視。1990 年代以來，臺灣的客家研究，接續 1960 年代以前香港的客家研究，且發展出自己的論述，這從許多「中國客家」到「臺灣客家」的轉型論述可知（張翰璧、曾士軒 2014：52）。

　　臺灣的客家研究起步較晚，沒有受到英國殖民政府與傳教士的影響，主要的發展是跟隨羅香林的「客家源流」而來。因為具有「國家」的政治形勢，使得臺灣「社會」逐漸朝向多元社會發展，開始重視在地的歷史與調查。1990 年代以後的臺灣，接續 1950 年代以後的香港，成為客家研究的重鎮。2003 年以後，更成為海外客家人建構客家認同和學習客家研究重要的基地（張翰璧、曾士軒 2014）。

（二）從「族群」邁向「多元文化」的客家

　　1970 年代，我們看到了一些與臺灣文獻有關的研究者，發表了一些有關移墾及分布的著作。此一時代的歷史研究大多不脫「漢人在臺灣

的移墾」或「中華民族在海外的拓墾」等較符合統治需要的課題（徐正光 2007）。1990 年代之前有關客家研究的發展，除了少數的著作外，客家作為研究的對象大多是依附在臺灣史研究的課題下，客家只是一個作為比較或是附帶論述的對象，有時候即使討論的對象與客家的發展有深切的歷史關連，也不被研究者刻意去討論。之後，經歷戒嚴、解嚴、民主化的過程，脫離以「漢」的思考框架，進入現代性的「國家」制度中，「自主性」和「多元性」成為理解「臺灣社會」的重要基礎。臺灣客家研究的發展，受到政治環境的影響，從「社會主體性」的角度進行客家「族群」的相關研究（張翰璧、曾士軒 2014）。

近年來，國人漸漸接受「多元文化主義」的理念，在第四次修憲的條文中（1997），特別增列了「國家肯定多元文化」的字眼，出現對於多元文化主義的宣示：「國家肯定多元文化，並積極維護發展原住民族語言及文化。國家應依民族意願，保障原住民族之地位與政治參與，並對其教育文化、交通水利、衛生醫療、經濟土地及社會福利予以保障扶助並促其發展，其辦法另以法律定之。對於澎湖、金門及馬祖地區人民亦同。國家對於僑居國外國民之政治參與，應予保障。」這裡的多元文化意涵指的還是原漢基礎上的文化差異，並未明確使用「族群」的概念。

2001 年 6 月 14 日成立行政院客家委員會。多元文化主義似乎已經成為臺灣社會新的共享與價值。政治實務上，當代臺灣社會已從認知層面上的「理解差異」的多元文化，轉換成為制度層面上「政治肯認」之多元文化。臺灣客家運動正是落實第四次《憲法增修條文》第 10 條「國家『肯定』多元文化」精神，尊重客家族群之差異性，追求以制度性肯認《客家基本法》客家文化之特殊性，並同時肯認原住民文化，以促進臺灣多元文化平衡發展及族群和諧（王保鍵 2011：7）。

　　「客家研究」和「原住民族研究」的發展，不只是要了解客家族群與原住民族的文化內涵，也是為了更多元地發現臺灣社會的歷史和社會。以客家研究為例，這樣學術性的發展，受到國家社會的支持，客委會和客家學術機構的成立，不但支撐臺灣客家研究的發展，也促使臺灣社會從不同的角度建構社會自主性，朝向多元文化的社會發展。多元文化社會的基礎，是建立在臺灣社會自主性的建立與在地社會科學多元發展的正向關係之上。臺灣的客家政策除了要繼續深耕學術研究，發展成為全球客家研究重鎮之外，「客家研究」也不只是為客家人發聲，還是讓臺灣朝向「文化多元性」的社會發展的重要力量之一。

　　本書希望回答以下的問題：

- 找出不同歷史脈絡、不同性質或是統治方式的政權或國家，是以何種方式影響人群分類？：或是更進一步問，歷史或是社會情境如何影響不同國家對於多元文化的聲稱，並將種族／族群的概念隱藏其間。當代國家政策和組織化（人群分類、族群政策等）力量的出現，如何透過多重層面（政治、經濟、文化、語言等）的作用影響族群互動或是不自覺地建立族群界線？而在地居民又累積哪些族群互動的經驗，重新思考族群文化對於個人生活的重要性，以及重塑社會文化內涵，呈現出新的風貌與社會發展邏輯？

- 分析客家族群政策與地方社會特質，作為「臺灣社會」再結構化的過程、內涵與機制：臺灣的地方社會往往存在著多重的認同，在部分的地理空間內，存在著不同的族群團體。1980 年代臺灣四大族群概念逐漸形成，深刻地影響今日族群政治之發展；「客家」從地域性的語言符號，昇華為族群的象徵，客家族群為臺灣族群政治不可或缺者，但有時又影響著客家和其他族群的互動。因此，本書希望在族群政策和地方治理的基礎上，先釐清客家族

群性的具體意涵，從「制度分析與發展架構」與「多中心治理體系」的角度，找出提升制度中治理能力的基礎，並重構族群平衡之族群政策。

- 強調社會實踐的基礎資料庫所呈現出的社會事實：族群的成立有其共通的客觀組成條件，例如語言、文化、共居地，跨國的族群團體更會面臨當今民族國家的國籍選擇的問題，無法單純僅靠主觀認同來界定族群。在處理族群議題時，除了探討族群議題出現的歷史性和社會情境外，提出不同族群的劃分標準和制訂政策，也必須提出族群呈現的社會基礎。如過沒有族群相關資料的蒐集，族群共同體的劃分標準將會受到質疑，甚至漫無標準。

四、各章介紹及其與本書整體的關聯性

本書依研究內容大致分為以下四個構面：多元文化主義和族群理論的反思與重新建構（第一章）、族群政治與族群政策的評估（第二、三、四、五章）、臺灣社會呈現出的族群文化特色（第四、五、六、七章）、族群統計資料庫的建構（第八章）。依 Jürgen Habermas 之 *Knowledge and Human Interests*（1971）書中架構，知識的社會性是建立在哲學的純粹性之上，既是人類和環境互動的產物，也是一種理性思考的活動。對 Habermas 而言，知識的認識論基礎並非必須具有社會理論的形式，而人類有興趣的知識內涵可以分成三種：（一）技術的旨趣（technical interests），對人類生存的知識進行客觀的描述、預測與控制，指向經驗分析的知識。（二）實踐的旨趣（practical interests），經由社會溝通，掌握人們對於社會事實的理解，指向歷史詮釋的知識。（三）

解放的旨趣（emancipatory interests），主要是培養對於「支配」關係中權力不對等的敏感度，並進行調整，指向批判的知識。本書各章均相當程度展現上述三種知識的內涵，希望以批判理論的觀點，從理論、社會事實、族群政策三個層次，在過去的多元文化／族群／客家研究基礎上，開始「重構客家」，作為未來族群政治發展的基礎，並找出客家文化再創造的結構力量與機制。架構請參見下圖（圖1）：

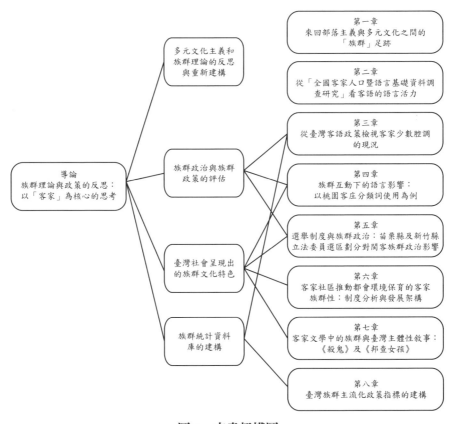

圖 1　本書架構圖

（一）多元文化主義和族群理論的反思與重構

第一章由張翰璧與蔡芬芳撰寫的〈來回部落主義與多元文化之間的「族群」足跡〉旨在探索從 1960 年代以來的世界發展局勢而開始發展的族群理論及其知識論述，提供何種參照架構或是研究經驗，讓我們可以解釋並理解不同的歷史、政治與社會變遷過程中所形成的多元文化主義與政策，以及不同國家在面對不同族群團體，主流優勢群體如何透過政策建構國族認同，以及如何影響族群關係。綜觀世界當代族群議題發展趨勢，多在部落主義與多元文化主義之間循環，國家族群內部、族群之間、族群與國家之間，甚而跨國族群關係受其影響甚深。本章從歷史與社會脈絡分析不同國家自 1960 年代以來所採取的「多元文化主義」及其政策，以及「族群」／「族群關係」等基礎概念，以較長時段與較廣地域範圍針對社會現象與相關理論進行比較分析，架構出清晰的「多元文化主義」／「族群」／「族群關係」理論骨幹與血肉。本章因為具有歷史延展性，亦即兼顧特定時空——殖民主義、民族國家、多元文化主義發展的相互交錯過程，且透過不同類型的多元文化主義，為本書提供具有比較觀點的理論基礎與社會現象之分析。

（二）族群政治與族群政策的評估

當客家族群被納入臺灣多元文化政策發展的對象之一時，客委會與教育部等政府部門皆有其客家相關政策，然而當我們需要對政策進行評估時，必須根據客家現況，針對客家政策的現實面深入思考與檢討，提出國家客家政策建議以供施政單位擬定政策之參考。在客家文化中，由於客語承載客家文化，因此客語是客家族群最為關心的議題。

　　陳秀琪、賴維凱在第二章〈從「全國客家人口暨語言基礎資料調查研究」看客語的語言活力〉中，根據客委會在 101 年到 110 年間所進行的四次「臺灣客家民眾客語使用情況調查報告」檢視客語的語言活力與復振，使用聯合國訂定的語言活力評估指標（Language Vitality Assessment，簡稱 LVA）分析客語的語言活力及瀕危程度。綜觀不同指標，陳秀琪、賴維凱將觀察地區分為客家文化重點發展區與非客家文化重點發展區，指出兩者共同瀕危程度最嚴重之處在於「語言的世代傳承」、「語言現存使用範疇趨勢」、「使用者占社群總人口比例」，可見在家庭內外、工作場域，客語存續皆面臨相當嚴峻的挑戰。雖然政府有其政策的支持，但客語的發展依舊受到強勢語言的壓力，這更需要喚醒客家族群關心自身文化的意識，進而採取行動維護客語。

　　多數人所操的四縣與海陸客語的使用與存續已經面臨危急狀態，遑論如詔安腔、饒平腔、大埔腔、南四縣腔次方言的大路關腔、美濃腔等少數腔調之客語，因此賴維凱、陳秀琪在第三章〈從臺灣客語政策檢視客家少數腔調的現況〉更進一步從國家整體的客語政策出發，同時借鏡歐洲國家與臺灣原住民族語言政策思考瀕危的客語少數腔調之存續問題。此外，在教學現場，作者觀察到客語少數腔調面臨師資嚴重不足的問題。該文提出教育部或客委會為客語少數腔調可以「長期」努力的目標，包括在全國語文競賽時，應將少數腔獨立出來，以提高其「語言聲望」；客委會應研擬「師傅制」，以達到真正能夠「傳承」少數腔的師資需求；透過升學考試加分或認證制度，增強學生學習動機。

　　上述兩章呼應本書的整體觀點之一──國家在政策思考、規劃和執行過程中建立「族群感知」的能力，針對不同族群所面臨的問題與不同權利面向進行深刻的論述，省思族群理論或是相關研究可以提供的參照或是研究經驗，讓族群既提供團體內成員認同的依附，又能找到國家在

族群問題上的平衡點，建立臺灣未來發展的核心價值與願景。客語在日常生活使用的情形將可以提供政府在制定政策時具有族群敏感度的細緻思考。在第四章〈族群互動下的語言影響：以桃園客庄分類詞使用為例〉，黃雯君在桃園市中壢、龍潭、平鎮、楊梅等客家區進行田野調查，以年齡層及區域作為變項，透過客語分類詞（classifiers）的使用情況，觀察到中老年齡層者雖然在使用部分分類詞時仍有困難，但整體而言，客語能力維持最佳，青年、少年、幼年年齡層則丟失了許多客語原來固有的用法。不論是哪一個年齡層，皆面臨的問題是無法使用新進詞語，因為中老年齡層者欠缺的是與時俱進的詞彙表達，而青年年齡層者則因為缺乏客家生活與文化經驗，不僅不能使用固有說法，更是無法掌握與新時代產物相關詞語。有鑑於此，黃雯君提出政策建議，首先是在制定客語政策時，應規劃新進詞語的命名原則及規範，讓客語順利進入現代生活各個層面。其次，鼓勵年輕一代主動參與客家生活，以體驗客家文化，透過生活學習，以自然的方式學習客語。最後，應推行正式文體的客語書寫，透過文字規範化，提升客語在臺灣的能見度。

對臺灣多元文化社會與客家族群來說，語言政策的重要性攸關語言及文化存續，選舉制度更影響了族群發展。王保鍵在第五章〈選舉制度與族群政治：苗栗縣及新竹縣立法委員選區劃分對閩客族群政治影響〉關心族群政治參與之相關議題，探討選區劃分對客家族群政治代表性影響，並分析閩南人、客家人投票行為背後所投射出之族群認同趨向，以反思族群自我認同之理論。至於在族群問題平衡點上，王保鍵關心選區劃分對族群關係的兩種可能性（選區劃分究竟是保障少數族群政治參與，或確保多數族群的利益），探討苗栗縣、新竹縣立法委員選區對閩客族群政治之影響，以族群主流化角度，重構族群平衡之族群政策。

檢視族群政治發展之重要指標首在族群之政治參與或保障措施；而

選舉制度設計良劣，或選區劃分是否出現傑利蠑螈（Gerrymander），影響族群政治參與與族群政治發展。基此，為反思並重構客家在臺灣族群政治發展中的角色，第五章以選舉制度與族群政治互動為主軸，探討客家大縣（苗栗縣及新竹縣）立法委員選區劃分對閩客族群關係之影響，藉以探索並再造客家發展之政治新動能。此外，「制度」與「行為」兩者間具高度交互影響性，選舉制度（選區劃分）之變革，影響相關政治參與者（政黨、族群民意代表）之行為；而相關政治參與者亦會對選舉制度之調整，進行反饋。因此王保鍵探究苗栗縣、新竹縣立法委員選區劃分過程中，各政治參與者如何影響選區劃分案，以及立法委員選區劃分為「閩客混合選區」、「客家選區」後，對閩客族群關係之影響。他以中央選舉委員會選舉資料庫數據資料為基礎，以具有實證經驗性的分析，對臺灣族群之理論與政策，進行反思與重建。是以，第五章不但是本書「族群政治與族群政策的評估」領域之核心議題，而且更是本書欲強調「臺灣社會呈現出的族群文化特色」領域之重要元素。

（三）臺灣社會呈現出的族群文化特色

承上，黃雯君之〈族群互動下的語言影響：以桃園客庄分類詞使用為例〉勾勒出在族群互動過程中，桃園客庄不同年齡層使用分類詞的差異。王保鍵在第五章〈選舉制度與族群政治：苗栗縣及新竹縣立法委員選區劃分對閩客族群政治影響〉中不僅評估族群政策，更剖析選舉制度對族群關係的影響。兩篇文章，不論是語言，抑或是制度，皆彰顯臺灣社會中的客家族群文化特色。孫煒在第六章〈客家社區推動都會環境保育的客家族群性：制度分析與發展架構〉中，運用當代廣泛為社會科學採用的「制度分析與發展」作為分析架構，運用都會客家社區中展現之

客家族群性，闡述環境保育集體行動的邏輯與成效。本章除了突顯客家族群的社會文化特色——堅持語言文化和尊重土地生態的傳統價值之外，並在都市化的影響下應用環境保育的專業知識，也可彌補現階段我國中央主導式客家政策的罅隙，以完善宏觀性之客家治理結構。

　　本書主張「族群政策」具有雙元性，必須建立政府對於族群／多元文化的論述，一方面又必須建立在個別社會的族群研究和相關族群統計資料庫的基礎上。因此，族群相關的調查（人口、語言、社會經濟狀況等）與文化研究（語言、文學等），都應該納入國家體制、社會脈絡和歷史情境架構下討論。前述文章多偏重從語言政策與族群政治切入，為國家提供未來相關政策建議。然而，本書亦同時重視文學在臺灣多元文化社會中所扮演的角色，因為文學承載著時代巨輪下的民間生活，特別是具有族群意識的文學著作，引領我們回到由文字所構築的歷史場景，透過作家筆觸貼近人們生命歷程，臺灣社會中的族群文化特色因之顯露無遺。

　　黃菊芳在第七章〈客家文學中的族群與臺灣主體性敘事：《殺鬼》及《邦查女孩》〉，以「客家」為思考核心，探討甘耀明的作品文本中的文化符號生產與族群再現議題。黃菊芳指出，自 1987 年解嚴之後，臺灣文學論述在歷經「臺灣文學」逐漸放大而「中國文學」逐漸縮小的過程之中形成新的想像共同體——「臺灣」。在文學中，鑲嵌在歷史上我族與他者共織的族群敘事，恰如其分地再現族群文化符碼，在析理性別、族群、殖民與被殖民的族群書寫中，臺灣主體性因而建立。甘耀明在《殺鬼》（1940 年代）中建構的是漢人男性臺灣主體意象，而《邦查女孩》（1970 年代）則是非漢女性臺灣主體意象。黃菊芳認為，作家透過性別置換，暗喻臺灣主體從陽剛的男性中心主體走向陰柔的女性邊緣主體，是一種以邊緣為中心的敘事策略。值得注意的是，在兩部作品

中，作家所進行的殖民與後殖民歷史之敘事，反映了一個時代的集體意識：臺灣社會從漢人侵占原住民的原罪，進而思考日本與西方殖民下的原漢關係。《殺鬼》以日本、中國、臺灣作為敘事主軸，而《邦查女孩》則加入了美國元素。如此不僅展現臺灣充滿異質但又共容之生命力，更是可謂從全球思維出發，透過族群書寫的視角檢視族群關係。

（四）族群統計資料庫的建構

本書認為，臺灣需要蒐集客委會、教育部等政府部門之客家人口、語言使用、語言活力、產業經濟、客語教育等相關客家基礎調查成果，建置「客家基礎資料調查資料庫」，除了提供各界查詢之外，並活化資料庫的實用價值，依據資料庫所反應的客家各種現況，分析臺灣客家的變遷與發展，進行客家政策的評估與建議，並對客家的永續發展所面臨的問題進行深入的論述，以因應族群主流化客家未來面臨的議題。

臺灣的多元文化論述已從 1990 年代的「四大族群」逐漸在楊長鎮於 2013 年提出「族群主流化」（ethnic mainstreaming）之後轉向，且在 2016 年從原本的政策論述落實到政策執行。政策需要明確的政策指標，從眾多可能性進行選擇，族群的未來得以獲得創造。張陳基在第八章〈臺灣族群主流化政策指標的建構〉中，透過前瞻（Foresight）技術的引導，奠基於世界各國及臺灣族群調查次級資料庫與開放資料，分析並反思歷年族群相關資料庫調查結果，同時運用前瞻研究的德菲法，整合族群政策相關專家學者意見，共同提出臺灣族群主流化發展的最適路徑。

為了建構臺灣「五大族群融合」的新指標，清楚描述臺灣的族群圖像，張陳基整合原住民、閩南、客家、外省、新住民等五大族群的特性

及需求，提出臺灣族群主流化政策指標。族群主流化政策矩陣明確以文化多樣性、參與公平性勾勒出族群社會的四大象限——族群主流化、族群同化、族群分化以及族群排斥，明確指出族群主流化社會要成形的前題在於提出與執行以文化多樣性及參與公平性為核心的族群政策。

　　張陳基回應本書的族群理論與政策反思與重建，在過去多元文化理論基礎上，深入思考如何透過多元文化理論與政策探討，針對不同族群所面臨的問題與不同權利面向進行族群主流化的進展分析，並據以作為族群發展的評估指標。結合族群主流化政策、多元文化政策以及前瞻研究方法，以族群主流化發展願景為出發點，透過多元文化政策指標建構與實踐，指引臺灣多元族群健全發展的未來。

參考文獻

Eric Hobsbawm 著，李金梅譯，1997，《民族與民族主義》。臺北：麥田。

Harold Isaacs 著，鄧伯宸譯，2004，《族群》。臺北：立緒。

Peter Kivisto 著，陳宗盈、連詠心譯，2007，《多元文化主義與全球社會》。臺北：韋伯。

Yasemin Nuhoglu Soysal 著，楊欣怡、曾育勤譯，2012，《公民身分的限制：歐洲的移民與後國家公民》。國家教育研究院。

王保鍵，2011，《臺灣客家運動與《客家基本法》》。臺北：國立臺灣大學社會科學院國家發展研究所博士論文。

施正鋒，2005，《原住民族或其他弱勢族群的自治地位與保障》。行政院研究發展考核委員會編。

徐正光，2007，《臺灣客家研究概論》。臺北：行政院客家委員會、臺灣客家研究學會。

徐正光、蕭新煌，1995，〈客家族群的語言問題：臺北地區的調查分析〉。《中研院民族所資料彙編》10：1-40。

張翰璧，2013，《東南亞客家及其族群產業》。中壢：中大出版中心／臺北：遠流。

張翰璧、曾士軒，2014，〈台港兩地客家研究之比較及其對臺灣客家政策之啟示〉。頁 36-55，收錄於李誠主編，《台港二地人文、社會、經濟發展之比較》，國立中央大學香港研究中心。

Bayar, Murat, 2009, "Reconsidering Primordialism: An Alternative Approach to the Study of Ethnicity." *Ethnic and Racial Studies* 32(9): 1639-1657.

Campbell, Persia Crawford, 1923, *Chinese Coolie Emigration to Countries*

Within the British Empire. London: P. S. King & Son Ltd.

Constable, Nicole, 1996, *Guest People: Hakka Identity in China and Abroad*. Seattle: University of Washington Press.

Coughlin, Richard J., 1960, *Double Identity: The Chinese in Modern Thailand*. Hong Kong: Hong Kong University Press.

Eitel, Ernst Johann, 1873-74, "An Outline History of the Hakkas." *China Review* 2: 160-164.

Habermas, Jürgen, 1971, *Knowledge and Human Interests*. trans. by Jeremy J. Shapiro. Boston: Beacon Press.

James, Paul, 2006, *Globalism, Nationalism, Tribalism: Bringing Theory Back In*. SAGE Publications.

Kiang, Clyde, 1992, *The Hakka Odyssey and Their Taiwan Homeland*. Elgin, PA: Allegheny Press.

Kymlica, Will, 2015, "The Essentialist Critique of Multiculturalism: Theories, Policies, Ethos." Pp.209-249 in *Multiculturalism Rethought: Interpretations, Dilemmas and New Directions*, edited by Varun Uberoi and Tariq Modood. Edinburgh University Press.

Light, Ivan, 1972, *Ethnic Enterprise In America*. Berkeley and Los Angeles: University Of California Press.

Mafeje, Archie, 1971, "The Ideology of 'Tribalism'." *The Journal of Modern African Studies* 9(2): 253-261.

Murji, Karim and John Solomos, 2015, "Introduction: Situating the Present." Pp.1-22 in *Theories of Race and Ethnicity*, edited by Karim Murji and John Solomos. Cambridge University Press.

Nathan, Julius Ernest, 1922, *The Census of British Malaya: The Straits*

Settlements, Federated Malay States and Protected States of Johore, Kedah, Perlis, Kelantan, Trengganu and Brunei. London: Waterlow and Son Limited.

Purcell, Victor, 1967, *The Chinese in Malaya*. London: Oxford University Press.

Skinner, G. William, 1957, *Chinese Society in Thailand: An Analytical History*. N. Y.: Cornell University Press.

Vlieland, C.A., 1932. *British Malaya: A Report on the 1931 Census and on Certain Problems of Vital Statistics*. England: Office of The Crown Agents For the Colonies.

Westin, Charles, 2010, "Identity and inter-ethnic relations." Pp. 10-51 in *Identity Processes and Dynamics in Multi-Ethnic Europe*, edited by Charles Westin, José Bastos, Janine Dahinden and Pedro Góis. Amsterdam: Amsterdam University Press.

Yen, Ching Hwang, 1986, *A Social History of the Chinese in Singapore and Malaya, 1800-1911*. Singapore: Oxford University Press.

第一章

來回部落主義與多元文化之間的
「族群」足跡 *

張翰璧、蔡芬芳

一、前言：你的「群」（group）、國家的「族」
（ethnic group）

臺灣自 1980 年代中期開始逐漸出現「族群研究」，與之相關的是臺灣社會中多元文化論述的形成與發展。在由人民意識覺醒、社會運動、國家政策、學術研究、日常生活的互相交織過程中，「族群」與「多元文化主義」逐漸成為臺灣社會耳熟能詳的名詞，當然更是學術知識建構中研究的議題以及政府制定族群政策的依據。時至 2020 年，距離「族群」與「多元文化主義」出現臺灣初始已有三十、四十年。然而，如人類學者 Eric Wolf 在 "Inventing society"（1988：752）提出應將概念與模型視為定期檢視我們想法的工具，也是可茲藉以批判性評估我們提出與回答問題的方式，以及衡量我們可能為這個任務所帶出的限制。因此，本章希冀透過在不同性質的政權或是不同統治方式的國家歷史脈絡、社

---

* 感謝助理蕭瑜在計畫期間，協助蒐集相關文獻。

會條件、政治制度中討論「族群與族群關係」以及「多元文化主義」概念及其相關概念與理論。此外，上述相關研究在世界各國學者（特別是族群研究學者）的努力下，已累積相當成果，但更重要的是，學者們在長期的研究之後，體認到每一個國家的族群關係與衝突型態有其特殊性，應該回到具體的歷史與社會脈絡才能有意義地探索族群關係的發展（王甫昌 2002：2）。有鑑於此，本章除了從歷史脈絡著手之外，亦考量到殖民或被殖民，抑或是移民而產生不同人群分類經驗的國家之特殊性，進而勾勒在族群互動與界限劃分背後的權力運作與結構力量。

（一）族群性與族群

族群性（ethnicity）一詞源自希臘文 ethnos，意為「民族」（a people），以及 ethnikos，意為「異教徒」（a heathen）。早自 1940 年代被學者用來作為分析概念，但直到 1972 年，該詞被收錄至《牛津英文辭典》（*Oxford English Dictionary*），1975 年 Nathan Glazer 與 Daniel Patrick Moynihan 在共同編著的 *Ethnicity: Theory and Experience* 中提到 ethnicity 是一個「新的概念」（"a new term"），且持續在移動當中，從原來與異教徒相關的意義轉變為「一個族群（ethnic group）的特徵或性質」（Glazer and Moynihan 1975：1）。族群性為一種人群分類的範疇，是在社會互動的脈絡下，認知到與對方有文化差異的群體之間所具有的某種形式的關係（Eriksen 1993）。此外，族群性是在特定歷史、政治、社會與經濟脈絡下產生，因此人類學家 Brackett F. Williams 在其 "A Class Act: Anthropology and the Race to Nation across Ethnic Terrain"（1989）中提出，一個充分的族群性理論應該要能夠解釋在民族國家中族群性與其他認同形構的過程中，其他類別之歷史上與當代的意識形態

連結。Katherine Verdery 則以 Fredrik Barth（1969）所提出的三個論點
為基礎：1. 作為組織型態之族群性；2. 族群性來自於差異區分，並非文
化內容物；3. 族群性依情境而不同，她在 1994 年提出的「新族群性」
（new ethnicity），其意涵包括了性別、種族、階級、資本主義以及變化
中的國家權力形式。

　　上述關於族群性的探討，牽涉到族群研究理論的典範轉移：從原生
論（primordialism）到 1960 年代之後的情境論（situationalism）與建構
論（constructivism）。研究理論之所以產生轉移，其背後與理論提出的
時代脈絡與巨觀結構有關（王甫昌 2002：1）。雖然，許多理論指出，
以原生論為基礎所建立起來的連帶，應會在社會現代化的過程中逐漸
失去重要性，然而二戰之後，大多工業高度發展國家卻面臨族群衝突
的議題，因此，1960 年代開始以情境論解釋現代社會中族群復甦現象
（ethnic revival）。研究者注意到被視為原生連帶的血緣與文化並非絕對
導致族群認同與凝聚，而是弱勢者以族群動員方式對抗優勢族群的壓
迫，但需要釐清何以如此？究竟是哪些社會、政治與經濟條件造成族群
衝突的發生？隨著 1990 年代前蘇聯及其集團國家的崩解，族群衝突依
舊不斷，開始出現探究族群性與國族主義關係之研究；然而在此同時，
全球面臨的是人口移動所帶來的影響，可能是通婚或其他族群互動關係
下，導致多元現象產生，因此族群身分的作用需在與其他身分認同競爭
或投入下，才會突顯。即言之，族群認同的範疇與內涵是由行動者建
構，且是社會建構的結果，打破了過往認為先驗存在的族群認同與意
識。

　　對於「族群」的理解亦產生上述的觀點轉變，人類學從 19 世紀
晚期開始研究非歐洲社會，以「部落」（tribe）指稱人類學家所記錄的
一個社群人們的生活方式。即便是部落之間是有差異的，但是人類學

家在理論與詮釋上所使用的描述卻認為他們有著普遍共通的社會組織結構（Westin 2010：12）。Evans-Pritchard 在《努爾人》（*The Nuer: A Description of the Modes of Livelihood and Political Institutions of a Nilotic People*）（1969）中提出部落的特徵，包括部落名字、情感、地域範圍、團結參與戰爭之道德義務、解決紛爭或經仲裁平息爭端之道德義務、部落內有分支，分支之間立場對立、在每一個部落內有主要氏族（clan），在氏族內的世系群（lineage）彼此關係與領域範圍皆具結構上的重要性、部落是部落系統中的一個單位、以年齡分組。如此特徵在 19 世紀早期的社會科學與政治文獻中指稱的是部落的政治本質，在今日則被研究中西亞與北非穆斯林國家的政治學者所使用（Westin 2010：12）。以此觀點，說明了部落的用法不一定與族群獨特性相符，因為以政治意義所理解的「部落」內有一個以上的族群，而且認同自己為一個擁有特定語言、宗教或習俗的族群在政治上亦可能分屬不同部落（Westin 2010：12）。部落概念代表著人類學對於族群與族群性的概念之根源，且綜合了早期文獻中所提到的部落、「種族」、民族與部落的概念。由於部落一詞帶有早期人類學家的歐洲中心立場或是我族中心主義意味，因此在 1960 年代之後，「族群」取代了「部落」成為研究概念（Eriksen 2010：14）。值得注意的是，「部落」是孤立存在，與他群區隔，然而「族群」則有與其他族群互動關係，群體認同一定是在與他群或他者相對之下產生（Eriksen 2010：14）。

　　大多研究通常將「族群」定義如下：「一群因為擁有共同的來源，或共同祖先、共同文化或語言，而自認為、或是被其他人認為，構成一個獨特社群的一群人」，包括客觀特徵與主觀認同（王甫昌 2003：10）。如此常見的一般定義確實能快速地理解何謂族群，然而卻容易將族群視為一個「既存事實」。因此 Roger Brubaker 從認知角度出發，提

醒我們不應將族群、種族及民族視為實質整體，而應視為實際類別、文化習慣、認知基模、論述架構、組織常規、制度形式、政治計畫與可能發生的事件（Brubaker 2002：167）。即言之，族群化、種族化與國族化可說是政治、社會、文化與心理的過程。「群體」通常帶有界性（boundedness）、同質性、立場（偏見），假設（presuming）種族、族群與國族架構的相關性或自我理解，認知觀點則是將群體性（groupness）視為可變的，其以相對的角度來思考，而非本質的角度，將群體性（groupness）視為問題意識，而非視為理所當然（Brubaker and Loveman 2004：46）。林開世採 Camaroff 和 Camaroff（1999，2009）的觀點，主張族群性既非具體可觀察描述的客觀事物，亦非研究者建構來分析現象的概念，而是一套人們用來溝通以建構社會關係的符號，因其具曖昧寬鬆性質而難以嚴格定義。這些符號的使用，讓文化相似性可以被賦予集體的意義，亦可讓一些公眾的情緒得以具體的表達（林開世 2014：222-223）。正因為族群隨脈絡而變，具內容會因特定歷史條件而定，而這些歷史的條件又以各種形式影響人們對族群的看法，進而對人們社會實踐的動機與意義發生作用（林開世 2014：223）。不論是在何種形式或性質下的政權與國家之族群，可見其皆在歷史條件與政經環境下產生，包括近代國家形成、全球資本主義，然更甚者，族群性是在互動關係中產生（Gluckman 1958[1940], Leach 1954, Douglas 1966, Barth 1969, Cohen 1978），具有動態性質。

（二）族群、部落主義與國族主義

20 世紀早期，一些理論家，例如韋伯（Weber 1980 [1921]）認為例如族群性、國族主義等「原生現象」（primordial phenomena）會因

為現代化、工業化與個人化而消失，然而並非如此（Eriksen 2010：2）。雖然族群認同是屬於集體認同，但對於個人來說有其情感上與認知上的意義，因此人們依舊會從族群認同獲取生存的安全感。「科學進步了，知識增長了，自然受到了控制，但是，理性並未勝利，部落主義（tribalism）並未消失」（Issacs 2004：34）。以政治角度觀察全球化發展下的「部落主義」，部落或種族群體依舊存在去殖民後的國家體制內，部落成員透過共同創造文化建構出我族認同，以與他族有所區分（James 2006）。

人們在「身體（包括膚色）、名字、語言、歷史、起源神話、宗教、民族」找尋族群認同的基礎，以及對於自身的意義（Issacs 2004）。在政治秩序變遷的過程中，例如從被殖民走向獨立，需在權力與族群關係之間找到平衡，並且同時克服外來挑戰以及讓國內各族群安其所在，否則劣勢或少數群體在上述認同基礎上將起而對抗掌握權力的優勢群體，爭取政治權力上的平等。

二戰之後，武裝衝突依舊不斷，主要發生在非洲與亞洲，這些衝突與去殖民過程有關，例如莫三比克、阿爾及利亞、越南。昔日受到殖民的非洲國家在獨立之後，不同的族群為爭取統治國家權力而起衝突，例如安哥拉、盧安達、索馬利亞等。在歐洲則是 1990 年代前南斯拉夫共和國波士尼亞戰爭所引發的族群清洗（ethnic cleansing）。雖然在這些過程中，不少國家採取多元文化政策，但是發現直到今日 21 世紀，各地仍不斷上演族群衝突，例如歐洲極右派與穆斯林移民之間關係，特別是在 2015 年難民危機之後更加劇烈，而導致多元文化政策緊縮，對於移民愈趨限制與嚴格，導致再部落化的發生。

另外還有一個需要注意的現象是二戰之後，特別是自從 1970 年代開始，原住民開始向國家爭取自己的權益，例如薩米人、北美印地安

人，或是澳洲原住民。上述發展可說是「族群認同在政治變遷壓力之下的自我打造與塑造」（Issacs 2004：25），一方面導致族群研究開始發展新的觀點（例如前述提及情境論、建構論）研究族群，但同時研究者也在思考族群認同如何發生作用，而且為何得以發揮凝聚群體意識與認同的作用。情境論或建構論強調族群認同在互動中產生，且避免以本質化的眼光看待族裔群體與族群認同。然而，如上提及，在政治秩序變遷的過程中，族群（可能是部落、種族、民族）會在共有的基礎中尋找情感依據，以此打破不平等的政治、社會或是經濟位置。族群在凝聚的過程中，投入情感，認為自己與群體的連結是「與生俱來」。政治領域族群性產生的最有意義脈絡為在國家形構的過程之中，因此我們須理解族群性與國族主義的關係。

　　過去人類學家或是相關研究者鮮少研究族群與國族主義之關係（Verdery 1994：42），直到 1960 年代西方社會的族群復甦現象才刺激了學界思考兩者關係（Smith 1992：1，轉引自 Verdery 1994：42）。雖然1648 年所簽訂的《西發里亞和約》（Peace of Westphalia）標示著現代國家的出現，但是直到 19 世紀，歐洲民族國家誕生，其與幾個因素相關，主要是從農業到工業經濟轉型，此外亦與義務教育、識字率及公共福利系統有關，且植基於以下重要原則：中央集權、領土範圍控制、國際承認的疆界、國家主流優勢群體——在語言、宗教與文化上具有同質性的民族（nation）（Westin 2010：15）。民族國家不僅成功地將原來的農業鄉村社會帶向現代化與都市化，並能夠凝聚人民對內團結、向外一致抗敵。

　　通常談到國族主義，會提到 Ernest Gellner 與 Benedict Anderson，兩者雖然觀點不一，但基本上皆認為國族與國族認同是現代性的產物。Gellner 在其專著 *Nations and Nationalism*（1983）提出文化同質性與國

族意識形態是一個現代國家必要的條件。Gellner（1983）認為國族主義的定義是有一個主導國家發展的族群，將政治實體與文化實體統一為一個整體。國族主義可謂對於工業化的反應，因為國家文化需要同質化且標準化（例如語言統一），以有利於工業化國家發展，如此人民的技能與知識能夠達到相同水準。Anderson 則以「想像的政治共同體」（1983：15）來理解民族國家，透過印刷資本主義的傳播（例如報紙、小說），彼此從未謀面並不相識的人們卻因此有著共同歸屬感，休戚與共，且想像民族國家是平等的社群。Anderson 對於國族主義最精闢的觀察在於究竟是何種力量能夠讓人們願意為民族國家犧牲生命，他提出親屬比喻（例如母國、父祖之國等），召喚出人們會認為與民族國家的連結就如同與家庭親屬關係是「自然的」，而並非出於自身的選擇，正是這如同與家庭的關係是不可分割且具強制的力量在個人身上及其情感發揮作用，因此願意為民族國家出生赴死。與 Gellner 及 Anderson 觀點相反的則是 Anthony D. Smith 之 *The Ethnic Origins of Nations*（1986），他認為民族與民族國家有其歷史根源，因此並不將國族視為是現代性的產物，而是歷史過程導致現代性的產生，在其中部分較大的族群轉變為國族，最後轉變為民族國家，並非所有的族群都可以有條件轉變為國族。

國族打造與國家形成雖然是兩個不同的過程，但時常重疊。然而族群究竟在其中扮演何種角色，這是 Gellner（1983）、Anderson（1983）並未特別提出的（Verdery 1994：43）。人類學者 Brackette F. Williams（1989）補足了這項缺失，其探究族群性、國族主義、國家形成與文化同質性之間的關係。Williams（1989）認為國家形成是產生族群性最具意義的脈絡。在民族國家中，不同族群之間的關係是在競爭中產生，誰最後為贏家，則成為國家的優勢領導群體，然而輸者在國族論述中被邊

緣化，不得其所（Banks 1996：44）。統治群體宣稱自己較那些劣勢群體流著更為純淨的血液，而且自認就是國家中種族、階級與民族為一身的代表，以此將血統／種族形塑為定義國族成員身分的關鍵概念，同時血統決定了文化（優劣）、認同與純淨（Williams 1989：431）。

（三）移動與多元文化主義

人口移動並非在當代全球化時代才開展，從哥倫布 1492 年航向美洲探險開啟了世界貿易的發展，17 世紀初期商業資本主義形成，在這些過程中，「沒有歷史的人」——亞、非、拉丁美洲的傳統部民群落，以及歐洲社會中被迫以傭工維生的被邊緣化的農民（Wolf 1982），在帝國強權下被捲入的全球資本主義體系。毫無例外，華人亦開始向外發展，直到 19 世紀中葉則開始大規模移動。中國南方與東南沿海是主要的移出地區，移民包括溫州人、福州人、福建人、潮州人、廣東人、興化／福清人、客家人、海南人。歐洲文明與中華文明在東南亞交會，華人在這兩者相互形成的商業體系中不可或缺（Kuhn 2016：1）。在殖民帝國的統治之下，當地華人處境深受殖民政策下的人群分類影響，縱使在被殖民國家獨立之後，如馬來西亞、新加坡、印尼等，國家如何進行人群分類以及政治、經濟、社會等位置仍受到殖民政策的遺緒影響。例如馬來西亞，位居馬來半島，在前殖民時期因其地理位置而成為國際貿易與不同宗教匯聚之處，更在 15 世紀時的馬六甲王朝而達發展顛峰，然馬六甲王朝也因其貿易地位先後受到葡萄牙（1511）、荷蘭（1641）、英國（1795）、荷蘭（1808）、英國（1819）的征服與殖民。馬來西亞經濟、政治與社會變遷係因英國殖民導致，而不同群體的遭逢亦始於此。尤其是英國因為錫礦業與橡膠業分別引進華人與印度人，使得

馬來西亞社會開始出現多元族群，社會分層亦因此出現。在 1957 年獨
立之前，馬來西亞不同族群受到語言、宗教、風俗與地理環境影響而
區隔，甚至同族之間亦有內部差異，然殖民經驗強化族群意識與多樣
性（Gurr 1999[1994]：82）。獨立之後，其政治本質是以宗教與族群作
為劃分基礎（communal），而且自獨立後的政府則以「馬來民族統一機
構」（或譯為「巫來由人統一組織」，簡稱巫統〔United Malays National
Organisation/ Pertubuhan Kebangsaan Melayu Bersatu，簡稱 UMNO〕）為
優勢主導政黨。奠基於以宗教及族群為區分原則之政治（communal
politics）後來轉變為狹隘的民族主義（nationalism）。

　　人類學家 Eric Wolf 在其以馬克思主義人類學之政治經濟學觀點所
著之《歐洲與沒有歷史的人》（*Europe and the People without History*）
（2003 [1982]）提出，在資本家贊助下的世界各地所興建的工業與大
農場結構，其特點是不同社會與文化起源群體比鄰而居，建立在這種
綜合結構（尤其是大農場屬地）上的社會，有時被稱為「多元社會」
（Furnivall 1939、1942、1948）──社會內部的分裂為不同的社會與文
化環節（Wolf 2003[1982]：507）。社會和文化異質性本身必須固定在勞
動過程的組織之中，聚集在一起的不同群體，利用不同的文化形式去建
立親屬關係、友誼、宗教關係、共同的利益與政治組合，以便相互競
爭，盡量取得政治資源。然而，值得注意的是，Wolf 提醒我們要著眼
於工人階級中不同的群體如何被引進資本主義累積的過程，才能了解前
述以不同文化形式建立親屬關係等活動。（Wolf 2003 [1982]：508）資
本主義的方式，傾向於由不同的人口中創造一群「可以自由處置」的勞
工，而後把他們丟進缺口，以滿足資本時時改變的需要。在所有這些
步驟中，資本主義的方式再造資本與勞力的基本關係，但同時，它也
給產生的勞動力再造異質性，以兩種方式進行，一為將勞工的群體和

類別規劃為不同的階級，另一則是不斷地製造和再造他們之間象徵性的「文化」區別（Wolf 2003 [1982]：508）。在此過程中，出現「民族性」——當每一個群體進入工業的過程時，外人可以用其想像中的來源和其勞力市場某些特殊環節假定的密切關係，將之歸類。同時，這個群體逐漸以前述方式決定的群體成員身分，作為建立經濟和政治權利要求的資格，然而這很少會吻合工業上徵召到的新工人最初對自己身分的看法。這樣的民族性因而不是「最初的」社會關係，它們是在資本主義方式下勞力市場分割的歷史性產物（Wolf 2003[1982]：510）。

移動並非僅僅指稱跨國移動，國家內部的城鄉之間移動亦應納入考量。例如美國 1930 年代鄉村非裔人口從貧窮的南方移往北方的工業大城，如紐約、芝加哥、底特律、匹茲堡，這國內的人口移動對於美國社會產生衝擊（Westin 2010：19-20）。因為兩者皆促使人口結構產生變化，而且移動人口與移入地區或國家的之間的關係，可透過國家所採取的多元文化政策了解，然而如前所述，每個國家的政策皆有其各自歷史脈絡、政治條件、經濟環境、社會情境，因此須將自 1960 年代以來的不同國家之多元文化論述與政策放回歷史脈絡中，如此方能達到本章的研究目的，分析多元文化主義的基礎與族群關係的類型。

如前所述，人口移動並非當代現象，社會經濟暨歷史學家韋伯在 1895 年就任佛萊堡大學經濟系教授的任職演說時，針對德國東部的波蘭工人與德國國家未來走向之關係進行論述。約從 1870 年至 1914 年之間，因工業化之故，德國西部吸引了來自東部的移民（Bade 2002；Sassen 2006）。而原屬德國東部容克階級所統治的莊園中的工人向德國西南部移民，而當地欠缺的勞力則由來自波蘭的工人補充（Sassen 2006：65）。然而，韋伯所處地當時社會是德國統一不久的時代，他站在維護德國的民族利益的立場上，恐懼「波蘭化」（Polonization）使得

德國沉淪，而且造成德國恐怕因此抑制經濟現代化。韋伯認為德國要朝向工業國家發展，以有利於民族生存。

韋伯並未以語言、宗教、領土範圍等來定義族群（Westin 2010：19）。他認為，我們應該將「族群」稱之為主觀相信有共同來源的人群——因為他們有著相同外觀身體特徵或是習俗，或是兩者兼具，或是殖民或是移民記憶——如此信念對於非親屬社群關係的持續是重要的……不論是否有客觀的血緣關係存在與否（Weber 1978：388）。

以此定義觀之，韋伯將有殖民或移民記憶的群體同樣視為族群，但韋伯在上述就任教授的發表演說重點，更在於他從民族國家的角度來討論移民與國家的關係。19 世紀到 20 世紀初接收移民的國家，如德國、英國、法國、美國與加拿大，對移民的態度是根植於在民族國家的架構下，一方面因為國內發展需要大量勞動力，但另一方面擔心移民危及自身社會與文化，因此在制定政策時，大多禁止某一個或多個特定族群移入，或是在經濟、公民資格方多所限制。

德國由於波蘭移民過多，遍布德國農業，或是礦業與其他工業，再加上已有波蘭銀行、教堂、報紙與貿易組織（Sassen 2006：75），在民族主義的情感之下，德意志民族恐懼「過度異化」，因此當時俾斯麥（Otto Eduard Leopold von Bismarck）下令驅逐 30,000 名波蘭人，且在 1908 年，禁止公開使用波蘭語（Mandel 2008：54）。英國則因為在 19 世紀與 20 世紀上半葉多有來自愛爾蘭的移民，尚有猶太人、羅姆人（Roma）、俄羅斯人、義大利移民，由於這些移民多為窮困的勞動階級，再加上英國的反閃族情結，因此於 1905 年實施《外僑法案》（Aliens Act）限制移民（Kivisto 2007：184）。19 世紀的法國因為法國大革命（1789-1799）確立的共和體制吸引了大多是來自歐洲的政治受難者或受壓迫者前往，20 世紀的難民則多來自於法國殖民地。19 世紀

的法國是歐洲主要的移民接收國（Sassen 2006：80），移民主要來自義大利，亦有來自西班牙、葡萄牙與波蘭的勞工移民。法國對於移民原來採開放政策，但後來因為經濟衰退以及法國人對於移民的敵意，於1889 年修訂《國籍法》（Nationality Law），政府有權以「不符資格」或「不受歡迎」駁回欲歸化為法國籍移民之申請（Noiriel 1996：63，轉引自 Kivisto 2007：226）。同時代的美國在經濟上或是在公民資格與權力上限制華人，1882 年推出《排華法案》（Chinese Exclusion Act），1892年《吉瑞法案》（the Geary Act）更加歧視華人，禁止華人入美。加拿大在 19 世紀末大規模移民進入之前的人口組成為印地安原住民、英裔、法裔，後因為逐漸進入工業化社會，需要大量勞力，1910 年《移民法案》（1919 年修訂）依照「白加」（White Canada）原則制定，偏好西歐移民，東歐移民次之，明顯不歡迎亞洲有色人種，在 1885 年制定第一個歧視中國人的法案，後來在 1900 年、1903 年、1923 年制定相關法案，防止中國人或其他亞洲人進入（Kivisto 2007：123）。

　　自 1960 年代開始，族群理論逐漸受到重視，一方面係因二戰之後，曾受殖民的亞非新興獨立國家在打造國族的過程中，需從原來的眾多文化異質性中建構專屬國族的同質性；另一方面則是歐洲國家需開始思考如何管理移民所帶來的文化多樣性；再則傳統上如美國、加拿大、澳洲、紐西蘭這些擁有大量移民的國家，制定政策以給予少數群體制度性的回應，其中值得注意的是美國 1960 年代黑人民權運動不僅開啟邁向種族平等之路，歐裔白人中產階級更因此開始尋找自己的族裔認同，此舉打破了「美國是大熔爐」的迷思（Westin 2010：20）。

　　到了 1990 年代，由於前蘇聯與東歐共黨國家解體、前南斯拉夫內戰之種族清洗、西歐國家因為日益加劇的種族主義所引發的暴力與衝突等，這些局勢的變化意味著在冷戰秩序的結束之下，面對社會變遷、

人口移動下更加需要思考族群與族群關係。進入千禧年之後，2001 年
911 事件，與之後十幾年當中一連串發生在美國與歐洲國家的恐怖攻擊
事件，使得歐洲國家元首多宣告「多元文化主義已死」，2015 年歐洲難
民危機更加確認此一論調，各國開始從原來的多元文化主義走向單一文
化主義，以新自由主義作為治理核心，再加上極右派勢力進入國會，穆
斯林移民成為國家以安全為考量所進行管理與控制之標的群體。此時與
2000 年之前的多元文化主義所聚焦的語言、領土範圍、種族、族群已
有所不同，宗教成了最主要的焦點（Kymlica 2014：243）。

　　由上觀之，多元文化主義的發展不僅受到巨觀國際情勢的影響，更
有每個國家自身的脈絡與面貌。縱使是在同一個國家內，亦因族裔群體
是否原生（autochthon）抑或是具移民背景以及在族群階層中的不同位
置而實行各異的政策。例如，美國係因黑人民權運動而起，特別是在教
育方面的權利；加拿大處理的是英語人口與法語人口之文化差異；臺灣
則是在 1990 年代因「四大族群」論述而將多元文化納入基本國策，再
加上 1997 年因為原住民代表透過運動與政黨協商，利用增修憲法條文
的機會，增修條文第 10 條「國家肯定多元文化，並積極維護發展原住
民族語言及文化」。尤其是該條文中「國家肯定多元文化」，意謂著多元
文化已成為基本國策（張茂桂 2002）。當然，更為值得注意的是，多元
文化是國家回應國內社會文化多樣性的思維與作為，因此，一個國家是
否將多元文化納入政策思維或是如何施行多元文化政策，所反映的正是
該國的人群分類、族群關係以及國族認同。

　　以傳統移民國家美國為例，2020 年 5 月 25 日美國發生非裔美人喬
治・佛洛伊德（George Floyd）因涉嫌使用假鈔，被白人警察里克・蕭
文（Derek Michael Chauvin）逮捕並壓制其頸部在地，導致佛洛伊德在
當場失去知覺，雖經急救但仍宣告死亡。佛洛伊德之死，造成全美各

地以及全球抗議種族歧視的聲浪不斷。然而，在美國以白人中產階級男性為支配系統的族群關係中，佛洛伊德之死並非單一事件，非裔人士遭受白人警察的暴力對待或是致死，距今最近的是 2014 年美國密蘇里州白人警察達倫・威爾遜（Darren Wilson）攔截非裔青年麥可・布朗（Michael Brown），雖然布朗與警方接觸不到 3 分鐘，但卻在搜查後遭到開槍射死。這種警察執法過當的事件雖然系統性地發生在美國社會，但其中卻顯現出族群差異性。根據統計（Statista），自 2015 年，遭受警察射殺人口共計 4,728 人，其中白人占一半，達 2,385 人，非裔為 1,252 人，877 人為西裔，其餘 214 人為其他種族。雖然白人占一半，但是若以總人口數與遭受射殺人口觀之，非裔人口占全美比例為 13%，以此計算，2019 年非裔人士遭受警方射殺的人數比白人多出 2.5 倍。

上述種族歧視事件不僅突顯美國長久以來的黑白種族關係中的盎格魯撒克遜（Anglo-Saxon）的主流意識形態，更因為在新冠肺炎（COVID-19）嚴峻疫情下，與美國非裔人口相關的族群與階級議題愈加鮮明。根據美國病毒性疾病部門國家免疫和呼吸疾病中心（NCIRD）（National Center for Immunization and Respiratory Diseases, Division of Viral Diseases）於 2020 年 6 月 25 日更新的報告〈種族與少數族群感染新冠肺炎比例〉（COVID-19 in Racial and Ethnic Minority Groups）中提到，「長期以來的健康醫療與社會不平等使得種族與少數族群群體得到新冠肺炎或是生重病的風險增加，不分年齡，皆處在風險之下」。種族與少數族群群體包括非西裔黑人、西裔與拉丁美洲裔、美國印地安人／阿拉斯加原住民，以 2020 年 6 月 12 日為估計基準，美國印地安人／阿拉斯加原住民新冠肺炎住院率最高，其次為非西裔黑人，兩者數據雖有差距，但皆比白人高出五倍。若以黑人為例，由於經濟因素，無法享有醫療保險，再加上工作不穩定，在疫情期間易失業，又加上多從事勞力

低階工作，無法在疫情期間在家工作。此外，擁擠、貧困的居住環境更讓黑人較無法避開得到新冠肺炎的風險。

屬於傳統移民國家的美國，雖在 1776 年 7 月 4 日宣布脫離大英帝國而獨立為美利堅合眾國，且以主權在民作為人民的基本保障，但是事實並非如此，「一開始，它就身罹奴隸之癌。期間歷經多年的病危、緩解與復發，它仍然杌隉不安，那個政治實體雖然還沒病入膏肓，但以一個開放社會的標準來看，失敗是大於成功的，或許最終還會遭到致命的一擊。」（Issacs 2004：305）這是伊薩克（Harold R. Issacs）在 1975 年出版的《族群》（*Idols of the Tribe: Group Identity and Political Change*）點出美國族群關係中的問題，雖該書距今已有四十七年，然而以今日眼光視之，伊薩克所言仍然適用，更是符合上述種族歧視事件。問題根源在於美國自 20 世紀初所冀求的「美國化」（Americanization）以及「大熔爐」（melting pot）迷思，亦即將不同種族、不同來源的「美國人」合為「一」，然而實際上這「一」是以 1890 年之前來自西北歐基督新教教徒為主而卻將其他人種排除在外，至今依舊如此。

19 世紀之前的美國，「族群」（ethnic）帶有種族之意，以禮貌的方式稱呼「猶太人、義大利人、愛爾蘭人以及其他被認為較主流群體英國人低劣的群體」（Eriksen 1993：4）。由於美國國會於 1965 年通過著名的《全國投票權利法案》（National Voting Rights Act），聯邦政府負責民權政策的不同部門開始思考究竟何種群體得以納入民權政策保障的「種族／族群群體」，因此「聯邦跨部門教育委員會」（Federal Interagency Committee on Education）於 1975 年以「五分法」為主軸進行美國的「種族／族群群體」分類報告（許維德 2013：357-358）。美國「管理和預算局」（Office of Management and Budget）依前述報告，於 1977 年公布了著名的「15 號指令：聯邦統計和行政報告的種族和族群分類」（許

維德 2013：358）。這個新的「種族／族群」分類架構其實混雜了很多
不同的分類標準：1. 黑人（Black）：一個有任何非洲黑人種族起源的
人。這是「種族群體」的概念。2. 西班牙人（Hispanic）：一個屬於墨
西哥、波多黎各、古巴、中或南美洲、或其他西班牙文化或起源的人。
這是「族群」範疇，不論其種族或地域，所有和西班牙文化或起源相關
的人都是「西班牙人」。3. 美國印地安人（American Indian）或阿拉斯
加土著（Alaskan Native）：一個有任何北美洲原居民起源、而且透過部
落聯繫或社區肯認來維繫文化認同的人。4. 亞洲人（Asian）或太平洋
島民（Pacific Islander）：一個有任何遠東、東南亞、印度次大陸、或太
平洋諸島原居民起源的人，這些地域包括，例如中國、印度、日本、韓
國、菲律賓群島及薩摩亞。5. 白人（White）：一個任何有歐洲、北非或
中東原居民起源的人。後面三項分類的標準是起源地域，但印地安人與
阿拉斯加土著則加上了「文化認同」（許維德 2013：358-359）。以此觀
之，美國的人群分類標準包含了種族群體、族群範疇、起源地域、文化
認同等，無法皆適用之，端視所指涉對象為何，以及該群體在該國出現
的脈絡與條件，包括鉅觀國際關係、美國社會（人口）結構以及在該國
族群關係中的位置。

二、多元文化主義中的族群關係與三種多元文化主義的經驗

　　基本上，多元文化主義與民主政體的密切關連性，出現在全球化快
速發展的年代，民主強調平等的普世價值，使得個人或是團體所承載的
文化也必須被尊重。多元文化主義對於當代社會的影響可分成三個層

次。首先，個人認同的層次：個人處在享用高度自由與變動的社會中，必須不斷建構與確認自我的認同，這些認同大多是後天取得的特質。第二，社會生活的層次：當代社會生活的多樣性與多元性，促使個人必須有所取捨，任何社會生活脈絡中都有「我群」、「他群」的區分，形成不同的群體關係，其中包括多元文化主義政策強調的「族群關係」。最後，差異政治的層次：強調的是公共政策的修補功能，改變權力運作的現況。民主政治的原理就是無視「差異性」而制定「普遍性」政策的概念，而且公共政策的「普遍性」必然會損害某些具體的「公民」權利，這些被損害的差異性權利，必須帶回到歷史思考，在社會共識的基礎上進行公共政策的辯論與修補。如果民主制度是在普遍性和差異性的來來回回討論中建立共識，當代的族群議題就是在部落主義和多元文化主義的迴路中找尋平衡的族群關係。

　　族群團體的分類以及衍生的相關問題，並非僅單獨存在，而是在特定社會條件之下，與其他類別交織而對該群體之社會位置發生作用。例如上述佛洛伊德之死，說明了不論經過多少年，縱使 2009 年美國出現了首位非裔總統歐巴馬（Barack Obama，任期 2009-2017 年），可被稱為「歐巴馬傳奇」（Murji and Solomos 2015），然而美國的政治與經濟高層基本上依舊是以白人男性作為支配群體（Batur and Feagin 2018）。因之，在「美國化」且以白人作為主流群體的國族認同的打造過程中，屬於「異質性族群」的非裔與其他有色人種成為經濟與社會衝突中的箭靶。種族或是族群與階級同時對某些特定群體產生壓迫，致使其被推至邊緣化位置。

　　以美國為例，1960 年代可說是該國政治、社會與文化發生變遷的開端，其國內的多元文化政策因非裔美人開始爭取平權、保障民權而起，除此之外，西班牙裔、原住民皆各有其主張，反對權力宰制，為其

應有權益發聲。然而以今日情勢觀之,種族歧視撕裂美國。美國並非單一個案,綜觀世界,不論是具有殖民經驗的歐洲國家,或是與美國相同擁有大量移民的國家,例如加拿大、澳洲,抑或是如亞洲、非洲、中南美洲等曾被殖民的國家,大約在 1950 年代到 1980 年代之間開展打造國族的過程,然族群之間又因宗教、語言、種族與地域影響而愈加分割,走向「部落化」。在此同時,全球人口移動,各國須面對因此而產生的移民群體所帶來的文化多樣性以及對於國內經濟、社會,甚或是政治的影響,進而制訂政策,予以少數群體制度性安排。然而,因國際局勢變化或是國內政治、社會與經濟情勢,從原先的多元文化政策趨向於單一文化意識形態,尤其是 2001 年 911 事件之後,歐美各國對待各自國家境內的穆斯林社群更是採取緊縮政策。不論是面對國內少數種族或是族裔群體、抑或是外來移民,在「我族」與「他族」之間關係如何分類、劃界,以及「認同」如何建構與變化,這一切皆與歷史、社會權力有關,因此本章將透過文獻,分析不同國家自 1960 年代以來聲稱的多元文化主義與政策進行分析,將「多元文化主義」及其「族群」/「族群關係」等基礎概念放回到歷史和社會脈絡中,理解社會現象及其相關理論,以能透過較長時段與較廣地域範圍的比較分析,架構出清晰的「多元文化主義」/「族群」/「族群關係」理論骨幹與血肉。

　　基本上,本章嘗試將現在的多元文化的主張與政策,放回到殖民統治、移民脈絡和被殖民歷史等脈絡中,分析其多元文化主義的基礎與族群關係的類型,並將多元文化主義分成三種類型:

　　1. 歐洲殖民帝國的多元文化主義

　　2. 移民組成為主的民族國家

　　3. 具有被殖民經驗的國家

多元文化主義一詞在近十幾年來非常流行,最後衍生出許多不同的

意義。而多元文化主義的討論指涉了非常廣泛的情境，包含整合政策、文化多元性、移民管理等等，也涉及了多樣的學科。廣義來說，多元文化主義指的是在一個情境中，人們保有不同的習慣、習俗、傳統、語言或宗教，他們生活在同個社會空間中，希望這些差異能夠得到認可。多元文化主義和認同政治、差異政治、肯認政治等詞彙緊密相關，但事實上，多元文化主義內部所強調的差異可能具有不同的意涵（Colombo 2015：801）。首先，多元文化主義可能指的是原生群體和次國家民族群體（native and sub-state national groups），例如加拿大、澳洲、美國的原住民，或是紐西蘭的毛利人等，這些人過去可能遭受剝削與壓迫，在此，多元文化主義的論點是賦予少數族群應有的權利，並擁護原住民的支持政策以對抗長期的不正義和不平等，政策包含土地權益、自治權等。第二種對待文化差異的方法則和在社會中受到歧視的群體有關，這個辯題通常和種族與性別相關。雖然明文上的歧視已然消除，少數種族和女性群體在經濟、學術、政治上經常缺乏代表性，他們也面臨更高的失業率並且遭受到象徵暴力的威脅，他們經常被描繪為較低等、不適任領導位置。在此多元文化主義的論證注重的是有利於這些弱勢團體的政策，讓他們能對抗這些負面的社會印象。最後，雖然多元文化主義的討論在北美主要環繞在原住民議題上，在歐洲則指向後移民政治，在這個脈絡下，多元文化主義政策包含國家或少數族群組織提供資金，來支持文化活動並保存族群傳統、延續母語教育、服裝規定的豁免等。移民的多元文化主義也包含減少歸化的限制、允許雙重國籍等（Colombo 2015：802-803）。

　　理論觀點上，可將多元文化主義區分成下列三個層次：

1. 多元文化主義作為規範議題

　　作為一個哲學理論，多元文化主義挑戰了普同主義（universalism）

的自由派觀點，自由派觀點將人類視為有自由意志的理性主體，經由對
於個人認同和個人權益的肯認來達成。相對於自由派的觀點，社群觀點
關注個人和群體的身分，在這樣的情況下才能讓個人能力獲得完整的發
展，並且維護民主參與。就討論個人自由和群體自由之間的關係來說，
Jürgen Habermas（1994）認為集體認同不必然和個人權益有所衝突，
重點在於營造有利所有公民的自由發言的條件。Seyla Benhabib（2002）
更進一步討論了審議式民主的內涵，指出社會成員需要能獲得平等互
惠、自由選擇身分、自由離開任何原來所屬群體成員身分，在這樣的
前提下，文化與宗教傳統才能和自由主義共存（Colombo 2015：804-
805）。

　　2. 多元文化主義作為（反）意識形態

　　多元文化主義的論辯起始於對於普同主義的強烈反對，包含批評普
同主義中僵化的認同、有所排除的歸屬議題等，對於多元文化主義者來
說，身分和差異是經由持續的調節、比較、調整、轉化和衝突後的產
品。舉例來說，族群差異就是權力和暴力的產品，透過階序和衝突彰顯
了帝國和殖民的力量。這樣的批判性多元文化主義關注如何讓弱勢群體
增能、如何對抗主流、轉化現行的制度和論述，也同時強調族群內部的
差異，而不只是族群之間的差異。由此來看，多元文化主義的目的是要
重新定義不同政治認同之間的權力關係（Colombo 2015：806）。

　　3. 多元文化主義作為全球社會的特性

　　多元文化主義也可以被當作現代社會的一項奇異的特性，不只關注
文化的差異如何被生產和再生產，也關注這些過程如何造成問題和衝
突。多元文化主義並不只是描繪一個擁有文化多樣性的複雜現代社會，
也代表著對於容納文化差異所做的努力，將舊有的社會階序給代換掉。
從這個觀點來說，多元文化主義被當作持續的政治成就，也是實質的資

源，用來捍衛文化權利以及族群連帶（Colombo 2015：807）。

（一）歐洲殖民帝國的多元文化主義

近年來歐洲出現許多對於多元文化主義的批評，諸如認為多元文化主義走向失敗，或是導致社會分裂和恐怖分子出現。對於多元文化主義的反彈更加強烈，首先是都市裡的暴動，這些暴動多是發生在移民後代和當地年輕人之間，而報章雜誌和政治論述將這些暴動定位為多元文化主義的後果，也就是移民不願意融入而和其他人過著分裂的生活。2004年荷蘭 Theo van Gogh 的謀殺案，以及 2005 年恐怖分子在倫敦的爆炸案以及 2015 年法國《查理週刊》所遭受的攻擊，由於犯案者的移民背景，導致了針對多元文化主義更加嚴峻的批評（Colombo 2015：808）。保守者認為多元文化主義過度支持移民的文化和認同，弱化了原本的在地文化，他們通常把這個過程形容為文化間的「零合戰爭」（zero-sum war），他們認為現存的多元文化政策較有利於反自由、反現代、反民主的少數族群，而且將主流群體控訴為民族中心者或是種族主義者（Colombo 2015：809）。

歐洲早期移民多依循固定招募管道前往特定國家從事低階勞力工作，而今的移民群體則在各個層面都更分散。Vertovec（2010）舉了英國為例，從移民的來源國、語言、宗教、移民管道與身分等層面進行說明。現今的英國移民來自 179 個國家，已經不再集中來自昔日大英帝國的殖民地，而只看來源國容易會忽略來自同一個國家的移民可能是異質的；在倫敦有多達三百種語言被使用；宗教方面，來自各大洲的移民大多信仰基督教，而亞洲移民則最多信仰伊斯蘭教，但基督教和伊斯蘭教底下都還有許多不同的分支，使得信仰變得更分散；工作移民、學生移

民、眷屬或家庭移民、難民或尋求庇護者、非正常移民等不同管道或不同移民身分則會影響移民在該國的生活狀態。Vertovec（2010）指出過去只將移民簡單地以族群分類，對於處理移民的需求或理解他們是不夠的，而且往往是不合適的。移民的性別和年齡也出現變化，過去以女性移民居多，而今則以男性為主，可能的原因是尋求庇護者或難民主要是男性，而年齡上，壯年移民比例增加、未成年移民比例減少。而這些變化使得全國性或地方性政策需要作出相對應的調整（Vertovec 2010：86-89）。

隨著科技和交通工具的進步，移民在移民後與來源國的聯繫增加，而頻繁的跨國互動也強化了移民的族群身分。不過，並非所有移民都會與來源國有頻繁的跨國互動，會因為移民本身的移民管道、身分狀態等因素而有所差異，例如非正式移民者的跨國互動相對來說就較少。根據過往的研究，跨國參與模式與整合過程有著複雜且普遍的正相關關係，但 Vertovec（2010）指出雖然移民相較於對移入地，可能對家鄉或其他社群有更強烈的歸屬感或認同，但不代表他們沒有融入新環境。從事越多的跨國互動不代表他們不融入當地，而較不融入當地也並非意味著他們從事更多的跨國互動。而即使研究指出移民的跨國主義並不影響社會融合，但在 911 事件後仍備受攻擊（Vertovec 2010：89-90）。

因應上述這些變化，許多國家推出具強制性的文化歷史、語言課程與語言標準，藉由增加這些義務來確保移民或少數群體對國家的認同或忠誠。透過這些措施，多元文化主義國家嘗試在維持統一的身分和肯認多元族群之間取得平衡。雖然語言的部分已經被證實可以促進移民的社會融入（容易找到工作），但文化歷史課程對於移民的社會流動的影響則仍是未知數（Vertovec 2010：91）。

Vertovec（2010：92-94）對採取多元文化主義的國家或組織提出建

議或提醒：

1. 雖然單從移民的來源國數量就可以看出移民多樣性的增加，但不可忽略來自同一來源國的移民之間仍存在異質性。

2. 移民管道和移民身分狀態可能比其族裔或來源國對其在移入國的生活狀態產生更大的影響。

3. 雖然移民的跨國互動普遍增加，但需要注意的是不同移民群體跨國互動的形式、頻率都不同。

4. 需要認知到雖然移民的跨國互動增加，但不必然表示他們對融入在地沒有興趣。

5. 在制定政策時，須注意避免造成少數群體之間彼此競爭資源。

6. 若要消除偏見並鼓勵互動，人們應該要關注彼此都有多重的身分，而不應只注重其族群身分。

7. 政府應注意到許多移民會移入該國家內部固有的移民社區，應協助移民社區融合新移入者。

8. 過去地方性政府的政策常常是與當地的大型移民組織互動，現今大型移民組織雖然仍十分重要，但有愈來愈多移民群體無法被容納進入這些移民組織中，因而無法觸及許多政策或資源。

　　在制定政策或提供公共服務時應在各層面考量到移民的複雜性，而這有賴對移民特性進行更深入的調查與了解。

　　自 1960 年代開始，英國就被認為是多元主義的社會，英國政府在1965、1968、1976 年發布了不同的《種族關係法案》（Race Relations Act），也許是順應這樣的趨勢，英國也出現了反對多元文化主義的浪潮，政治人物、新聞記者、一般的英國人認為多元主義政策讓英國變成一個分裂的社會（Warikoo 2020：50）。出於這樣的擔憂，「社群團結」（community cohesion）成為了一個比多元文化主義還要更受歡迎的概

念，也進一步重新定義了英國認同（Warikoo 2020：51）。2005 到 2006
年，政府改革了公民法，想要歸化的住民必須通過語言等考試，這樣的
歷史展現出政府想要強化英國國族認同，且通常在一個對抗多元文化主
義的框架下實行（Warikoo 2020：53）。Warikoo（2020：51-52）以英國
菁英大學的學生為對象，分析多元文化主義對他們的意義。發現大多數
的學生將多元文化主義定義為多元的族裔群體住在一個社會裡，沒有任
何學生提及到他們的權益。而許多白人學生則提到擔心移民會衝擊到傳
統英國文化，有些白人學生也擔心社會團結的問題。詢問他們多元文化
主義如何影響他們生活時，他們不是認為沒有影響，就是不清楚英國多
元文化主義的狀況。整體來說，這些學生對於多元文化主義及相關政策
的支持很薄弱。

　　前述 Warikoo（2020）調查中的大多數學生認為多元文化主義指的
是多元族群背景的人生活在同個社會裡，三分之二的英國原生白人以
及 60% 的移民後代都提出這樣的回答，只描述了差異而未討論差異以
外的事情。有幾位受訪者則提到多元文化主義的其他面向，例如整合和
團結。Warikoo（2020）發現原生白人較可能提到整合的面向，有 12%
的原生白人提及這個面向，而第二代移民的學生中只有一位提出這樣的
說法。第二代移民的學生較可能談到「接受」（acceptance）的面向（占
五分之一）（Warikoo 2020：56-57）。這些學生的說法近似於 Hartmann
與 Gerteis（2005）所提的「互動的多元主義」（interactive pluralism）
（Warikoo 2020：58）。

　　接著，Warikoo（2020）分析了學生們對於多元文化主義的感受，
他發現有 63% 的原生白人學生、73% 的移民後代表示了正向的感受，
因為可以接觸到不同文化。另外有 18 位（35%）的原生白人學生、4
位移民後代表達了矛盾的感受，他們擔心多元文化主義可能會危及到社

會團結和國族認同，有些學生則是認為多元文化主義對他們的生活並無太大的衝擊，因此沒有特別強烈的感受（Warikoo 2020：58-59）。而在英國多元文化主義政策的問題上，許多學生都表達了正向的感受，認為現在的政策步調已達到平衡，包含 25 位原生白人學生（48%）和 10 位移民後代（67%）。另有 10 位原生白人學生（19%）和 2 位移民後代（13%）則相信英國政府在相關政策上做得不夠。而那些少數認為英國政府「做太多」的學生，事實上是覺得英國政府過於強調容納，卻在整合方面做得不夠（Warikoo 2020：61）。

（二）移民組成為主的民族國家

Wax（1993：99-100）從文化的角度，分析多元文化的意涵。文化作為一個專業術語，近來受到各方抨擊。有些人批評文化在理論上掩蓋了田野調查的過程和數據，以及田野調查家和東道國人民（host peoples）之間的權力關係，因為對此概念的忽視，在文化與學校課程之間的關係就引發了衝突。一邊是主張西方的高雅文化（high culture）為基礎的傳統課程；另一邊主張採用多元文化方法，納入各種文化、文明與女性代表，擴大並改變基礎。關於文化和多元文化這個專業術語上的辯論是很混亂的，在教育和政治衝突中的混亂已經持續了幾十年，反映了強烈的意識形態的分歧。

當人類學家介紹文化史時，會從 Edward B. Taylor 的《原始文化》（*Primitive Culture*）開始，書中提及文化或文明是一個複雜的整體，包括任何人作為社會成員所獲得的其他能力和習慣。在 19 世紀，文化這個詞有不同的含意，它表示一個人為了幫助一個有機體的成長所做的事情，例如林業文化、農業、園藝或「身體文化」（physical culture），

也就是一個人試圖改善他的身體意圖和行動，此種說法的隱含概念即是促進生長的人將是一個培養者。Wax（1993）提到 Georg Wilhelm Friedrich Hegel 早先對文化史一詞的想法，他認為人類文明是從古希臘出現的，本質是人類精神的發展，是人類走向成熟自我意識的發展；將 Taylor 和 Hegel 兩者邏輯模式相比較，會發現 Taylor 把 Hegel 的成長和發展概念從精神領域移到社會和實踐領域，使之民主化，使所有人都是參與者。而後，Taylor 把重點改為人類的基本特徵（語言和宗教）以及基本的發明（工具、武器、布料、衣服和食物的生產），因此原來帶有菁英主義意味的德意志文化概念發生巨大的變化，成為英國人類學的基礎（Wax 1993：102-104）。

　　Franz Boas 把文化作為一個了解人類社會的核心概念，也把它作為一種修辭上的武器，之所以如此，是因為 19 世紀社會達爾文主義蓬勃發展，種族主義詞彙似乎得到了支持，並解釋人類群體之間可觀察到的差異，Boas 認為這些差異應歸因於環境，特別是社會環境，促使他用文化取代種族遺傳，作為有因果效應的機制。Boas 強調的是文化平等主義或是文化相對主義，我們不得不承認各民族之間的顯著差異，但他們拒絕將這些差異視為種族或血緣的結果（即傳統的遺傳），人們不得不從社會的角度來解釋這些差異，這導致了 Taylor 的文化概念，但這個概念意味著地球上的人民是可以被排名或分級的，以及它側重於容易從一個民族傳播到另一個民族的特徵。Boas 的學生 Ruth Benedict，在其《文化模式》（*Patterns of Culture*）一書中提出把每個印第安人視作美術品，擁有獨特的整合，即使在這個藝術品中使用的元素似乎是其他民族也有，但整合的形式使它成為一個獨特的個體，若以這樣的視野待之，那麼即便與其他民族有著共享的文化元素就不是如此重要。而 Benedict 認為，如果有人斷言某個部落似乎缺乏某種整合，針對這樣

的說法，她提出文化就像有機體，或活的藝術品，如果它們是健康的，那將是整合的，如果它們某種意義上被瓦解，這將意味著它們受到了創傷和衝擊，因此，一種文化沒有被整合，這不該導致人們對文化概念理論的懷疑，而是應該導致人們對一個生活方式受到壓力的民族產生同情（Wax 1993：104-105）。

Wax（1993：105-106）從 Boas 和 Benedict 的文化概念中獲得了多元文化主義的實質內容：1. 每個人都是文化參與者和特定文化的產物。2. 學校教育要做到從兒童的本土文化開始，文化不該有預設，課程的設計應該在孩子進入正規教育的時候就開始。3. 學校文化應該反映學校人口的組成，應該包含學生文化的材料，為他們提供歸屬感和成就模式，避免西方沙文主義和民族中心主義的重現。但 Wax（1993：106）也提出一些問題：1. 多元文化主義也有問題和爭議，在北美印第安人的社區，通常是最保守和最傳統的人反對雙語和雙文化政策，但卻得到年輕、文化方面同化的政治領導人的支持。保守派認為應該為孩子提供他們需要的語言、文化，且不能相信任何外界教育者或正規教育機構能做到這一點，許多人認為語言、文化互相交織，任何錯誤的使用都可能帶來災難性的後果，所以他們希望學校為孩子做好準備。2. 在學校遇到麻煩的孩子不是因為身處一個完整的同質文化環境而受害，而是被捲入較低階層的邊緣環境。人們觀察他們，他們不僅說著不太正確的英語，而且說低級的西班牙語，甚至是兩種語言混和的土語，雖然核心語言可能是西班牙語，但他們可能是來自美洲的原住民族。3. 如果孩子要進入高等教育，那麼他們就要受到相關基礎學科準備的訓練，如果缺乏這些，他們就無法應對。Wax（1993）指出，他的評論並非拒絕多元文化主義，而是表明儘管多元文化主義可能會吸引受過人類學訓練的人，但它還是有實證經驗與概念上的困難，尤其是與文化概念有關的問題（Wax

1993：106）。

　　Joan（1992：12-13）則從「權力」的觀點分析多元文化主義，他指出多元文化主義原本是左派對道德教條主義的內部批評，被右派挪用來批評任何要求容忍、公平和正義的呼聲，指控其為侵害個人自由的思想控制。而根據這些批判現狀的態度和行為所產生的計畫或措施，則被稱為「多元文化主義」。反對者批評多元文化主義的「歐洲恐懼症（Europhobia）」將破壞美國的團結統一和大眾文化，其支持者則認為多元文化主義可以促進容忍和平等，他們認為多元文化主義在關注非裔美國人、美國原住民等族群時，使美國身分（American identity）變得多元化，但仍讓維持一個「統一的身分」成為可能。正是這種「統一的身分」概念引發了支持和反對多元文化主義者之間、自由多元主義和保守個人主義之間關於多元文化主義的辯論，這些分歧的意見使反思變得困難。

　　在多元主義的框架中，身分被視作一組固定的習俗、實踐和意義、持久遺產、易於識別的社會學類別、共同的特徵或經驗，而多樣性則是指多種身分，其被視為人類存在的條件，而非不同的權力階層和不對稱的差異造成的效果。因此人們只會檢視多樣性是否使不同的人可以存在，而差異的歷史和政治則模糊不清。Joan（1992）介紹一篇有關多元文化課程的報告和 Nathan Glazer 對該篇報告的批評，指出兩者都將人們受歧視的原因歸因於人們的差異，但作者認為應該相反，差異的出現和差異的身分是因為歧視產生的。他引用了 Stuart Hall 和一位住在拉丁美裔宿舍的白人中產階級的經驗來印證自己的看法，並指出多元文化主義者放棄對「身分」產製過程的探討，可能是為了避免看起來太過激進，也可能是因為將身分問題歷史化會激怒致力於建立其自治和統一的歷史存在的群體，例如女性。結果就是有關多元文化主義的討論被安全

地置於自由主義多元主義框架內，這使得 Arthur Schlesinger, Jr. 對該報告太強調多元而不強調統一的批評變得合理（Joan 1992：14-16）。

　　Joan（1992：16-17）認為將身分問題歷史化，也就是對身分的生產進行分析，從而對權力的建構和權力衝突進行分析，當其聲稱定義和解釋一個主體的存在時，它也會質疑任何特定身分的自主性和穩定性。但其相對多元主義框架，反而更可以提供一個統一的觀點。人們不能活在各自的歷史裡，而是應該要活在一個有差異和衝突的共同的歷史裡。但這樣的說法在個人主義盛行的時代不被多數人認同。個人主義的邏輯影響了人們怎麼解讀多元文化主義，將對差異的容忍解讀尊重個人的個性和態度；將只是將族群視為個別的實體而忽略其相互之間的權力關係；處罰仇恨言論不是出於對歷史上處境不利群體的保護，也不是出於該言論再製了不對等的權力關係，而是為了使個人免於被其他人霸凌。

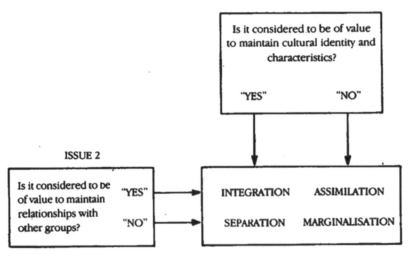

圖 1-1　加拿大多元文化主義的四種融合策略

資料來源：Berry 1984。

　　加拿大從 1971 年起宣布實施「多元文化主義」政策，其政策可分為四大部分（圖 1-1）：群體身分的維持與發展（group maintenance and development），亦即維持族群的文化與認同、避免同化；群體之間的互相接受與容忍（group acceptance and tolerance）；群體之間的互相接觸與共享生活（intergroup contact and sharing）；以及學習共通的官方語言（Berry 1991：17-20）。這種「多元文化主義」或「整合主義」（integrationist）的族群政策，目標是讓人們可以發展出健全的自我認同，並且群體之間能對彼此持有正向的態度（Berry 1991：24）。

　　Berry（1991：31-32）指出，多元文化主義政策已在加拿大實施二十年，其政策的成效與心理後果，在「族群接觸」的面向上，人們對於鄰近地區的族群有較充分的認識，但也對不少群體仍不甚熟悉。在「族群容忍」的面向上，在控制族群的自我評價後，人們對於不同族群仍有迥異的態度，例如英裔、法裔加拿大人獲得最正向的評價，而原住民則獲得較多負面評價，顯示種族歧視仍是加拿大嚴重的問題。此外，受涵化群體的「涵化壓力」，發現採取「融入」策略的個人，面臨最小的心理壓力，而採取「邊緣化」策略者則壓力最大。除此之外，周遭社會的文化多元性、政策是否排除少數族群、社會支持、族群的地位、先前對移入環境的認識等因素，也都會影響個人在涵化過程中的心理健康（Berry 1991：39-41）。這樣的結果也讓作者強調，加拿大所採取的多元文化主義或整合主義的族群政策，對於加拿大人的心理健康是最好的，而同化主義的族群政策應該被放棄（Berry 1991：42-43）。

　　加拿大的政策強調「群體身分的維持與發展」，背後的預設是當人們對自己的文化有自信，就更容易包容其他文化。然而，反對者指出，這種對自身文化的信心，也可能導致我族中心主義。Berry（1991）檢驗這兩種說法，發現族群認同與族群包容性的關係取決於「信心」是如

何被界定。如果對我族的「信心」是展現在「我群的光榮與優越」，那麼這確實會加強對於其他群體的負面態度；然而，如果「信心」是展現在「安全感」或「自尊」，那麼族群包容度確實會提升（Berry 1991：33-35）。

另外，加拿大的政策也強調族群互相接觸對於彼此包容的幫助。然而，反對者會指出，增加接觸也可能導致衝突擴大。Berry（1991）同樣也檢驗這兩種說法，發現在加拿大，增加族群接觸是對族群包容度有幫助，只有原住民是例外。不過，由於少數族群的比例都沒有超過20%，這樣的結果無法排除如果接觸超過一定比例，其對族群包容度的正向幫助會下降（Berry 1991：35-37）。

多元文化主義政策下加拿大人對於族群涵化的態度，發現無論是對主流社會或是受涵化的群體，加拿大人普遍支持「融入」（integration）的族群互動模式，亦即保持群體特殊性、但也融入主流社會的模式，並反對其他三種可能性（同化、隔離、邊緣化）。這樣的結果顯示在態度上，加拿大人對於族群關係具有相當大的共識（Berry 1991：37-38）。而在行為上，則可見到在語言方面，族群間發生了部分的同化，但也有融入的情況出現（如雙語政策）（Berry 1991：38）。

因此，Berry（1991：22-23）區分兩種分析傾向：「主流—少數」視角和「多元文化」視角。前者是假設只有一個主流文化，與許多邊緣或從屬的文化；後者則是假設沒有一個文化能全面支配社會，不同群體之間以各種不同的方式整合在社會之中。Berry（1991）認為，採取第一種觀點容易把「少數」視為較有缺陷、需要變得更「主流」的，且通常聚焦在主流群體對於少數群體的觀點上；相對地，採取多元文化觀點比較可以擺脫單向的思維，看到群體之間的互相影響，強調研究者應該避免只關注少數群體，而應以「群體間的關係」作為研究對象。在集體

層次可透過國家政策觀察，個人層次上則可觀察支配群體對涵化的意識形態；針對非支配群體，集體層次上可以觀察群體的整體目標，個人層次上則可觀察人們對涵化的態度。在不同的分析單位中，研究者可能會觀察到不盡一致的族群關係（Berry 1991：21）。

多元文化主義經常遭受到的質疑包括：難以達成、移民可能會破壞移入國的團結、威脅到國家認同。即使在澳洲這樣的國家，自從 1970 年代就採用多元文化主義，仍不免遭受到部分國民的反彈。Pakulski（2014）認為，這是因為多元文化主義的認同、目標、原則與後果的困惑之處引發了這些批評。例如許多批評者經常混淆多元文化主義和同化主義（assimilationism）（Pakulski 2014：23-24）。澳洲的多元文化主義並不只是自由派意識形態下的產物，也不僅只是為了慶祝文化多樣性，而是二戰後面對移民問題而產生的實際策略，其目的是為了有效安頓、整合這些移民（Pakulski 2014：25）。

澳洲多元文化主義在 1960 年代與 1970 年代形成。澳洲政府曾試圖修正過去政策不合理之處，包含整合非英籍的移民、廢除二戰後歧視移民的政策等。一開始的同化政策確實成功讓沒有技術或半技術的海外勞動力進入澳洲，為澳洲的製造產業增添勞動力，但是也伴隨許多問題，包含無法融入、族群歧視與排除等問題，其中最重要的問題就是移民人力資本的浪費。因此，澳洲政府採用不同的策略，對於移民的文化、生活方式、認同的多樣性給予更多寬容，被稱為多元文化主義或文化的多元主義。經過多次修正後，政策的目標和原則修訂如下（Pakulski 2014：26）：

A. 社會的團結（social cohesion）亦即國家的融合（national integration），也就是設計相關的制度來合理分配資源和解決衝突。

B. 保障機會均等。

C. 保障個人選擇並維持文化認同的自由。

D. 每個人都有責任參與社會並對社會保有承諾。

　　澳洲的多元文化主義更強調整合是漸進的，而這個政策的成功依靠的是歸屬感，歸屬感可以經由家人、鄰居、朋友圈、宗教和族群社群發展起來。而宗教和族群的社群若扮演了這樣的整合角色，必然會得到支持，但若他們參與了宗教和族群的孤立主義，則會受到譴責（Pakulski 2014：29-30）。此外，澳洲多元文化主義強調平權的概念（equity），但經常與平等（equality）、特權（privilege）混淆。平權指的是同等的對待、機會與管道，但平權並不保障平等的結果。如果發現了族群和職業的不平等，不能直接認定多元文化主義政策失敗，需要把技術、經驗、表現等面向納入考量。有些批評者認為多元文化主義施惠於非英籍移民，給予他們特權。Pakulski（2014）認為這是對政策的誤解，因為澳洲政府所給予的支持，如語言教育，是為了讓移民能融入社群，促進整個社會的融合，而不是給予特權（Pakulski 2014：30）。互惠（reciprocity）和互相（mutuality）的概念也經常遭到混淆（Pakulski 2014：32），應該從互惠的角度理解，主流社群接受並保護少數族群，認同文化差異，並基於社會融合的目標支持少數族群的文化；與此同時，少數族群也應該完成他們的義務，也就是維持社會參與，對於澳洲保持忠誠。

（三）具有被殖民經驗的國家

　　對於某些新興的移民國家，如日本、韓國、臺灣、中國等國家，並沒有移民政策，因此並不能夠和具有悠久歷史的傳統移民國家相提並論。透過研究這些新興移民國家，可以理解國家如何管理並創造移民

政策（Nagy 2014：161-162）。Nagy（2014：162）透過回顧九篇相關文獻，主張自由民主模型並不適用於東亞。其中，有四篇文章討論日本[1]和韓國的情況，日韓社會都很強調群體認同，這成為多元化移民政策的阻礙；另一篇討論臺灣的文章則揭示了臺灣的移民政策如何將中國與臺灣的關係納入考量；其餘的文章則關注過去曾作為殖民地的香港、新加坡、馬來西亞、印尼與菲律賓。

　　日本和韓國在二戰後很長一段時間皆採限縮的移民政策，以維護族群和文化的同質性。二戰後，日本的移民政策與態度使得許多韓國人回到韓國，如此有助於日本進行戰後重建；同樣地，韓國也有意識地排除移民，以增進團結，有助於重建政治、經濟與文化制度。臺灣的移民政策牽涉到兩岸關係，因此更為複雜。勞動市場的短缺、少子化和高齡化迫使臺灣政府發展移民政策，但又必須考量到中國和臺灣在意識形態上的分裂。因此臺灣發展出兩個策略：（1）限制中國移民的政治權利一段時間（2）鼓勵臺灣人從東南亞國家找尋配偶。香港和新加坡過去都曾被英國殖民，沿襲了英國的法律以及多元文化的制度，但在二戰後卻出現不同的地理壓力與發展策略（Nagy 2014：163）。

　　日本在限縮的移民政策下，並沒有一套國家的規範來支持進入日本的移民，合法進入日本的移民會先向地方政府登記，由地方政府管治移民的社會福利、教育、醫療資訊等。由於沒有國家層級的規範，地方政府自行發展融入政策、外國人政策、多元文化共存政策以及今日的社會統合政策，這些政策旨在提供語言協助、文化訓練和各樣資訊。但這些僅是提供服務而已，並未強化多元族群或是多元文化認同，此外，也沒

1　日本雖未被殖民過，然由於在此處引用 Nagy（2014）的論點，再加上日韓可供互相參照作用，因此將日本放入本小節。

有相關的法律禁止歧視。日本的例子讓我們了解到多元文化主義如何透過地方政府來施行（Nagy 2014：167）。

韓國在移民政策上，如同日本一樣，採緊縮態度，以維持族群和文化的同質性。但是自從 1990 年代之後移民數量增加，低薪、勞動條件差等問題讓移民議題浮上檯面。因此，韓國勞動部發起相關行動以保護移民或移工。這些政策並不能稱作多元文化主義政策，而更像是移民政策，因為只是提供語言和文化的協助，讓移民協商能力增加，但他們仍然沒有公民權利（Nagy 2014：168-169）。

Kim（2015：728）指出多元文化主義在韓國正蓬勃發展，韓國自 2006 年起，不論是國家或非國家的行動者都不斷使用並提倡「多元文化」這個詞彙，具體來說，這些行動者將多元文化主義作為個人及國家發展的方法、指標跟目標，這個現象和世界體系的位置有關，因為韓國在世界的經濟階層體系裡處於中段位置，韓國的行動者一直希望能從中間往上爬升，促使他們採用多元文化主義的策略。過去研究加拿大和澳洲的學者普遍認為多元文化主義的採用和「移民社會」的認同有關；然而，Kim 主張，全球經濟體系也是重要的面向。其次，過去討論少數種族和族群的文獻多關注東歐和中歐，韓國的案例卻能提供新的視角：（1）東歐和中歐的國家跟隨西方的標準，因為他們希望可以獲得歐洲聯盟（European Union，簡稱 EU）的成員資格，但韓國並沒有這樣的壓力，卻仍追求多元文化主義。（2）西方國家表面上把多元文化主義視為發展國家的指標，另一方面卻又摒棄多元文化主義，因此韓國面對的是來自西方國家的雙重標準，韓國的案例有助於質疑「自由的西方、不自由的東方」這樣的說法（Kim 2015：729）。

對於 Kim 而言，多元文化主義既是一種政治哲學，也是一系列的政府政策，政策關心的面向包括原住民、國家內部的少數族群、移民等

議題。不過，Kim（2015）並不是要關注個別的政策，而是多元文化主義的論述。自從 2005 年開始，韓國有愈來愈多討論多元文化的論述，希望韓國能轉型成多元族群或多元文化的國家，例如新聞提到多元文化主義的篇數呈現爆炸性的成長。2006 年韓國安全行政部門和韓國總統都發表相關聲明，表示韓國要成為多元種族／多元文化的國家。2006 年政府則推動相關移民法案、2007 年推動多元家庭支持法案，這些法律的內容包含：政府官員和雇主必須接受多元文化教育，建立反歧視法案，以及提供韓國文化和語言的課程給成人移民。同時，教育部也修改教科書、國防部修改相關證言，政府也增加了移民相關項目的支出（Kim 2015：729-730）。韓國自 1990 年代開始有大量移民，但比起其他國家比例還是相對小，因此上述的多元文化政策並不是水到渠成的結果。Kim（2015）認為全球地位（global position）才是影響韓國是否接受這些國際規範的關鍵（Kim 2015：731）。基於歐美國家的標準，許多國家被定義為第三世界國家，而這些發展中的第三世界國家（如韓國），首要目標是脫離發展中的狀態，這不僅只是追求經濟發展，也會追求價值層面的成就（如性別不平等）。雖然在各項客觀經濟指標來說，韓國都算全球體系的前段，但是在國家領導群體的地位認同裡，韓國仍屬於中段國家，在經濟表現上不如美國、日本，在政治權力上不如中國、俄羅斯。這樣的國家身分認同形塑了政策的選擇和發展，描述如下（Kim 2015：731-732）。

根據各個國際組織的標準，「包容度」這項指標會影響國家排名，韓國因此接受國際規範以提升「象徵發展」（symbolic development）。舉例來說，經濟合作暨發展組織（Organisation for Economic Cooperation and Development，簡稱 OECD）建立了包容度的指標，在報告中指出國家收入和社群包容度存在正向相關性。聯合國、聯合國教育、科學及文

化組織（United Nations Education Scientific and Cultural Organization，簡稱 UNESCO）更進一步積極提倡文化多元性和包容性（Kim 2015：735）。以韓國內部的論述為例，2006 年韓國法務部長說韓國必須處理移民的問題，以成為一個更健康、進步、多元文化的社會。其他官員也相繼在大眾面前說明韓國的人權及移民政策尚未到達相關標準。同樣的，民間組織也提出類似的說法（Kim 2015：736）。這些論述的共同點便是點出韓國仍不夠進步，而遵守國際規範、擁抱多元文化主義可以讓韓國更進步。這些宣傳都顯示韓國政府作為世界體系中段，一直希望能躋身世界舞台的核心、將經濟力量進一步轉化為「軟實力」。

對於韓國政府來說，多元文化主義並不只能在經濟上或象徵層面上增進韓國的國際位置，多元文化本身便是發展的指標。Kim（2015）以一個公開論壇的報告為例，該報告指出韓國若無法讓移民享有公平與人權，代表韓國政府沒有足夠的能力照顧所有公民，而這又是經濟發展尚未達到水準所導致。韓國政府嘗試改變國內社會過於重視純血統而壓迫到移民的情形，包含利用宣傳文宣、推行電視廣告、與 UNESCO 一起進行教育計畫的合作、舉辦並資助多元文化活動和計畫等方式（Kim 2015：738）。對於韓國政府來說，接受移民不僅是經濟發展之下不得不為的選擇，對移民採取包容策略也代表著韓國政府具有成為開發國家的資格（Kim 2015：738-739）。

二戰後的新加坡族群主要由華人、印度人、馬來人／穆斯林組成。新加坡政府一方面致力維持內部族群的和諧，另一方面也開放低技術與高技術的移工，例如將照護責任外包給印尼和菲律賓的移工，或是吸引高技術與專業人才移入新加坡。在新加坡的案例裡，所謂的平等多元主義只適用於三個主要族群，而不適用於後來的移工。但新加坡內部族群不平等的問題也引發許多爭議，首先是高技術與專業移工剝奪了新加坡

的資源，造成當地人不滿，再來則是馬來人社經地位普遍較低的問題（Nagy 2014：164-165）。

　　基於殖民的歷史，香港的族群主要有華人、印度人和英國人。香港與中國的關係是影響移民政策的重要因素。在 20 世紀，中國內部政治的混亂，導致大量移民從中國移入香港，香港只好關閉邊境避免移民量過載，這導致香港人形成一套香港的文化認同。而隨著經濟發展，香港轉型成服務業為主的城市，吸引許多高技術移民，另外也引入了來自印尼和菲律賓的家務移工。雖然香港沒有一套多元文化主義政策，但其獨立的移民政策和強調經濟融合的策略促使多元族群得以共存。然而，香港也面臨著移民所帶來的社會極化問題，隨著高技術移民和專業人士（多來自中國）取得房產，不平等問題更加惡化，面對這些問題，香港政府並未選擇排除移民，而是強化香港在地主義（localism）（Nagy 2014：165-166）。新加坡和香港作為東亞多元文化主義的例外，兩個國家都有實際的移民政策以回應他們在經濟層面上的需求，內部的需求讓他們得以從世界各地招募人才，兩國同時也開放家務移工移入境內。

　　東南亞的菲律賓、印尼、馬來西亞都是多元族群的社會。以菲律賓為例，透過天主教的力量，各個族群得以統合形成菲律賓認同。此外，菲律賓政府也用語言政策和教育體系來統合各族群，同時也試著讓不同的族群能共享權力。而印尼過去在蘇哈托政權的同化政策下，各族群間缺乏權力共享的機制。直到今天，印尼的華人在政治與文化的面向上仍處於邊緣，即使他們在經濟上占優勢（Nagy 2014：166）。馬來西亞則由馬來人、印度人、華人組成。馬來人作為多數族群，透過國家和宗教的力量鞏固權力，排擠其他非穆斯林。然而，穆斯林的馬來人卻仍處於經濟的劣勢。

　　印尼經歷了專制統治後迎來政治的自由化，發展出較不強調同化的

多元文化主義政策。印尼政府在政治權利上仍排除移民,但在公共領域則鼓勵多元文化主義,有助於降低華人和印尼其他族群的緊張關係。相對來說,馬來西亞的政策則更保護馬來人,這顯現在國家政策和宗教組織上。最後,菲律賓作為一個多族群、語言和文化的群體,政府試圖要建立一個語言和教育的共同體(Nagy 2014:170-171)。

三、結語:人群移動、多元文化主義與知識典範的轉移

本章初步將「多元文化主義」區分成三種類型:具有殖民經驗的歐洲國家、擁有大量移民的國家、具有被殖民經驗的國家,不同類型或不同國家如何面對族群多樣性所提出的相關論述與制定的政策,皆有其由巨觀國際體系與國家內部互相交錯而產生的歷史脈絡,再加上各國有其人群分類的依據,例如美國以種族為主,英國原本將族群視為用以補充種族概念,但後來由具政治正確意涵的族群取代,再加上英國移民多來自前殖民地,因此最初族群的概念指的是有明顯清楚可見體質特徵之後殖民移民(Westin 2010:21)。而曾被殖民的國家,如新加坡、馬來西亞,仍以種族概念作為主要的人群分類。

不論在哪一種類型的國家,族群關係多為衝突,這符合相關研究的觀點:衝突是族群關係的基本特徵(Marger 2015:79)。Donald L. Horowitz(1985)將族群性放在現代化的脈絡下來理解,較能夠究竟本章所要探究之族群衝突發生的原因。族群衝突不一定是之前對抗的持續或是復發,許多族群衝突有可能是新的創造。不論是否是近期形成的族群衝突,許多群體都是在殖民統治時期首次遭逢(Horowitz 1985:

98）。歷史記憶可以是武器，傳統可以為族群衝突加上燃料，但當代的族群衝突不能完全僅是認為是早期衝突的復活形式（Horowitz 1985：99），而與 Karl W. Deutsch（1953）所提出的「社會流動」（social mobilization）（Horowitz 1985：99）有關。

「社會流動」發生在從傳統走向現代生活方式的國家，對大量人口產生的整體改變過程。涉及了新興的行為模式取代舊有的行為模式，且包括了對大眾政治的參與。這個過程會接觸到大眾媒體、讀寫能力的改變、居所變化（從鄉村到城市）、職業更替（尤其是從農業到非農業）以及打破傳統的生活方式。Deutsch（1953）認為族群衝突是類似於介於社會流動比率與同化比率之間競逐之產物（Horowitz 1985：100）。流動但未被同化的人口比率是群體衝突的首要粗略指標。社會流動助長族群競爭，尤其是在具有競爭性的現代產業，因為在現代產業中的競爭者會最強烈地感受到變化所帶來的不安全感以及尋求「部落主義」的社群遮風港（Horowitz 1985：100）。現代化讓人們變得一樣，大家擁有相同慾望，現代化導致了衝突。當代理論將族群衝突視為變成現代的過程中的必要部分（Horowitz 1985：101）。在此情形下，階級利益如此強烈反映在族群緊張關係中，族群緊張通常與階級交錯發生，例如前述英國於1981 年布利斯頓與其他各地的暴亂事件即為一例。

自 1960 年代以來，族群理論開始被重視，主要回應了當代民族／民主國家建立與移民的問題，同時，多元文化主義亦逐漸受到不同國家的關注。然而，需注意的是，各國的人群分類基礎與多元文化主義的論述及主張，與各國的歷史脈絡和社會情境密切相關。根據上述文獻，發現雖在不同時代，然族群關係在部落主義與多元文化主義之間來回。當代多元文化主義要面對的脈絡，來自互相交織的歷史推動力：殖民主義統治時強調之種族分類、民族主義的國族概念、全球化下的族群團體概

念，探究他們如何受到政策制度、社會互動和個人社會位置的影響。
從 1960 年代以來的世界發展局勢而開始發展的族群理論，及其知識論
述的國家歷史的參照架構與接受移民的經驗，讓我們可以解釋並理解不
同的歷史、政治與社會變遷過程中所形成的多元文化主義意涵及族群認
同，以及不同國家在面對不同族群團體，主流優勢群體如何透過政策建
構國族認同，維持或是破壞族群關係的和諧。更甚者，如何在部落主義
與多元文化主義之間的循環中，勾勒族群內部、族群之間、族群與國家
之間，甚而跨國架構下的族群關係。

　　大量且頻繁移動的人群，使得移民、族群關係和多元文化主義的知
識逐步建構起來，形成以下三個特性：

1. 人類的移動與知識典範的轉移：歷史上人群的移動與社會科學，尤其
   是族群相關的知識體系發展有密切的關聯性，本章希望釐清從種族中
   心主義到多元文化主義族群認同的核心與族群關係。族群性是在關係
   中產生。只有在互動的過程中製造差異，文化差異在產生族群邊界中
   才是重要的（Eriksen 1993：39），個人的族群認同和集體的族群性，
   都與歷史過程息息相關並且是受到政治、經濟與社會互動的影響。既
   然是受到不同條件所形成，因此其具有動態性質，其中不只牽涉到近
   代國家形成，更因為在此之前資本主義擴張，殖民統治將不同人群
   （包括在地人民與移動人口）捲入全球資本體系之內，在此過程中，
   不同族群因為殖民統治開始相遇與互動，而形成族群意識。換言之，
   族群性指涉動態的族群關係，但是過去族群理論多未說明何謂「族群
   關係」，當代族群關係又是如何展現與流動。

2. 族群認同的個人性與集體性的交織：族群性的建構受到三個社會過程
   的相互影響，（1）家族、氏族到部落（出生與群體）：每個人的身分
   即有族群文化的成分，個人的社會化與人際之間的互動這個層次是非

常基礎的，會形塑與影響個人認同的內涵。在社會化過程，從文化基礎逐步發展成社會生活的權力關係（從文化到政治），個體的族群性會因為生活經驗（生命政治學）而產生出來。（2）部落主義、族群、民族（群體與國家）：透過各種政治方式打造國族與族群，以及進行動員。在這個層次上，領導階層透過行動與修辭打造屬於群體的既定形象，集體因而動員起來，不同族群之間的界線與劃分因而產生（從政治到文化），對於微觀層次人際互動中的文化界限與族群性表達產生限制與強迫的效果。（3）再部落化：現代性的生活價值與根／原鄉情懷（群體在個人主義和集體主義間的多層次認同組合），多元文化主義的聲稱，使得政府根據正式的法律與規範分配權利，但是相關政策會在不同層次和不同人群（原住民、移民、少數團體等）產生不同的影響，產生新的族群性或是個人性。

3. 政治變遷下的多元文化主義：當族群性成為當代國家治理的隱性手段（或是基礎）時，就必須面對國家歷史發展與國家性質的差異，所導致不同的多元文化治理模式，多元文化主義的治理方式雖然淡化族群關係的政治經濟權力，但實際上卻讓族群關係再次被強調，意即轉化成新的議題與權力分配模式。分配是人類社會重要的一環，而分配是文化建構的，牽涉政治競爭和權力鬥爭。目前的多元文化理論家都強調公民權，但在理論上多元文化主義的核心觀念與目標都不以公民權為前提，甚至還可以用以辨認和解決非公民所面對的排除（Teo 2021：168）。

文化因此是一群人可以了解自己、組織自己個人和集體生活的基礎，而文化的價值，因此源於文化本身就是「人類存在的條件和憑藉」，而不只是源於自由主義者所強調的「讓人們可以自主做決定的基礎」（後者的觀點，可能認為「不讓人自主」的文化就沒有保存的價

值）；文化的存在因此本身就是一種客觀的善，而不只是達成自由主義價值的工具。而既然文化帶來的善是所有人類都需要的，那麼既然非公民也是人（比如非公民的移民也可能透過宗教來尋求情感慰藉），就不應該將對其的保障限縮在公民身上（Teo 2021：169-170）。歧視性的規定和社會的偏見經常是互為因果、互相加強，所以，在許多個案中，國家的政策如果不處理對於非公民的誤認，會使得這個群體面對的誤認更為嚴重（比如法律對於穆斯林群體、或者特定技能級別移工的待遇，進一步強化他們面對的歧視）。在此，Teo（2021：171-173）所採取的觀點，補充了基於「非支配」的多元文化理論，要辨認在經濟、文化各層面上發生的誤認，找出各種公民與非公民面對的各種結構性限制。

而「誤認」（misrecognition）是一種文化性的支配；文化性的支配指的是國家並不直接禁止人們怎麼做，但接受人們繼續這麼做的成本很高，比如因為宗教信仰難以擔任特定職位。從許多實例中可以看出，非公民也可能受到這樣的支配（Teo 2021：175-176）。而現實上，從語言與反歧視政策的案例中也看到確實可以擴大多元文化相關政策的範圍，擴及非公民；不過，這種機會通常仍然還是更常給予會想要、也能夠取得公民身分的群體上，其他群體可能更不受保護（如文化上更「不一樣」，或只是尋求短期居住或就業的群體（Teo 2021：176-177），這些群體更少發聲有他們的原因，並不代表他們不應該受到保護。

這些群體之所以比較不容易發聲可能是因為兩種結構性的原因，首先在經濟上脆弱的非公民群體更難宣稱自己應該被承認，因為他們尤其缺少發聲的管道、甚至可能擔心發聲的後果（從太過出頭到被遣返），特別是那些難以取得公民身分的群體愈加如此（Teo 2021：177-178）。第二，居於弱勢地位的人未必有這樣的自覺，在文化帝國主義的作用下，特別容易使得少數群體內化主流文化，沒有意識到自己的觀點是可

取的，亦即認為自己的經驗落在集體的視域（horizon）之外，這甚至可能以相對「良善」的方式展現，比如討論多元文化時只看到飲食，掩蓋了發聲機會的不平等；此外，也有論者認為，這樣的不平等是源於後殖民的世界秩序，而不單單是基於文化差異，因此舊的、看似基於某種文化差異的歧視即使解決，新的群體還是會受到新的歧視（Teo 2021：178-180）。

至於國家應該採取哪些政策？Teo（2021）提出了以下兩個原則。首先是國家保護：人們因為受到國家權威影響，因此國家至少應該不恣意行使權力；不同群體可以依需求受到不同保護，不應該都以公民或永居身分為標準（Teo 2021：180-182）。其次是對話：承認應該從對話開始，對話因此不應該以公民身分為前提，是政治性的涵容，如同公民權包含了各種正式與非正式、法律與社會性的管道，對於非移民的對話，也可能採取不同管道，比如在沒有投票權下、可能透過工會與工人組織進行；對話應該有各方的聲音，不應該認定特定群體更為優越，各種規範也都不應該視為預設而應該納入辯論的主題。

Teo（2021：183-184）結合了多元文化和新共和主義的原則，透過「非支配」這項原則回頭省思多元文化主義，指出非公民的經驗不能化約等同為公民的經驗，看到基於「公民權有無」所帶來的結構性和文化性問題，並看到非公民權所帶來的權力與資源剝奪。而多元文化主義的立場則進一步幫助我們看到為什麼需要保護這些非公民群體的文化，將非公民也同樣視為具有文化的存有，而非只是原子化的個人，因此既不會採取同化論的立場，並且同時也看到不同群體之間的異質需求，同屬非公民，不同群體之間基於歷史文化、遷移軌跡的差異，可能在文化上會面對不同的支配。

參考文獻

Gurr, Ted Robert and Barbara Harff 著，鄭又平、王賀白、藍於琛譯，
　　1999 [1994]，《國際政治中的族群衝突》。臺北：韋伯。

Issacs, Harold R.（伊薩克）著，鄧伯宸譯，2004，《族群》。臺北：立
　　緒。

Kuhn, Philip A.（孔飛力）著，李明歡譯，2016，《他者中的華人：中國
　　近現代移民史》。南京：江蘇人民出版社。

Peter Kivisto 著，陳宗盈、連詠心譯，2002，《多元文化主義與全球社
　　會》。臺北：韋伯。

Sassen, Saskia（薩森）著，黃克先譯、國立編譯館主譯，2006，《客
　　人？外人？遷移在歐洲（1800～）》。臺北：國立編譯館與巨流圖
　　書。

Tarozzi, Massimiano（塔羅齊）、Carlos Alberto Torres（托瑞斯）著，丘
　　忠融譯，2019，《全球公民教育與多元文化主義危機：當前挑戰與
　　觀點辯論》。新竹：國立交通大學出版社。

Wolf, Eric（沃爾夫）著，賈士蘅譯，2003，《歐洲與沒有歷史的人》。
　　臺北：麥田。

王甫昌，2002，〈邁向臺灣族群關係的在地研究與理論：「族群與社會」
　　專題討論〉。《臺灣社會學刊》4：1-10。

王甫昌，2003，《當代臺灣社會的族群想像》。臺北：群學。

林開世，2014，〈對臺灣人類學界族群建構研究的檢討：一個建構論的
　　觀點〉。頁217-252，收於林淑蓉等編，《重讀臺灣：人類學的視
　　野：百年人類學回顧與前瞻》。新竹：清華大學。

張茂桂，2002，〈多元主義、多元文化論述在臺灣的形成與難題〉。頁

223-273，收錄於薛天棟編，《臺灣的未來》。臺北：華泰文化。

許維德，2013，《族群與國族認同的形成：臺灣客家、原住民與台美人的研究》。中壢：中央大學出版中心／臺北：遠流。

黃應貴，2018，〈族群、國家治理、與新秩序的建構：新自由主義下的族群性〉。頁1-58，收錄於黃應貴編，《族群、國家治理、與新秩序的建構：新自由主義化下的族群性》。臺北：群學。

Anderson, Benedict, 1983, *Imagined Community: Reflections on the Origin and Spread of Nationalism*. London, U.K. and New York: Verso.

Bade, Klaus J., 2002, *Europa in Bewegung. Migration vom späten 18. Jahrhundert bis zur Gegenwart*. München, Germany: Verlag C.H. Beck.

Banks, Marcus,1996, *Ethnicity: Anthropological Constructions*. London & New York: Routledge.

Barth, Fredrik,1969, "Introduction." Pp. 9-38 in *Ethnic Groups and Boundaries*, edited by Fredrik Barth. Oslo: Universitetsforlaget.

Batur, Pinar and Joe R. Feagin, 2018, *Handbook of the Sociology of Racial and Ethnic Relations*. Cham: Springer International Publishing.

Berry, John W., 1984, "Cultural relations in plural societies: Alternatives to segregation and their sociopsychological implications." Pp.11-27 in *Groups in contact*, edited by N. Miller and M.B. Brewer. New York: Academic Press.

Berry, John W., 1991, "Understanding and Managing Multiculturalism: Some Possible Implications of Research in Canada." *Psychology and Developing Societies* 3(1):17-49. Retrieved from https://doi.org/10.1177/097133369100300103.

Benhabib, Seyla, 2002, *The Claims of Culture: Equality and Diversity in the*

Global Era. Princeton, NJ: Princeton University Press.

Brown, Wendy, 2006, *Regulating Aversion: Tolerance in the Age of Identity and Empire. Princeton*. NJ: Princeton University Press.

Brubaker, Rogers, 2002, "Ethnicity Without Groups." Archives Européennes de Sociologie Vol. XLIII Iss. 2. Available at: http://works.bepress.com/wrb/7/: 163-189.

Brubaker, Rogers and Mara Loveman, 2004, "Ethnicity as Cognition." *Theory and Society* 33: 31-64.

Cohen, Ronald, 1978, "Ethnicity: Problem and Focus in Anthropology." *Annual Review of Anthropology* 7: 370-403.

Colombo, Enzo, 2015, "Multiculturalisms: An overview of multicultural debates in western societies." *Current Sociology* 63(6): 800-824. Retrieved from https://doi.org/10.1177/0011392115586802

Douglas, Mary, 1966, *Purity and Danger. An Analysis of the Concepts of Pollution and Taboo*. London: Ark.

Eriksen, Thomas Hylland, 1993, *Ethnicity and Nationalism: Anthropological Perspectives*. London: Pluto Press.

Eriksen, Thomas Hylland, 2010, *Ethnicity and Nationalism: Anthropological Perspectives*. London; New York: Pluto Press; New York: Palgrave Macmillan.

Evans-Pritchard, Edward Evan, 1969, *The Nuer: A Description of the Modes of Livelihood and Political Institutions of a Nilotic People*. Oxford: Oxford University Press.

Gellner, Ernest, 1983, *Nations and Nationalism*. Oxford, U.K.: Basil Blackwell.

Glazer, Nathan Glazer and Daniel Patrick Moynihan (eds.), 1975, *Ethnicity: Theory and Experience*. Cambridge: Harvard University Press.

Glazer, Nathan, 1997, *We are All Multiculturalists Now*. Cambridge, Massachusetts, London, England: Harvard University Press.

Gluckman, Max, 1958[1940], *Analysis of A Social Situation in Modern Zuzuland*. Manchester: Manchester University Press.

Hartmann, Douglas and Joseph Gerteis, 2005. "Dealing with Diversity: Mapping Multiculturalism in Sociological Terms." *Sociological Theory* 23(2): 218-240. Retrieved from https://doi.org/10.1111/j.0735-2751.2005.00251.x

Horowitz, Donald L., 1985, *Ethnic Groups in Conflict*. Los Angeles: University of California Press.

Habermas, Jürgen, 1994, "Struggles for recognition in the democratic constitutional state." Pp. 107-148 in *Multiculturalism: Examining the Politics of Recognition*, edited by Amy Gutmann. Princeton, NJ: Princeton University Press.

James, Paul, 2006, *Globalism, Nationalism, Tribalism: Bringing Theory Back In*. SAGE Publications.

Joan, Wallach Scott, 1992,"Multiculturalism and the Politics of Identity." *The Identity in Question* 61: 12-19.

Kim, Nora Hui-Jung, 2015, "The Retreat of Multiculturalism? Explaining the South Korean Exception." *American Behavioral Scientist* 59(6): 727-746. Retrieved from https://doi.org/10.1177/0002764214566497

Kymlicka, Will, 2011, "Multicultural citizenship within multination states." *Ethnicities* 11(3): 281-302. Retrieved from https://doi.

org/10.1177/1468796811407813

Kymlicka, Will., 2014, "The Essentialist Critique of Multiculturalism: Theories, Policies, Ethos." *Robert Schuman Centre for Advanced Studies Research Paper No. RSCAS 2014/59*. Available at SSRN: https://ssrn.com/abstract=2441133 or http://dx.doi.org/10.2139/ssrn.2441133

Leach, Edmund Ronald, 1954, *Political Systems of Highland Burma: A Study of Kachin Social Structure*. London: G. Bell.

Mafeje, Archie, 1971, "The Ideology of 'Tribalism'." *The Journal of Modern African Studies* 9(2): 253-261.

Marger, Martin, 2015, *Race and Ethnic Relations: American and Global Perspectives*. Stamford, CT: Gengage Learning.

Mandel, Ruth, 2008, *Cosmopolitan Anxieties: Turkish Challenges to Citizenship and Belonging in Germany*. Durham, NC: Duke University Press.

McDonald, Leighton, 1996, "Regrouping in Defence of Minority Rights: Kymlicka's Multicultural Citizenship." *Osgoode Hall Law Journal* 34(2): 291-319.

Modood, Tariq, 2017, "Must Interculturalists misrepresent multiculturalism?" *Comparative Migration Studies* 5, 15. Retrieved from https://doi.org/10.1186/s40878-017-0058-y

Moon, Seungho, 2010, "Multicultural and Global Citizenship in a Transnational Age: The Case of South Korea." *International Journal of Multicultural Education* 12(1): 1-15. Retrieved from https://doi.org/10.18251/ijme.v12i1.261

Murji, Karim and John Solomos (eds.), 2015, *Theories of Race and Ethnicity:*

Contemporary Debates and Perspectives. Cambridge: Cambridge University Press.

Nagy, Stephen Robert, 2014, "Politics of multiculturalism in East Asia: Reinterpreting multiculturalism." *Ethnicities* 14(1): 160-176. Retrieved from https://doi.org/10.1177/1468796813498078

Ng, Eddy S., and Irene Bloemraad, 2015, "A SWOT Analysis of Multiculturalism in Canada, Europe, Mauritius, and South Korea." *American Behavioral Scientist* 59(6): 619-636. Retrieved from https://doi.org/10.1177/0002764214566500

Pakulski, Jan, 2014, "Confusions about multiculturalism. " *Journal of Sociology* 50(1): 23-36. Retrieved from https://doi.org/10.1177/1440783314522190

Parekh, Bhikhu, 1997, "Dilemmas of a Multicultural Theory of Citizenship." *Constellations* 4(1): 54-62. Retrieved from https://doi.org/10.1111/1467-8675.00036

Teo, Terri-Anne, 2021, "Multiculturalism beyond citizenship: The inclusion of non-citizens." *Ethnicities* 21(1): 165-191. Retrieved from https://doi.org/10.1177/1468796820984939

Verdery, Katherine, 1994, "Ethnicity, Nationalism, and State-Making. Ethnic Groups and Boundaries: Past and Future." Pp. 33-58 in *The Anthropology of Ethnicity*, edited by Hans Vermeulen and Cora Govers. Amsterdam: Het Spinhuis.

Vertovec, Steven, 2010, "Towards post-multiculturalism? Changing communities, conditions and contexts of diversity." *International Social Science Journal* 61: 83-95.

Warikoo, Natasha, 2020,"Weak Multiculturalism and Fears of Cultural Encroachment: Meanings of Multiculturalism Among Young Elites in Britain." *Ethnicities* 20(1): 49-70. Retrieved from https://doi.org/10.1177/1468796819834316

Wax, Murray L., 1993, "How Culture Misdirects Multiculturalism." *Anthropology & Education Quarterly* 24(2): 99-115. Retrieved from http://www.jstor.org/stable/3195720

Weber, Max, 1978, *Economy and Society: An Outline of Interpretive Sociology*. Berkeley: University of California Press.

Weber, Max, 1895, *Der Nationalstaat und die Volkswirtschaftspolitik. Akademische Antrittsrede*. Freiburg i. B. und Leipzig. Akademische Verlagsbuchhandlung von J. C. B. Mohr (Paul Siebeck).

Westin, Charles, 2010, "Identity and inter-ethnic relations." Pp. 10-51 in *Identity Processes and Dynamics in Multi-Ethnic Europe*, edited by Charles Westin, José Bastos, Janine Dahinden and Pedro Góis. Amsterdam: Amsterdam University Press.

Williams, Brackette F., 1989, "A Class Act: Anthropology and the Race to Nation Across Ethnic Terrain." *Annual Review of Anthropology* 18: 401-444.

Wolf, Eric, 1988, "Inventing society." *American Ethnologist* 15: 752-761.

網路資料

Centers for Disease Control and Prevention, 2019, "COVID-19 in Racial and Ethnic Minority Groups." Retrieved from https://stacks.cdc.gov › view › cdc › cdc_89820_DS1 (accessed July 3, 2020).

McCarthy, Niall, 2020, "U.S. Police Shootings: Blacks Disproportionately Affected." (May 28, 2020). Retrieved from https://www.statista.com/chart/21857/people-killed-in-police-shootings-in-the-us (accessed July 3, 2020).

Roper, Willem, 2020, "Black Americans 2.5X More Likely Than Whites to Be Killed By Police." Statista (Jun 2, 2020). Retrieved from https://www.statista.com/chart/21872/map-of-police-violence-against-black-americans (accessed July 3, 2020).

第二章

從「全國客家人口暨語言基礎資料調查研究」看客語的語言活力

陳秀琪、賴維凱

一、前言

　　臺灣客家族群對於母語的自我覺醒及捍衛是從 1988 年的「還我母語」運動揭開序幕，後續有本土意識的抬頭接棒，鄉土語言（母語）進入國小的正式課程，到 2001 年 6 月隸屬於行政院的「客家委員會」成立，以及 2010 年 1 月 27 日《客家基本法》的公布實施，客家開始有了國家專屬單位及立法的保障，推動各項客語傳承的政策與措施，臺灣擁有比世界其他地區的客家話相對優勢的發展條件。自客委會成立至今的二十年來，在客語的傳承推廣方面，陸續推出客語認證、薪傳師傳習、客語生活學校、客語沉浸式教學、客語通行語、客語結合 12 年國教校訂課程、編撰客語數位教材等等。在國民基本教育方面，從鄉土語言課程到九年一貫的本土語言課程，至 2019 年 1 月 9 日《國家語言發展法》的公布施行，客語再提升為十二年國教的國家語言部定課程，至此，國內客語的傳承進入新的里程碑。

　　根據聯合國教科文組織（UNESCO）報告，全球 7,000 種語言中，

幾乎有百分之四十的語言瀕臨滅絕，預估到本世紀末，世界上至少有一半的語言會消失。根據聯合國教科文組織 2003 年「保護瀕危語言」專家會議，會後文件中訂定的「語言活力評估標準」（Language Vitality Assessment，簡稱 LVA），臺灣整體客語在「語言的世代傳承」指標處於第 2 級「嚴重危險」階段。在上述客語相關政策與措施的陸續推動下，對客語的保存與復振發揮多少效益？客語的使用人口是否增加？民眾的客語能力是否提升？客語的使用範圍是否擴大？客語的傳承是否有向下紮根？要回答這些問題必須對客語的語言活力做具體的評估，才能確實掌握客語的使用現況及亟待解決的傳承危機，方能為客語復振制定有效的實施方案。

　　語言活力的評估必須有詳細的客家人口及語言使用現況的調查資料為基礎，客委會從民國 91 年到 96 年開始，連續六年的每一年以及 98-99 年、101-102 年，共進行八次的「臺灣客家民眾客語使用狀況調查研究」，於 93 年、97 年、99-100 年進行三次的「全國客家人口基礎資 調查研究」，於 103 年進行「臺閩地區客家人口推估及客家認同委託研究」，於 105 年、110 年將人口與語言基礎資料合併調查，進行「全國客家人口暨語言基礎資料調查研究」，以上共計有十四筆調查研究資料。根據「110 年全國客家人口暨語言基礎資料調查」，與 105 年做比較，全國客家民眾具客語聽的能力從 64.3% 下滑至 56.4%，減少 7.9 個百分點，具客語說的能力由 46.8% 下滑至 38.3%，減少 8.5 個百分點，這五年間，客語聽的能力年下滑的幅度是 102 年到 105 年的 3.95 倍[1]，

1　民國 102 年整體客家民眾具客語聽的能力是 65.5%，民國 105 年整體客家民眾具客語聽的能力是 64.3%，102 年到 105 年間平均年下滑幅度是 0.4%；民國 110 年整體客家民眾具客語聽的能力是 56.4%，105 年到 110 年間平均平均年下滑幅度是 1.58%。

客語說的能力年下滑的幅度是 102 年到 105 年的 10.6 倍[2]。從數據來看，令人對客語的傳承感到憂心，因為長期來看，客家民眾客語聽說能力呈現下滑趨勢。但另有可喜之處是客家文化重點發展區內各世代的客家民眾客語聽、說能力較 105 年進步，表示政府的客語推廣政策看到了成效，語言復振必須有政策的支持才能有更好的成效。客語政策的擬定或原有政策的修訂調整，都有賴於對客語使用現況及語言活力的了解，才能制定有效的復振政策。

　　客語政策的擬定或原有政策的修訂調整，都有賴於對客語使用現況及語言活力的了解，才能制定有效的復振政策。政府部門已進行了多次的全國客家人口與語言基礎資料的調查，對於客家人口的統計，以及世代傳承、客語的聽說能力、使用場域、語言態度做了詳細的調查統計數據，有助於國人對客語使用情況的了解。對客語復振的基礎工作來說，這些數據的呈現都有其重要的意義，應該讓這些寶貴的數據資料發揮更大的功能。雖然國內對於客語的存續普遍認為已進入「明確危險」甚至「極度危險」關頭，但對於實際的瀕危情況並沒有清楚的分析，且此等級的評估主要依據語言世代的傳承與客語使用場域和人口、語言態度等項目做評估，關於 LVA 的另外四個項目，包括政府對語言的態度與政策、對新的使用範疇及媒體的反應、語文教育與學習讀寫所需的材料、語言相關典藏的數量與質量，並未做整體評估。故本文將根據客委會自 96 年到 110 年共進行的「臺灣客家民眾客語使用狀況調查」、「全國客家人口暨語言基礎資料調查」等五筆研究報告，使用聯合國訂定的九項

2　民國 102 年整體客家民眾具客語說的能力是 47.3%，民國 105 年整體客家民眾具客語聽的能力是 46.8%，102 年到 105 年間平均年下滑幅度是 0.16%；民國 110 年整體客家民眾具客語說的能力是 38.3%，105 年到 110 年間平均年下滑幅度是 1.7%。

語言活力評估指標，逐條分析客語的語言活力及瀕危程度。

二、語言活力評估相關理論

「語言活力」（language vitality）是指語言的活動能力，也就是語言在一定場域中被使用的頻度和完整度的總和（何大安 2007：1-6）。語言活力是語言社會學的概念，系統性的探討語言與社會或語言與社會心理的關係（陳淑嬌 2007：19-39）。針對臺灣關於語言活力的論述，黃宣範（1995）提出衡量語言活力的四個指標，包括語言變遷、世代傳承、跨語族語言學習、語言情境等四個觀察語言活力的面向。2003 年聯合國教科文組織舉辦「保護瀕危語言」國際會議，在會議文件 "Language Vitality and Endangerment" 中訂定以下九項語言活力的評估標準（謝國平 2007：7-18）：

1. 語言的世代傳承
2. 語言使用者的實際人數
3. 語言使用者占該語族總人口的比例
4. 語言現存使用場域的趨勢
5. 對新的語言使用場域與媒體的反應
6. 語言教育與讀寫學習所需的材料
7. 政府機關對語言的態度與政策
8. 語族成員對自己語言的態度
9. 語料文獻典藏的數量與品質

前 3 項是評估語言的傳承與使用人口，第 4、5 項是關於語言的使用場域，第 7、8 項是評估語言態度，第 6、9 項是評估語言學習教材及文獻典藏的質量和數量。每個評估指標再依瀕危的程度分為「0~5」六個等級，「0」代表瀕危程度最嚴重。何大安從語言瀕危的過程歸納與瀕危有關的九個要素：語言的世代傳承、語言使用者的總人數、語言使用者占總人口的比例、語域的大小、適應新事物的能力、是否作為教育媒介、是否具有共通語或官方語言的地位、是否得到社群成員本身的認同、是否有豐富的語言典藏（何大安 2007：1-6），將之作為影響語言活力的項目，這九個要素大致與 LVA 相同，唯一不同的是增加了「是否具有共通語或官方語言的地位」之觀察面向。何大安（2007）亦從語言生態的角度，提出八個指標來觀察語言活力，包括城鄉位置、語域占有、語碼轉換、人口動態、網絡分布、群體地位、語言地位、經濟基礎等指標，這些指標很具體地貼近語言使用的現實面，其中「語言地位」尤為重要，要能達到族群認同與語言認同同步提升，很關鍵的因素就在於語言地位（語言聲望），當弱勢語言在社會群體、工作職場的聲望及使用價值提高了，自然能促使更多民眾願意來學習該語言，才能延續該語言的世代傳承。

　　Fishman（1991）探究了世界各國少數族群語言的發展情況，提出了「挽救語言流失理論」，並依據瀕危語言的嚴重情況，將流失的程度分為八級，稱為「世代失調分級表」，級數越高表示語言流失的情況越嚴重，該分級表提供檢視語言流失的情況，以及依據不同級數提出不同階段的挽救語言流失的方式（Fishman 1991）。謝國平認為 LVA 配合 GIDS「世代失調分級表」（Graded Intergenerational Disruption Scale，簡稱 GIDS）可以對面對流失威脅的語言的活力及瀕危的情況，予以更精確的描述，對訂定因應的 RLS「挽救語言流失」理論（Reversing

Language Shift，簡稱 RLS）規劃及其成效的提升有所助益。針對現今
臺灣所有語言，特別是原住民語言，做語言活力評估是目前 RLS 比較
迫切需要做的事（謝國平 2007：7-18）。本章認為，依國內客語的瀕危
情況觀之，其相同於原住民語言所面臨的迫切情形，因此為客語進行多
面向的語言活力評估是刻不容緩的事。

三、指標一：語言的世代傳承

家庭是語言傳承的最佳、最自然場所，承載著文化的族群語言世代
相傳。臺灣近四十年來由於社會的變遷，經濟結構、家庭組織的改變，
在過去的國語化與後續的英語國際化，以及長期以來閩南語強勢的語言
環境下，客家人的家庭漸失去傳承客語的功能與角色。舉例來說，在三
代同堂的家庭，第一代祖父母輩（70 歲以上）都具客語能力，且以客
語為生活語言；第二代父母輩（50 歲以上）具客語能力，但客語只是
生活語言之一，在家只跟祖父母輩說客語；第三代子女稍具客語能力但
很少說，甚至無客語能力，華語是其第一語言。語言的死亡只需要三
代，當第二代只有將些許的客語傳承給第三代，第三代充其量稍具客語
能力，在自己不大會說客語的情況下，第四代在家裡當然不會有客語傳
承的機會。至此，母語死亡！所以，語言的復振及語言活力的評估首重
世代的傳承。LVA 的第一項語言活力評估指標如下（謝國平 2007：13-
18），下文將從世代（年齡層）的客語聽、說能力來分析客語的語言活
力。

（一）各年齡層的客語語言活力

　　根據客委會自96年至110年間進行的五次臺灣客家民眾各年齡層對客語聽的能力調查，在每隔三年（105年至110年間隔五年）的調查數據中，除了99年到102年間客家民眾聽的能力呈現微幅上升之外（未滿13歲除外），其他各年度的各年齡層皆呈現下滑，詳細數據如下表：

表 2-1　民國 96-110 年客家民眾各年齡層具客語聽的能力所占比率表（單位：%）

年齡 年度	未滿 13歲	13-18歲	19-29歲	30-39歲	40-49歲	50-59歲	60歲及 以上
110	21.6	27.7	40.3	49.3	63	75	85.3
105	31	36.4	39.5	55.5	68.9	79.8	87.4
102	31.6	39	48.3	67	78.8	83.6	87.6
99	32.2	35.4	46.5	63.3	77.5	83.4	85.3
96	32.1	33.1	51	69.3	81.2	87.5	88.8
96-110 下滑比率	10.5 32.7	5.4 16.3	10.7 20.9	-20 28	-18.2 22.4	-12.5 14.2	-3.5 3.9

資料來源：作者整理自客委會96-110年調查報告。

　　拉長時間向度來看，自96年到110年，以未滿13歲年齡層的客語聽的能力下滑幅度的比率最高，從96年的32.1%到110年的21.6%，具備聽客語能力的兒童少了10.5%，下滑比率是民國96年具客語聽的能力的32.7%，這表示未滿13歲年齡層的客語流失最快，或說客語傳承力最弱，若沒有政策的積極復振採取非常手段，以105年到110年的下滑幅度來推估，預估到民國120年左右，有可能具客語聽的能力的13歲以下兒童只剩下5%以下。再者，13歲以下具客語聽的能力在14

年間下滑 32.7%，這數據是很重要的警訊，特別是近 5 到 10 年前客委會及教育當局在幼兒園、國小陸續推動的客語沉浸式教學，其普遍性與實施成效還須再予更大的政策面支持與人力、經費的投注。下滑比率次高的是 30-39 歲的 28%、40-49 歲年齡層的 22.4%，這存在的隱憂是這兩個年齡層是家庭父母的角色，表示居家庭語言主導角色的父母正在快速失去客語能力，家庭將喪失傳承母語的功能，當父母不會說客語，遑論子女還能在家學客語。

　　自 96 年至 110 年間進行的五次臺灣客家民眾各年齡層對客語說的能力調查，除了民國 105 年到 110 年之間，13-18 歲成長了 4.2%、19-29 歲成長了 0.2%，以及民國 96 年到 99 年之間，未滿 13 歲成長了 1.6%，13-18 歲成長了 0.2% 之外，客家民眾各年齡層對客語說的能力皆呈現下滑，且下滑的幅度均明顯高於客語聽的能力，詳細數據如下表：

表 2-2　民國 96-110 年客家民眾各年齡層具客語說的能力所占比率表（單位：%）

年齡＼年度	未滿13歲	13-18歲	19-29歲	30-39歲	40-49歲	50-59歲	60歲及以上
110	9.6	11.4	15.7	23.7	41.6	59.7	75.2
105	13.0	7.2	15.5	32.9	50	68.3	77.8
102	16.2	14	22.8	42.4	66.5	73.9	80.7
99	16.4	16.8	27.2	47.5	67.4	80.1	81.1
96	14.8	16.6	29.2	56.3	70.7	80.3	84.5
96-110 下滑比率	5.2 35.1	5.2 31.3	13.5 46.2	32.6 57.9	29.1 41.1	20.6 25.6	9.3 11

資料來源：作者整理自客委會 96-110 年調查報告。

　　觀察自民國 96 年到 110 年，全國客家民眾具客語說的能力下滑幅度比率最大的是 30-39 歲的 57.9%（從 96 年的 56.3% 下滑到 110 年的 23.7%，減少了 32.6% 具客語聽的能力的客家民眾，此數據占了 96 年具客語聽的能力 56.3% 的 57.9%），其次是 19-29 歲的 46.2%，再其次是 40-49 歲的 41.1%。30-39 歲的客語聽、說能力的下滑比率都居各年齡層的最高，表示其世代傳承的語言活力最弱，然這年齡層正好是將為人父母（有些已經是父母），若這個世代不會說客家話，將連帶影響 13 歲以下兒童的客語能力，有關當局應該高度重視此斷層問題。19-29 歲的客語說的能力雖下滑幅度也居高，但得力於學校客語課程及相關客語政策長期的推動，使得在 105 到 110 年之間微幅成長，13-18 歲客語說的能力自 105 到 110 年成長了 4.2%，是此推論的絕佳證明。惟 13 歲以下客語說的能力仍繼續下滑，呼應了上述 13 歲以下客語聽的能力下滑幅度居冠的情況，或解釋為世代傳承能力最弱，這個年齡層的語言復振刻不容緩，客語復振能否成功的關鍵也在此世代，否則大約 40 年到 50 年後，當現在 40-49 歲會說客語的 41.6% 民眾離世之後，臺灣的客語將走上滅絕之路。

　　民國 110 年全國客家民眾具備說的能力只有 60 歲及以上達到 75.2，大體上從祖父母一代以上的人使用，50-59 歲具備說客語的能力只有 59.7%，故瀕危級數是第 2 級的「嚴重危險」。在客家文化重點發展區客家人的客語能力明顯較好（如圖 2-1[3]），具備說客語的能力 40-49

3　圖 2-1 摘自客委會 110 年「全國客家人口暨語言基礎資料調查研究報告」，分析樣本均為〈客家基本法〉定義客家人（未包括大陸、海外、華僑客家人），105 年客家文化重點區樣本數 6,329 人，非客家文化重點區樣本數 6,539 人，110 年客家文化重點區樣本數 6,375 人，非客家文化重點區樣本數 5,601 人。「說的能力」計算方式是很流利的比率加上流利的比率。

歲有 62.3%，50-59 歲有 80.4%，都比民國 105 年微幅上升，也明顯高於整體客家民眾具說的能力 40-49 歲的 41.6%、50-59 歲的 59.7%。所以，客家文化重點發展區大體上從父母一代以上的人使用，瀕危級數是第 3 級的「明確危險」。基於客家文化重點發展區與非客家文化重點發展區的瀕危級數不同，故極需規劃不同的語言復振政策與措施，方能因地制宜的挽救客語的流失。

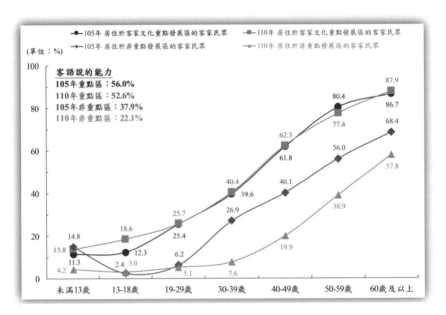

圖 2-1 民國 105、110 年客家民眾各年齡層客語說的能力（依區域分）
資料來源：客委會（2022：100）。

（二）客語在「語言的世代傳承」的瀕危等級

根據聯合國科教文組織的「語言活力評估標準」瀕危程度等第，一般將客語的瀕危程評估為第 2 級的「嚴重危險」，這樣的評估結果是針

對臺灣客家整體的平均數而言，無法具體反映臺灣客語的使用存在城鄉、腔別的差距，尤其近二十年來透過客語相關政策的推動，客家重點發展區與非客家文化重點發展區的客語使用情況差異不小。再者，臺灣客語的使用歷經三個語言斷裂期（王甫昌 2018），也造成客家民眾不同世代的客語能力不同。上文從不同年齡層及不同區域的客語聽、說能力分析客語世代傳承的語言活力，望能從更細節處剖析客語的瀕危情況，以便制定因地、因時、因人制宜的客語復振政策。

　　如上文所論述，整體客家話的平均瀕危程度是第 2 級，但不同區域的客語能力有不同的呈現。「語言的世代傳承」在客家文化重點發展區屬於第 3 級的「明確危險」，大體上從父母一代以上的人使用，但須扣除饒平與詔安，因這兩腔幾乎已成為閩南語或其他腔別客家話的方言島，已多數呈現語言轉移後的雙語人，其瀕危程度屬於第 2 級的「嚴重危險」，大體上從祖父母一代以上的人使用。在非客家文化重點發展區介於第 2 級與第 1 級的「瀕臨滅亡」之間，特別是 13 歲以下具客語說的能力人數占比極低，且各世代近五年共下滑 15.8%，反觀在客家文化重點發展區近五年僅下滑 3.4%。

表 2-3　客語「語言的世代傳承」語言活力評估

瀕危程度	等第	語言使用者人口	客家文化重點發展區	非客家文化重點發展區
安全	5	從兒童起所有年齡層都使用		
不安全	4	在所有範疇裡只有部分兒童使用；在少數的範疇裡所有的兒童都使用		
明確危險	3	大體上從父母一代以上的人使用	✓	
嚴重危險	2	大體上從祖父母一代以上的人使用		✓
瀕臨滅亡	1	大體上只有極少數曾祖父母一代的人使用		
滅絕	0	沒有人使用		

資料來源：作者繪製。

五、指標四：語言現存使用範疇的趨勢

客語的使用場域語言活力，本章分成使用機會、使用對象及使用場合來做分析，根據客委會 102-110 年的調查，客家民眾對於聽到客語的機會及說客語的機會增減的統計如下：

表 2- 4　客家民眾聽、說客語的比例（單位：%）

年度　　聽的機會	110	105	102	年度　　說的機會	110	105	102
減少	40.4	36.8	32.6	減少	40.4	36.1	29.7
增加	16.5	18.8	45.2	增加	13.6	16.3	19.5
不變	43.1	43	21.4	不變	45.9	46.5	47.3

資料來源：作者整理自客委會《101-102 年度台灣客家民眾客語使用狀況》、《105 年度全國客家人口暨語言基礎資料、調查研究報告》、《110 年度全國客家人口暨語言基礎資料調查研究報告》。

客家民眾認為聽到與說客語的機會減少是逐年上升，聽到與說客語的機會增加皆是逐年下滑，表示 102-110 年的八年間，不僅客家民眾客語能力降低，使用的場域也同步減少中，尤其是在認為聽到客語的機會減少下滑了 28.7 %，已將民國 102 年的 45.2% 減少了六成以上。

根據客委會 102-110 年的調查，客家民眾在家與親戚長輩、父母、兄弟姊妹、配偶、子女使用客語的比率均逐年降低，在社區、工作場所、政府機關等場域使用客語交談的比率也同樣呈現下滑的趨勢，詳如下表 2-5 [4]。

4　表 2-5 摘自客委會 110 年「全國客家人口暨語言基礎資料調查研究報告」，資料來源是 99-100 年度全國客家人口基礎資料調查報告、105、110 年度全國客家人口暨語言基礎資料調查研究報告。

表 2-5　客家民眾與不同對象、場合說客語比重歷年比較表（單位：%）

	100 年	105 年	110 年	100-110 年下滑的比率
親戚長輩	51.7	48.3	39.7	23.21
父母	50.5	49.7	39.7	21.38
兄弟姊妹	44.2	40.7	35.1	20.58
夫妻	38.9	31.5	27	30.59
子女	27.9	20.2	19.2	31.18
同儕 [5]	─	─	12.7	
社區	24.6	24.4	23.2	5.69
工作場所	14.7	13.7	9.5	35.37
政府機關 [6]	─	4.2	2.5	40.47

資料來源：作者整理自客委會《99 年至 100 年全國客家人口基礎資料調查研究》、《105 年度全國客家人口暨語言基礎資料調查研究報告》、《110 年度全國客家人口暨語言基礎資料調查研究報告》。

　　在社區、工作場所、政府機關使用客語的比率普遍偏低，其中以社區使用客語的比率較高，且民國 100 年到 110 年這十年間持平發展，到民國 110 年下滑比例是民國 100 年的 5.69%，這是說客語的家庭向社區的延伸，由此可看出客語的復振，家庭與社區關係密切，是客語推廣從點跨到面的重要角色。工作場所和政府機關還是非常少使用客語，尤其是在政府機關可以說幾乎不使用客語，這有賴於客語為地區通行語的落實推行，方能提高政府機關的客語使用率。在家庭方面，與親屬間客

5　本項調查內容是「6-15 歲的學齡兒童是否會跟同儕說客語」，為 110 年新增的調查項目，故 100 年、105 年無資料可據。調查樣本數是 1,305 位 6-15 歲客家基本法定義之客家人。

6　本項調查內容是「客家民眾在政府機關單位、洽公時講客語的比重」，為 105 年新增的調查項目，故 100 年無資料可據。下滑比率的數據是以 105 年度的調查研究報告為基準。

語的使用情況，夫妻間及與子女使用客家話的比率偏低，且自 100 年到
110 年的下滑比率也居前二高，下滑比率是 100 年所占比率的 30.59%
和 31.18%，夫妻、子女是家庭中的主要角色，這兩類成員是否說客語
彼此間有連帶關係，因為夫妻間不說客語，則跟子女說客語的機會就相
對減低，這亦是家庭是否具傳承客語功能的重要關鍵，客語復振的措施
必須在這方面灌注活水，才能復興家庭傳承母語的功能。

表 2-6　客語「語言現存使用範疇的趨勢」語言活力評估

瀕危程度	等第	語言範疇與功能	客家文化重點發展區	非客家文化重點發展區
安全	5	族語在所有範疇使用；體現所有語言功能		
不安全	4	兩或三種語言體現大多數語言功能，並在大多數範疇中使用		
明確危險	3	族語在家庭中體現多種語言功能，但強勢語言開始滲入家庭範疇		
嚴重危險	2	族語只用於少數社會範疇，體現幾種語言功能。	✓	
瀕臨滅亡	1	族語只用於高度侷限的社會範疇，體現極少數的語言功能。		✓
滅絕	0	族語在任何範疇中均不使用；也不體現任何語言功能		

資料來源：作者繪製。

　　因應國內自民國 90 年開始實施九年一貫課程，國民小學的學生須
擇一種本土語言上課，施行至今已二十年，其成效如何備受國人關注，
客委會 110 年新增「6-15 歲的學齡兒童是否會跟同儕說客語」調查項
目，調查結果令人憂心，僅 12.7% 的兒童會用客語跟同儕交談，顯見

二十年來客語課程的教學成效不佳，尚有很大的進步空間。綜合上述，以民國 110 年來說，家庭成員使用客語的比率是 19.2-39.7%，出外的場所使用客語的比率僅有 2.5-23.2%，客語的「語言現存使用場域的趨勢」瀕危程度屬於幾近第 1 級的「瀕臨滅亡」，客語的傳承已進入「加護病房」。

六、指標五：對新的使用範疇及媒體的反應

本評估指標討論客語在新的使用範疇和媒體被使用的情況，根據客委會 110 年、105 年的調查，各有 85.6%（110 年）、88.4%（105 年）的客家民眾認為出門在外時說客語的機會減少，有 61.8%（110 年）、58.4%（105 年）的客家民眾認為在家庭說客語的機會減少，家庭仍是說客語機會最高的地方。家庭、社區以外，客語使用的新範疇有學校、工作場所、政府機關、公共場所，前已提及在工作場所、政府機關客語的使用情況，都屬於偏低的使用比例。在學校場域，本章以客語課的開班數及學生是否跟同儕說客語做觀察指標，非客家文化重點發展區的客語課的開班數仍低，有很多學校沒有開課，開班數與閩南語相比差距甚大，在客家文化重點發展區才有較多比例的開班數。

客語在媒體的露出，可以從客家廣播電臺、客家電視臺、新媒體做觀察，目前以「講客」系列的客語廣播節目的播出率與覆蓋率最高，並可從「講客」電臺網站同步收聽及點播已廣播過的節目，配合新媒體的行銷與收聽的方便性，目前的收聽率漸成長中。客家有專屬的電視臺製播各類型的節目，有些是幾乎全客語節目，有些是客、華語（閩南語）併用，六個腔調的客語均有節目播出，但以四縣、海陸客語的占比較

高。在文字化方面，客家電視臺考量非客語使用者的觀眾也能藉字幕了解節目內容，所以所有節目都將客語對譯成華語字幕。本文認為此做法是顧此失彼，客語本就能以漢字書寫，除了學術上界定的「有音無字」之外，絕大多數客語都有音字的對應系統，如果改成客語字幕有助於觀眾（對會說客語者而言）更能貼切地了解客語的意思，也有助於客語文字化的普及，還可以藉由收看客語節目學客語。相較之下，閩南語臺的節目雖然起步較客語節目晚但進程快，已經有不少已經上閩南語字幕，這做法值得客家電視臺參考。

科技的進步孕育了新媒體的出現，其傳播範圍無遠弗屆，是時下新一代的傳播行銷工具，陸續可以看到運用新媒體進行客語的推廣和學習、客家文化的記錄與傳播，但數量還不多。綜觀客語在電臺、電視臺的出現時間與類型皆達充足與多元，但收聽與觀看節目的對象多半是年齡較長的長輩們，年輕一代雖然有但比例偏低，這大大的折減了媒體露出的最終目的和功能，再加上客語在各學校的開班數低，故將客語「對新的語言使用場域與媒體的反應」評估為第 3 級的「能容納」。

表 2-7　客語「對新的語言使用場域與媒體的反應」語言活力評估

瀕危程度	等第	對新的使用範疇及媒體的反應	客家文化重點發展區	非客家文化重點發展區
活力充沛	5	用於所有新範疇		
強健／積極	4	用於大多數新範疇		
能容納	3	用於很多新範疇	✓	✓
能應付	2	用於一些新範疇		
極低度接受	1	用於極少數新範疇		
無反應	0	不用於任何新範疇		

資料來源：作者繪製。

七、指標六：語言教育與讀寫學習所需的材料

目前現有的客語學習材料包括課堂的學習教材（教科書）、客語數位學習教材、客語字辭典工具書（含線上）、客語繪本、客語能力認證教材。民間版、各縣市版與部編版的客語教科書是二十年來客語教學課程的主要教材，因應 12 年國教新課綱，民間版與部編版皆已重新編撰新的客語教科書。客語數位學習教材提供學習者學習的方便性與多元性，主要有客委會的哈客網路學院、客語學習網、幼幼客語學習新教材、客語口說故事、國小客語數位教材，以及教育部的客家語拼音學習網。四縣、海陸、大埔三腔客語皆有辭典出版，教育部有六腔客語的線上客語辭典，還有學者們的客語音韻、詞彙、語法研究的專書和期刊論文，另外也有各地區採錄的民間故事、諺語、山歌、師傅話整理出版。在客語傳播媒體方面，全國第一家客語廣播電臺（寶島客家廣播電臺）及客家電視分別於民國 83 年、92 年成立，後續有多家民間的客家廣播電臺及客委會「講客」電臺的成立，製播至今，國人每天都能收聽與觀看客語節目。客委會於民國 108 年 12 月資助成立財團法人客家公共傳播基金會，綜掌講客電臺及客家傳播相關業務。根據以上的說明，客語「語言教育與讀寫學習所需的材料」之語言活力評估，基本上符合第 4 級與類第 5 級，未達情況良好的第 5 級，因為客語的書面語用於政府行政 [7] 尚屬非常少數，有待客語地區通行語的施行，來達到客語用於政府行政的理想。

7　目前筆者所知僅有桃園市的少數政府文書有嘗試性的使用客語繕寫。

表 2-8　客語「語言教育與讀寫學習所需的材料」語言活力評估

瀕危程度	等第	語言教育與讀寫學習所需的材料	客家文化重點發展區	非客家文化重點發展區
安全	5	有現存的文字，有讀寫的傳統（含字典、故事或非故事文本、文獻、每天出刊或播出的媒體），書面語用於政府行政及學校教育	(✓)[8]	(✓)
不安全	4	書面資料存在，兒童在學校學習讀寫該語言，但書面語不用於政府行政	✓	✓
明確危險	3	書面資料存在，兒童在學校能接觸到該語言的書面語，但並未透過書面媒介來學習讀與寫		
嚴重危險	2	書面資料存在，但只為社群中少數人使用，對其他多數的人而言，只具象徵性意義。該語言的讀寫教學不在學校課程中		
瀕臨滅亡	1	社群知道有可用的文字，也有部分資料已此種文字記載		
滅絕	0	沒有文字		

資料來源：作者繪製。

八、指標七：政府機關對語言的態度與政策

　　客委會各年度的調查沒有關於「政府機關對語言的態度」評估指標的相關內容，但依據《客家基本法》、《國家語言發展法》所公布的各項

8　以括弧標示是因為只符合第 5 級「有現存的文字，有讀寫的傳統（含字典、故事或非故事文本、文獻、每天出刊或播出的媒體）」之描述，瀕危程度屬於「類第 5 級」。

國家語言政策，以及客委會、教育部推動的各項客語相關政策與措施，就足以評估政府機關對客語的態度。《客家基本法》的二十一條條文中，有八條跟客語的傳承與發展有關。

　　《國家語言發展法》將客語及其他臺灣固有語言、臺灣手語提升為國家語言，並將國家語言列為十二年國民基本教育的部定課程（111 學年度開始實施）。教育部配合《客家基本法》、《國家語言發展法》明定之客語師資、國家語言師資的培育，已於民國 109 年開始進行正式本土語言師資的培育，以因應 111 學年度本土語言師資的需求。根據今年（民國 111 年）3 月 28 日國家發展委員會針對臺灣語文學會呼籲之「多語臺灣，英語友善」所發的新聞稿「雙語政策與國家語言並重，給下一代更好的未來」，國發會言明目前政府推動的語言政策有國際語言及國家語言政策，兩種語言政策同時推動，將同步兼顧國家語言文化發展，不會減少國家語言的學習時數及現有資源。在國家語言政策部分，行政院已成立「國家語言推動會報」，由行政院院長擔任召集人，以鼓勵推動各種語言保存工作，並投入更多預算，繼續充實閩南語、客語、族語等語言的師資及學生多元學習的機會[9]。單從政策面來看，客語擁有國家語言政策的支持與尊重，在「政府機關對語言的態度」的瀕危評估是樂觀的第 5 級「平等支持」；但如果從臺灣實際的語言環境與生態來看，華語及閩南語占優勢地位，造成客家民眾的語言轉移，甚至族群認同的同步轉移，以此觀之，客語另有類第 3 級具相當程度被「消極同化」的瀕危事實。

9　整理自國家發展委員會新聞稿，發布日期：民國 111 年 3 月 28 日，發布單位：綜合規劃處。

表 2-9　客語「政府機關對語言的態度與政策」語言活力評估

瀕危程度	等第	政府機關對語言的態度與政策	客家文化重點發展區	非客家文化重點發展區
平等支持	5	對所有語言都保護	✓	✓
有區分的支持	4	少數族群語言主要在私領域中被保護，其使用具社會地位		
消極同化	3	對少數族群語言沒有政策，強勢語言在所有公共範疇中占優勢	(✓)[10]	(✓)
積極同化	2	政府鼓勵與強勢語言同化，不保護少數族群語言		
強迫同化	1	強勢語言為唯一的官方語言，既不承認也不保護少數族群語言		
禁止使用	0	禁止使用少數族群語言		

資料來源：作者繪製。

九、指標八：語族成員對自己語言的態度與政策

　　語言態度（language attitude）屬於社會心理學範疇，是指語言使用者對某種語言表現在情感、認知、行為的價值判斷，語言態度取決於該語言的實用性、該語言的社會地位、該語言的經濟地位以及對該語言的情感性。客家民眾的語言態度與客語的世代傳承、客語使用人口的比例、使用範疇及客語能力都有直接的連帶關係，我們從父母是否願意讓子女學客語或親自教子女客語、是否讓子女在學校選修客語課、對客家文化內涵的認知等三方面來評估客家民眾的語言態度。

---

10 以括弧標示是因為只符合第 3 級的「強勢語言在所有公共範疇中占優勢」之描述，瀕危程度屬於「類第 3 級」。

表 2-10　父母對子女學客語的意願

語言態度 年度	願意讓子女學客語	父母願意教子女客語	願意讓子女上客語課	客家文化內涵的認知[11]（最具客家文化的代表性）
110		60.2%	64.7%	客語 4.84
105	86.9%	72.8%	76.7%	客語 4.91
102	83%	64.7%	76.3%	----
99	81.7%	62%	69.7%	客家飲食習慣 55%

資料來源：作者整理自客委會《99 年至 100 年全國客家人口基礎資料調查研究》、《101-102 年度台灣客家民眾客語使用狀況》、《105 年度全國客家人口暨語言基礎資料調查研究報告》、《110 年度全國客家人口暨語言基礎資料調查研究報告》。

　　客家父母對子女學客語的認同度都很高，尤其是讓子女學客語的意願都達八成以上，自然帶動了願意讓子女在學校選修客語比例，父母願意教子女客語的占比稍低一些，主要原因是父母本身不太會說客語，若能藉由子女在校習得客語而帶動父母說客語的習慣，這是眾所期盼的願景。上表必須關注的另有 110 年的調查顯示，父母願意教子女客語、願意讓子女上客語課兩個項目都較 105 年同步下滑了一成二，這是否肇因於國家的雙語政策重視英文教育、其他本土語言課程或增加新住民語言

11「客家語言發展計畫」所訂定的目標有 5 項：（一）重拾中青代客家民眾對母語的珍惜，推動「客語家庭」、「客語薪傳」計畫，讓客語從家庭扎根，振興客家語言文化，逐年提升客語使用率。（二）推動學校客語教育，深耕客語生活學校，落實客語教育向下扎根。（三）逐年辦理客語能力認證——初、中、中高級、高級，俾培育客語人才，及提升客語的服務品質。（四）研擬語言振興相關法規，建立語言發展制度法制化。（五）建置母語自然且多元學習環境，建立「公事語言」制度，推動公事客語無障礙環境，提升客語能見度，促進各族群和諧（羅肇錦等 2013：34）。

課程而減低了讓子女上客語課程的意願？抑或臺灣新的社會環境、就業市場需求、父母對客語的認同度降低、父母會說客語的比例下滑等等因素，都必須再進一步掌握實際情況，以便能為客語復振的每一個小環節把關。

　　在客家文化內涵的認知方面，民國99年的調查，客家民眾認為「客家飲食習慣」最能代表客家文化，到105年、110年客家民眾開始改變對客家文化內涵的認知，推測是因這十年間客委會的客語政策及國家的語言政策，相當程度地喚醒了客家民眾對族群語言的認知，了解到語言與文化的共存共亡，認同客語是客家最重要的標記，是最具代表性的客家文化。綜合上述，客家民眾對客語的語言態度，在客家文化重點發展區是介於第3和4級之間，非客家文化重點發展區是第3級。

表2-11　客語「社群成員對自己語言的態度」語言活力評估

瀕危程度	等第	社群成員對自己語言的態度	客家文化重點發展區	非客家文化重點發展區
安全	5	所有成員都珍惜自己的語言，也希望促進其使用。		
不安全	4	大多數成員支持維護自己的語言		
明確危險	3	很多成員支持維護自己的語言，其他人則漠不關心或甚至支持語言流失	✓	✓
嚴重危險	2	有些成員支持維護自己的語言，其他人則漠不關心或甚至支持語言流失		
瀕臨滅亡	1	只有少數成員支持維護自己的語言，其他人則漠不關心或甚至支持語言流失		
滅絕	0	沒有人關心自己的語言是否流失；所有成員都比較喜歡強勢語言		

資料來源：作者繪製。

十、指標九：語言相關典藏的數量與質量

　　對於面臨傳承危機的語言，該語言的字辭典、文法書、文本、語文材料、語料庫、語言的語音資料就顯得格外珍貴，這些文獻資料除了具語言文化保存的價值之外，是該語言的語文建設的基礎，還可作為語言傳承的學習材料，亦可提供學術研究之用。以下分類做簡要的盤點，（一）字辭典方面：四縣、海陸、大埔三腔客語有辭典出版，教育部編撰了六腔線上客語辭典，收詞大約 15,000 條，這幾年持續在進行辭典的擴編，另有百年前傳教士在廣東地區傳教時撰寫的《客英大辭典》、《客法大辭典》，記錄了百年前廣東地區客語的語音、詞彙及客家的風俗、信仰、俗諺，是非常珍貴的語言文獻。（二）文本和語文材料：苗栗、桃園、新竹、東勢、美濃、屏東、花蓮等地區皆有採錄出版的客家民間文學集，收錄許多民間故事、山歌詞、諺語、師傅話，還有較早期的《幼學瓊林》、昔時賢文、〈渡臺悲歌〉文本。現代客家文學創作已累積不少的客語散文、詩詞作品集，僅每年度的全國語文競賽的客語朗讀稿就已累積數百篇，另外還有教育部的越讀越懂閩客語的客語散文、閩客語文學獎的得獎作品等等。（三）資料（語料）庫方面：有客委會的「臺灣客語語料庫」、「臺灣客語珍貴語音資料庫」（建置中）、「臺灣客語語音資料庫」（建置中）。還有教育部為客語教材的編寫有客語分級和詞頻的依據，建置了「閩客語學科術語資料庫」，提供了客語的斷詞系統與大量的文本資料。（四）客語論著與語料：客語音韻研究相關的專著和學位論文論述了各地客語的音韻系統、詞彙、語法，以及來自田野調查字詞的記音與錄音檔，累積了豐富的方言語料，是未來建置客語方音資料庫的重要資料來源。綜上所述語言文獻資料，客語「語料文獻典藏的數量與品質」之語言活力評估屬於最優的第 5 級，在 LVA 的九項語

言活力評估指標中，本項評估結果最令人欣喜，上述文獻資料是客語復振重要不可缺的資糧，擁有這些文獻資料才能讓客語的傳承走在豐實的基礎上。

表 2-12　客語「語言相關典藏的數量與質量」語言活力評估

瀕危程度	等第	語言相關典藏的數量與質量	客家文化重點發展區	非客家文化重點發展區
最優	5	有綜合文法、字典、廣泛的文本、不斷流傳的語文材料、藏量豐富的高品質錄音語錄影的語料 (並附有註釋)	✓	✓
良好	4	有一本好的文法，也有一些堪用的文法、字典、文本、文獻、不時更新且每天出刊或播出的媒體		
尚可	3	可能有一本堪用的文法或足夠數量的文法、字典、文本，但沒有每天出刊或播出的媒體，錄音與錄影的語料可能附有不同質素的註釋		
不完整	2	有一些文法綱要、僅能用於語言學研究但涵蓋面不足的字表或文本，錄音與錄影的語料或多或少存在（附有或沒有註釋）		
不足	1	只有少數的文法綱要，簡短的字表，片段的文本，錄音與錄影的語料不存在、或雖存在但品質差而不能用或完全沒有註釋		
無典藏	0	完全沒有資料		

資料來源：作者繪製。

十一、結語

依據上文客語語言活力的評估，茲將各項評估結果綜整如下表，以便整體觀察客語瀕危的級數，並將客家文化重點發展區（客）與非客家文化重點發展區（非客）分列。

表 2-13　客語的語言活力評估總表

		5	4	3	2	1	0
指標一： 語言的世代傳承	客			✓			
	非客				✓		
指標三： 使用者占社群總人口比例	客			✓			
	非客				✓		
指標四： 語言現存使用範疇趨勢	客				✓		
	非客					✓	
指標五： 對新使用範疇及媒體的反應	客			✓			
	非客			✓			
指標六： 語文教育與學習讀寫的材料	客	(✓)	✓				
	非客	(✓)	✓				
指標七： 政府對該語言的態度與政策	客	✓		(✓)			
	非客	✓		(✓)			
指標八： 社群成員對自己語言態度	客			✓			
	非客			✓			
指標九： 語言相關典藏的數量與質量	客	✓					
	非客	✓					

資料來源：作者繪製。

上表所示，客跟非客區都是「語言的世代傳承」、「語言現存使用範疇趨勢」、「使用者占社群總人口比例」這三項指標的瀕危程度最嚴重，不僅家庭裡母語的傳承面臨危機，在家庭外的各場合客語的使用範疇也

相當少，客語非但不再是家庭語言，更難以在大多數的工作場域成為工作語言，這兩項是政府當局必須刻不容緩優先挽救的危機。為今之計，除了必須更加落實學校的客語教育來藉由孩子帶動客語在家庭的傳承，以及借助客語地區通行語的法令規定，來增加各公共場域使用客語的機率；還必須同時擬定可提高客語聲望及客語使用價值的配套措施，才能補強民眾願意學客語、說客語的動機。指標六、七、九的情況相對樂觀，因為有國家語言政策的保障，政府對客語的態度支持度高，但緣於臺灣的社會背景及語言生態，客語的發展空間仍是相當程度的受強勢語言的壓擠，此困境還需客委會能因地制宜、因群設事的制定方案，為客語在夾縫中爭取較多的生存空間。僅次於指標一、四的瀕危情況的是客家民眾對客語的態度，時下有不少客家民眾對客語的傳承漠不關心，態度決定行動的方向，這是客語復振路上的一大隱憂，必須透過系列客家文化的推動，讓民眾從族群文化的認同進而語言認同，用客家歷史文化的價值來觸動客家民眾願意共同守護客語的心。

參考文獻

王甫昌，2018，〈當代臺灣客家人客語流失的影響因素之探討〉。《全球客家研究》11：1-42。

何大安，2007，〈語言活力通說〉。頁 1-6，收錄於鄭錦全、何大安、蕭素英、江敏華、張永利編，《語言政策的多元文化思考》。臺北：中研院語言學研究所。

施正鋒，2002，《各國語言政策：多元文化與族群平等》。臺北：前衛。

施正鋒、張學謙，2003，《語言政策及制定「語言公平法」之研究》。臺北：行政院客家委員會。

行政院客家委員會，2006，《95 年度臺灣客家民眾客語使用狀況》。臺北：行政院客家委員會。

行政院客家委員會，2007，《96 年度臺灣客家民眾客語使用狀況》。臺北：行政院客家委員會。

行政院客家委員會，2008，《97 年度全國客家人口基礎資料調查研究報告》。臺北：行政院客家委員會。

行政院客家委員會，2010，《98-99 年度臺灣客家民眾客語使用狀況》。臺北：行政院客家委員會。

行政院客家委員會，2011，《99 年至 100 年全國客家人口基礎資料調查研究》。臺北：行政院客家委員會。

客家委員會，2013，《101-102 年度臺灣客家民眾客語使用狀況》。新北：客家委員會。

客家委員會，2014，《103 年度臺閩地區客家人口推估及客家認同委託研究成果》。新北：客家委員會。

客家委員會，2016，《105 年度全國客家人口暨語言基礎資料調查研究

報告》。新北：客家委員會。

客家委員會，2021，《110年度全國客家人口暨語言基礎資料調查研究報告》。新北：客家委員會。

黃宣範，1995，《語言、社會與族群意識》。臺北：文鶴。

張學謙，2003，〈回歸語言保持的基礎：以家庭、社區為主的母語復振〉。《臺東師院學報》14（上）：209-228。

張學謙，2020，〈母語優先的臺灣本土語言復振教育規劃〉。《教育科學研究期刊》65（1）：175-200。

陳誼誠，2016，《阿美族語的語言活力》。臺北：政治大學民族學系博士論文。

陳秀琪、徐汎平，2018，〈臺灣客語推廣相關措施及未來展望〉。論文發表於「臺灣客家運動30年與客家發展」學術研討會，桃園：中央大學。

陳淑娟，2010，〈泰雅語的語言活力語語言復振 -- 以司馬庫斯及竹東為例〉。《台灣語文研究》5（1）：15-36。

劉新圓，2019，〈臺灣的語言政策及其影響〉。《理論與政策》22（1）：125-138。

鄭錦全編，2007，《語言政策的多元文化思考》。臺北：中央研究院語言學研究所。

陳淑嬌，2007，〈臺灣語言活力研究〉。頁19-39，收錄於鄭錦全、何大安、蕭素英、江敏華、張永利編，《語言政策的多元文化思考》。臺北：中研院語言學研究所。

謝國平，2007，〈語言流失與RLS在臺灣〉。頁7-18，收錄於鄭錦全、何大安、蕭素英、江敏華、張永利編，《語言政策的多元文化思考》。臺北：中研院語言學研究所。

Fishman, Joshua A., 1991, *Reversing Language Shift: Theoretical and Empirical Foundations of Assistance to Threatened Languages*. Clevedon: Multilingual Matters Ltd.

第三章

從臺灣客語政策檢視客家少數腔調的現況

賴維凱、陳秀琪

一、前言

　　客委會於 2022 年 3 月底發表了「110 年全國客家人口暨語言基礎資料調查研究」成果，相較於 105 年所做的調查研究，雖然在「客家文化重點發展區」的客家民眾聽說能力皆較 105 年提升，但整體而言，客家民眾的客語聽說能力仍呈現下降趨勢，聽的能力下滑 7.9%，說的能力下滑 8.5%，客委會主委楊長鎮因此提出三大政策方向：「加強客語聲望行銷」、「擴大學校客語沉浸式教育」及「加強客語社區活力」，以持續推動客語復振的工作。

　　楊主委進一步說明，雖然民眾對客家「認同度」提高，但卻沒有把語言能力一起提升，所以要以「建立友善客語環境」和「提升客語聲望」作為核心要務。推動「沉浸式教學」及「客語結合 12 年國教校訂課程」，則是為了提升高中以下學生說客語的能力。客委會內部也承認，雖然長期辦理客語能力認證，但語言能力的增進無法轉化「在日常生活說客語」的習慣，因此要加強「客語社區活力」，在客家庄或客家

民眾較多的地方，增加使用客語的比例。此外，目前《客家語言發展法》草案尚在行政院審查階段，這次的調查結果也讓大家了解必須正視母語流失的問題。

客委會為提升民眾說客語的能力，二十多年來積極推動客語分級能力認證考試、客語薪傳師制度、客語家庭、客語深耕服務、客語生活學校、公事客語無障礙環境、提升客語社群活力計畫、客語沉浸式教學、客語結合 12 年國教校訂課程、伯公照護站、客華雙語實驗教學、建構客語教學數位學習網等十幾項補助計畫，雖然整體成效有限，但仍不難體會客委會這些年來持續努力延緩部分客家文化重點發展區客語能力的流失。

然而，在客語政策的擬定或實施過程，似乎少了對「少數腔調」的保障，至少在《客家基本法》和《客家語言發展法（草案）》的條文上是看不到的，對比《原住民族語言發展法》，其中明訂「中央主管機關應訂定原住民族語言發展政策，並優先復振瀕危語言。」依據聯合國教科文組織於 2010 年出版的《世界瀕危語言地圖》（*Atlas of the World's Languages in Danger*），原住民族語言中的邵語、噶瑪蘭語、撒奇萊雅語、拉阿魯哇語、卡那卡那富語被列為「極度瀕危」，賽夏語被列為「嚴重瀕危」，布農語也被列為「確定瀕危」，另有 10 種語言則是「脆弱」等級，臺灣原住民目前共 16 族 42 種語言，上述瀕危等級的語言就有 7 種，但原住民住族深知這些瀕危語言「必須」優先復振，顯見原住民族對更少數語言的重視與危機意識感。

臺灣客語的少數腔調如饒平腔、詔安腔及各腔調的次方言，在客委會歷年來各項客語傳承、復振及發展相關計畫的補助下似乎未見起色，因此促使我們省思，在中央政府部門為復振「嚴重瀕危」客語之時，「因腔制宜」的模式是否也應同時深入探討並有所作為，否則少數腔調

「熄燈」的時刻將迅速到來。

二、少數腔調的傳承問題

（一）少數腔調的內憂外患

　　目前客語各腔調的語言傳承與推廣都面臨現實的外在因素：1. 少子化的危機；2. 強勢語的侵蝕——華語、英語、閩語；3. 國家「2030 雙語政策」。「少子化」和「強勢語」的普世現象目前看來尚無「良方」可解，然而眼前較為棘手且不得不面對的問題有三：

1. 「臺灣手語」雖然是國家語言，也享有語言平等的權利，這點無庸置疑。但筆者認為一旦納入高中以下「自然語言」的本土語（閩語、客語、原民語、閩東語）必選修的課程之一，勢必壓縮本土語文學習的空間。「臺灣手語」並非瀕危語言，因其為身心障礙人士必學或相關人員必懂的溝通語言，一般學生若基於想和盲、聾、盲聾人士溝通之需求，或可從其他管道學習，就筆者所知，111 學年度有大量的學生準備選修「臺灣手語」，其顯而易見的原因就是「青春期」的學生不願開口學第二語言是很正常的心態，無形之中也間接扼殺了本土語文好不容易有向上延伸發展的機會。

2. 新住民語隨著國小 108 學年度開始成為必選修課程之一，將來到了國中階段，筆者大膽猜測，勢必會站在「學生學習需求與延續性」的角度，加入與「國家語言」同樣成為必選修課程的競爭行列，同樣排擠了本土語文的選修學生數。在國家「新南向政策」沒有改變之前，這種透過「母語傳承」的教育，站在國家利益來看，的確是雙邊經貿往

來的政策加值服務。筆者對於新住民學生學習「東南亞語」表示尊重，本土語或許不是他們的母語，將來若將「東南亞語」學起來成為技能，亦是臺灣與東南亞之間溝通的橋樑，但何者才是狹義的「本土語」，目前大概只有「原住民語」站得住腳。

3. 國家「2030 雙語政策」的目標明確不易改變，就目的而言，與本土語大相逕庭，我們都知道，學生若從小學就習慣英華雙語學習，將來國家的競爭力勢必提升，一如「新加坡」模式，對家長來說，是極佳的語言教育政策。然而這種將英語和華語一同擺在任何學科裡學習的方式，絕對會造成本土語更加弱勢，教育部、客委會即便再多本土語相關政策也無濟於事，提升就業市場競爭力與傳承本土語言文化相權，後者勢必被犧牲，畢竟有 77% 的民眾支持這樣有利於國際競爭的政策。即便多數語言學者出來疾呼甚至連署「2030 雙語政策」會造成英語師資匱乏、學習效率低落，並使本土語文的傳承雪上加霜，目前看來似乎都只是「狗吠火車」，徒勞無功。

　　然而少數腔調不易保留或傳承的內在因素也是先天不良所導致，造成饒平腔與詔安腔等少數腔調更為少數的內在因素有：1. 人口分散——饒平腔人口在臺灣呈現大分散小聚居的現象，廣泛分布在桃園、新竹、苗栗等地，沒有一個具有代表性，甚至退居為家庭語言。不像四縣腔主要分布在苗栗、高屏、海陸腔以新竹為根據地、大埔腔世居在臺中東勢一帶。2. 兩種以上次方言——以饒平腔為例，在徐貴榮《臺灣饒平客語》（2005）就指出饒平腔語音至少有 2 組，在客委會的分級詞彙每 1 種詞彙也出現 2 種以上的說法，這在保留或傳承上就更不容易了。其他像南四縣腔內部也有許多次方言，多年來被忽視的現象嚴重，雖然客委會發現，但也為時已晚。3. 受海陸腔影響嚴重，這樣的不利條件更有礙於饒平腔的語言保留或傳承。而詔安腔在原鄉即已受閩南語影響，在臺

灣亦然，雲林崙背、二崙被周遭說閩南語的鄉鎮包圍，詔安腔也混合著許多閩語借詞，且閩化問題越來越嚴重，這些都是不利於詔安腔保留或傳承的因素。

（二）少數腔調的認證考試

我們試以「國家語言發展法」自 2019 年公布前後 2 年，觀察客語能力認證（含初級、中高級）參加人數，是否有明顯變化，以四縣腔（含南四縣腔）作為基準，比較饒平腔、詔安腔近五年來的報考和通過人數：

表 3-1　初級認證報考與通過人數

年度　腔調	2017		2018		2019		2020		2021	
	報考	通過	報考	通過	報考	通過	報考	通過	報考	通過
四縣	5,920	2,669	11,173	5,273	11,500	3,960	10,861	3,949	9,245	3,378
饒平	42	24	161	65	105	38	105	63	90	54
詔安	82	22	104	34	91	14	165	42	218	40

資料來源：客家委員會。

從上表可以明顯看出近五年來饒平腔初級認證報考人數逐年遞減，而詔安腔初級認證報考人數除了 2019 年外，大致上是逐年提升的。2017 年所有腔調報考人數驟減是因為客委會全面停發獎學金的政策所致，筆者對此政策暫時不予置評，不過後來改以各直轄市客委會或各縣市客家事務局發放獎學金後，報考人數又明顯提升到 1 萬人左右，顯見「獎學金」制度對客家民眾（尤其是學生）的報考意願影響相當大。接著我們再來觀察影響「傳承」關鍵之一的中高級認證考試人數：

表 3-2　中高級認證報考與通過人數

年度 腔調	2017		2018		2019		2020		2021	
	報考	通過	報考	通過	報考	通過	報考	通過	報考	通過
四縣	3,328	475	3,270	267	3,449	357	2,988	189	2,826	233
饒平	27	0	75	8	70	7	63	5	51	7
詔安	30	2	21	2	27	1	29	2	22	2

資料來源：客家委員會。

　　觀察饒平腔和詔安腔近五年來報考中高級認證考試的人數和通過人數，雖然起伏並不明顯，但饒平腔、詔安腔近十幾年通過客語中高級認證的人數必定遠遠超過歷年客語薪傳師的人數總和：51 人和 33 人，如果客委會即時透過簡單的統計與分析發現這種情形，並擬定策略進行補救，多少可以解決少數腔調薪傳師因為人數過少以至於無法有效達成「傳承語言文化」目標的問題。

三、臺灣客語政策與措施

　　國內對客語政策總體盤點研究數量並不多，較具代表性的是林作逸（2017）的碩士論文《臺灣客語政策之研究：1945-2017》，其研究發現：臺灣客家母語運動是開啟臺灣客語政策的必然、《客家基本法》實質影響「客語政策」（因《客家基本法》條文有一半以上提及客家語言的復振、獎勵、推廣和保存）、《國家語言發展法》提升客語為國家語言地位、客語政策執行應結合學校母語教學。針對以上發現，作者提出建議如下：臺灣客語政策應有適時評估機制、客語政策應擴大其他族群參與層面、積極的客家語言媒體近用，以及深度訪談進行客語政策研究

（林作逸 2017：172-181）。為避免客委會的客語政策流於形式的補助，作者特別在「臺灣客語政策應有適時評估機制」這一點，提到客委會的語言政策需要語言規劃、落實語言教學和跨部會（結合教育部、文化部等）互助合作，而「進行現場評估，以達監督和評估成效」，在我們看來是最重要的。配合客委會平均六年的中長期計畫，每三年定期檢視一次，才能收到上述「監督和評估」的最大效益，並作為計畫或客語政策修正的主要依據。

　　以客委會在執行「第二期（2008 至 2013 年）社會發展中長程個案計畫－客家語言發展計畫」為例（該計畫內容未對外公開，但可從客委會每年的施政計畫略知），行政院研考會為了解其計畫目標設定與實際達成情形，以及執行過程與結果是否妥適發揮其效益，2013 年委託國立中央大學就其計畫進行效益評估與檢討，以作為後續計畫修正時的參考。就其「客家語言發展計畫效益評估報告」在目標、執行過程和結果的發現：補助辦理公事客語無障礙環境計畫數量所設定的年度目標值非常少、五項目標[1]的可評估性待加強（不易統計、量化）、部分項目執行過程略顯被動（如公共運輸未見全國一致之客語廣播服務、薪傳師開班經費核銷及撰寫成果報告程序繁瑣導致薪傳師開班意願降低等）、連續

---

1 「客家語言發展計畫」所訂定的目標有五項：（一）重拾中青代客家民眾對母語的珍惜，推動「客語家庭」、「客語薪傳」計畫，讓客語從家庭扎根，振興客家語言文化，逐年提升客語使用率。（二）推動學校客語教育，深耕客語生活學校，落實客語教育向下扎根。（三）逐年辦理客語能力認證——初、中、中高級、高級，俾培育客語人才，及提升客語的服務品質。（四）研擬語言振興相關法規，建立語言發展制度法制化。（五）建置母語自然且多元學習環境，建立「公事語言」制度，推動公事客語無障礙環境，提升客語能見度，促進各族群和諧（羅肇錦等 2013：34）。

兩期計畫都列為目標預計執行的「建置客語資料庫」和「建置客家語言
教學資源中心」等客語發展基礎工作編列預算偏低（以「建置客語資料
庫」為例，101 年僅編列 100 萬元，足見客委會本身對「建置客語資料
庫」的認知不足）、客語生活學校成果觀摩賽或藝文競賽淪為菁英教育
（孩子們下了舞臺，還是無法與老師或大人說客家話）、客語能力分級認
證測驗及閱卷公信力問題（羅肇錦等 2013：33-50）。以上中長期語言
政策執行的若干缺點，若能每兩年定期檢視一次（以前一年數據為對
照），相信會比在六年後計畫即將結束時只做一次的效益評估，來得更
有改善執行效率的空間。

　　針對上述評估報告指出客委會「部分項目執行過程略顯被動」一
事，羅肇錦等（2013）計畫主持人曾於 2019 年 10 月對每日運輸量高
達 20 萬人次的臺灣高鐵進行過一項建議，即去信反映臺灣高鐵的客語
廣播「發音」應進行改善，並指明正確發音為何？第一次得到的友善回
覆是：「關於您來信建議客家廣播發音乙事，客家文化在臺灣多元文化
中占有不可或缺的重要地位，本公司一直以來十分重視車站及列車上廣
播之各種語言的正確性。針對您的說明，將另請客語專業老師協助審
視，以營造客語友善環境並提供旅客更佳服務品質。」未料，兩個月後
仍未見改善，再次去信反映，所得到的回覆則為：「關於您再次來信反
映客家廣播發音乙事，本公司廣播資訊係依營運經驗及多數旅客需求所
安排，亦請客語顧問針對客語廣播內容的發音標準度進行指導，感謝您
的意見回饋。另，我們已將您的意見轉知權責單位參考，另將持續收集
顧客意見回饋，以貼近旅客需求為目標，不斷精進服務內涵，以符合旅
客的期待。臺灣高鐵盼望讓旅客看見臺灣美好，未來將會再持續努力精
進。」至今，臺灣高鐵的廣播依舊播放著數十年如一日的錯誤發音，顯
見其對公事客語的虛應了事及敷衍態度。加上客委會「補助辦理公事客

語無障礙環境計畫數量」從 2010 年到 2012 年度驟降，再次說明客委會在推動「公事客語無障礙環境」政策上的消極與補助程序的繁瑣（羅肇錦等 2013：37-46）。

　　相信現在全臺灣的民眾都曾有過這樣的經驗：不管是在電梯、公車、捷運或高鐵上，都會聽到孩子們跟著廣播系統學習各種語言的腔調，客語廣播通常排在最後一個播報，孩子們自然地就會跟著學，實際上這就是所謂的「語言習得」。客委會推動「公事客語無障礙環境」不只是要營造無障礙的客語友善環境，以便年長民眾在公共場所聽說無礙，從積極的層面來看，營造孩子們自然而然從情境中學習客語，可以說是推動成效以外的最大效益（宋建興 2011：94-95）！

　　此外，客委會自 2002 年以來，每年都會舉辦客語能力分級認證（幼幼、初級、中高級），其認證通過的人數及比率，是用來檢視客委會在執行客語相關政策是否達到成效的關鍵指標之一，試務承辦單位每年會完成一份業務報告（內容未對外公開，但可從客委會每年的施政績效報告略知）。再者，我們可以從不同角度切入分析不同年齡層或身分在學習或使用客語是否有效運用客委會、教育部和文化部提供的學習客語輔助工具、補助或獎勵措施（宋月華 2015：99-107）。

　　而目前臺灣政府相關部門到底有哪些客語相關政策或舉措？陳秀琪、徐汎平（2018）在〈臺灣客語推廣相關措施及未來展望〉一文中，盤點並陳述客委會及教育部的客語政策或措施執行現況，並以短、中、長期目標對應《客家基本法》作為規畫客語推廣的推動目標，以提供國家訂定客語發展政策的參考。目前看來，已有部分目標正由相關政府部門執行或委託執行中。例如客委會於 2019 年推廣「沉浸式教學」與辦理師資研習、近年來鼓勵客語薪傳師與社區發展協會結合開設社區的客語薪傳班（客語深根服務計畫）、鼓勵社區大學開設客語及客家文化相

關課程、鼓勵大專以上學校將客語及客家文化列入選修與通識課程上面，都有予以補助，教育部也將於 109 學年度起在北中南東重點大學成立「客語師資培訓中心」、設立客語師資培育學分學程等，短期目標看似完成了三分之二，但我們研究的重點應放在如何評估其效益？多久評估一次？會不會重蹈申請補助、核銷等程序繁瑣的覆轍？教育部是否能將「客語師培」等相關措施視為永續性的發展政策，確實將其一直推廣下去？這些都要有配套措施予以評估、監督。以今年客委會「109 學年度客語結合十二年國教校訂課程實施計畫」的申請補助案而言，許多校長就接到客委會拜託各校多加申請的訊息，內容大致是申請案件比 107、108 學年度少很多，許多學校因各種因素不想申辦，包括沒有太多人力辦理此項專案，偏遠地區則是師資找尋有困難，客委會配合教育部十二年國教的政策立意的確良好，但很多細部原因，都是需要從政府部門跨部會進行檢討改進的。

　　客委會自 2002 年到 2016 年都有持續進行「臺灣客家民眾客語使用狀況」或「全國客家人口（暨語言）基礎資料」的調查報告與研究（見參考文獻），這是政府部門在擬定客語政策或措施，並進行滾動式修正時很重要的參考依據，也是專家學者在提供政府部門客語相關政策與舉措極為關鍵的基礎資料。不過這十五年來的調查，光是受訪者對自身是否為「客家人」的定義類型，就大大影響了統計數據的值。如 2005 年客委會稱 13 歲以下能說流利客語的比率（15.2%），較 2003 年（11.73%）大增約 3.5%，於是客委會便將此成果歸功於「客語學習逐漸獲致成效」、「顯示客語教學政策的成效」。但在仔細檢視後發現，2005 年的 15.2% 採「單一認定」的基準（自我主觀認定為臺灣客家人），有效抽樣樣本母數小；2003 年則是採「廣義認定」（具客家人血緣或自我認定為臺灣客家人），有效抽樣樣本母數大，若 2005 年的基準回到「廣

義認定」，則為 12.7%，實際上 13 歲以下能說流利客語的人口百分比增加幾乎不到 1%（行政院客家委員會 2005：2、96）。

《客家基本法》自 2011 年通過前後，客委會才以「多重認定」為恆常基準，讓統計值不再失真或還需以當年度作為標準值重新加權或計算。若直接觀察 2002 年（11.62%，採廣義認定）和 2016 年（13%，採多重認定），13 歲以下能說流利客語的人口百分比僅僅增加了 1.38%，若 2002 年有「多重認定的」統計值，則增加比率將更低。我們不能說客委會或教育部將近二十年來的客語教育政策與措施是沒有效果的，但從增加比率來看，只能說在龐大經費挹注下，「客語教學」的實施成效之效益是極低的。

此外，客委會曾於 2013 到 2016 年間為推展「客家區域整合型研究」，委託國內多所大學執行「本土型客家研究」的分項計畫。計畫名稱為「客家研究：回顧與展望」研究計畫，每一分項計畫都有「語言與文學」子計畫，可以藉此看到計畫主持人對當地語言學研究文獻或語言活力的盤點和建議，以客家文化重點發展區的大本營「桃竹苗」為例，范瑞玲提到了 2010-2011 年客委會的「全國客家人口基礎資料調查研究」指出（長輩）在家中會使用客語與子女交談的只占 27.9%，有鑑於年輕客家族群的客語能力較低，如何引起他們學習客語的興趣是當務之急。研究者建議紐西蘭原住民的「語言巢計畫」是可以實施的方向（范瑞玲 2015：70）。不過非客家文化重點區的計畫調查報告，則是不同方向，徐敏莉（2003）雖然嘗試探索紐西蘭毛利人「語言巢」制度在臺北施行的可能性，但洪惟仁及吳中杰的觀點值得參考：桃竹苗或可作為「保存」客語的大本營，都會地區則有「推廣」客語的優勢（羅烈師等 2013：66）。

四、國外與原住民族語言政策

　　淡江大學曾於 2002 年舉辦了一場「各國語言政策——多元文化與族群平等」學術研討會，裡頭有 16 位國內學者針對 16 個國家或地區的語言政策作詳細的陳述與評論，其中香港、新加坡、比利時、北愛爾蘭、澳洲、紐西蘭、瑞士、挪威、瑞典等國的語言政策可作為臺灣國內多族群多語言政策的借鏡與參考。例如楊聰榮（2002：609-648）在提到香港的語言問題與語言政策時，就提到香港語言政策對客語族群的影響：香港雖然英語至上，對廣東話的普遍使用則是公認的，這是站在對廣東話「認同」的礎石上，相對地，廣東話的成功即是客家話即將消失的原因（劉鎮發 2001：33），客家人在香港對客家話的「認同度」不夠是最基本的關鍵，連客家人大本營「新界」都只稱客家話為「本地話」而已。

　　反觀臺灣，雖然客家人口有將近 460 萬人，2016 年時有 81.1% 的客家民眾願意表明自己是客家人的身分，相較 2014 年的 72.5% 增加將近 9%。但在家與父母親講客語的比率卻逐年下降，在 2010 年還有將近 44%，到了 2016 年卻降至不到 39%，顯示客家人對自我的認同度與使用客語的比率懸殊，還有其他因素存在，如：會不會說、願不願意說等等。

　　同樣是比利時的語言政策與現況，廖立文（2002：341-376）和蔡芬芳（2002）從不同面向與觀點進行探討，前者提到人口不到 1% 的德語區在強大的荷語和法語夾殺下，德語區已出現以三語作為媒體或一般人生存（被認同）的條件工具；後者提到比利時早期因獨尊法語而引起北部荷語區和南部法語區兩大族群的長期衝突，政府部門勢必就語言政策上有所因應，後來產生一連串語言政策的制定，連帶影響比利時政府

的政治體制也做了調整。臺灣的客家人口雖然遠超過 1%，在族群上也常被稱作第二大族群，但《客家基本法》和《國家語言發展法》的頒布與實施，並不意味著客家人對客語的認同與客語的使用率會相對提升，仍然要戒慎恐懼地借鏡他國語言政策，長期並有效地監督政府的施政成效。

　　歐盟目前有 27 個會員國，包含上述提及的愛爾蘭、瑞典和比利時，林思瑀（2018：68-71）則以同樣是歐盟會員國的芬蘭為例，先說明歐盟國如何透過 8 個以上相關的條約或計畫整合各國的語言教育政策，27 個會員國有 24 種官方語言，各國的翻譯（口譯、筆譯）機制當然是重要的措施，如此可以保有多元的語言制度，而芬蘭的語言情況也和臺灣相似，本來是使用瑞典語當官方語言，後來因應國際競爭逐漸學習英語，多數人說的芬蘭（母）語和少數族群說的薩米語反而式微，現在已逐漸被重視，這裡頭除了母語人士的覺醒、認同和官方制定政策保護外，最重要的還是家裡、社區裡頭要使用母語，臺灣的現況不也是如此？縱然將本土語提升到國家語言的地位，各種保存、推廣機制都貫徹執行，我們如果還是保持那分「客」氣，不從心裡認同並使用客語，客語的未來終將提早結束（陳鄭弘堯 2002：467-498）。

　　原民會自 1996 年 12 月 1 日成立，迄今已超過二十五年，目前共有 16 族，照理來說只有 16 種語言，但一般會以 42 種語言稱之，以阿美語為例，內部就有南勢阿美語、秀姑巒阿美語、海岸阿美語、馬蘭阿美語、恆春阿美語等 5 種方言，而泰雅族更高達 6 種，雖然同一族內有一些相同的語音和詞彙，但語法不同造成同一族內部無法溝通的現象，所以形成 42 種語言。自 2000 年開始，每種語言都有認證考試，認證考試時，若是每一種語言都有考生，就會有 42 種考卷，就是因為不同族不同語言和同一族內不同語言都自成一格，同樣是阿美語，A 考生說的南

勢阿美語，和 B 考生說的秀姑巒阿美語，是完全不一樣的。《原住民族
語言發展法》第 7 條第 1 項規定「中央主管機關應訂定原住民族語言發
展政策，並優先復振瀕危語言。」我們注意到這項規定特別提及「優先
復振瀕危語言」，就臺灣客語而言，筆者認為這就是「少數腔調」的保
障與依據。然而在去年 10 月 1 日送到立法院的《客家語言發展法（草
案）》亦未重視到內部少數腔調發展的不均衡性而訂定相關政策，殊為
可惜。

五、少數腔調傳承問題

　　本文根據客委會出版的「110 年度全國客家人口暨語言基礎資料調
查研究」成果所推估的全國客家人口約 466.9 萬人，計算饒平腔和詔安
腔的人口，其中饒平腔占客家人口的 2.4%（對照 105 年尚有 2.6%），
詔安腔占客家人口的 1.6%（對照 105 年尚有 1.7%），分別得到饒平腔
約 11.2 萬人，詔安腔約 7.9 萬人。

　　客委會於 2009 年 8 月 25 日同時訂定「客語薪傳師資格認定作業要
點」與「客語薪傳師傳習補助作業要點」，希望第一年（2008 年）就通
過客語中高級認證的客家民眾等，能夠藉由資格認定和補助以「傳承」
客家語言文化為使命，「提升」客家語言文化傳習之效能，並增加民眾
對客家之「認同」及使用客語之「意願」與「能力」。截至 2021 年 7 月
26 日止，全國共計 3,351 位客語薪傳師（包含語言類、文學類、歌謠
類、戲劇類）。其中饒平腔、詔安腔的客語薪傳師，分別為 51 人和 33
人。

　　我們先以使用客語腔調最多的四縣腔（含南四縣腔）63.5% 計算，

得到四縣腔約 296.4 萬人，再以四縣腔客語薪傳師 2,436 人計算，平均一位四縣腔客語薪傳師要負擔 1,217 人的傳承使命，而饒平腔、詔安腔則分別要負擔 2,197 人和 2,263 人的傳承使命，這說明了弱勢腔的傳承，在「師資」上加倍弱勢。

　　造成少數腔更弱勢的另一原因──學校行政。筆者曾在國小任教近二十年，發現學校行政人員對於學生選修客語的「腔調」，某種程度上阻礙了少數腔調的發展。就教學現場而言，有些「少數腔調」的客語支援人員，往往會因為「市場考量」、「溝通環境」等因素，「不得不」以四縣腔進行教學，相信這些支援教師都是迫於現實、出於無奈，誰不希望傳承自己的腔調與特屬文化為己任呢？就學習需求而言，學生若有「少數腔調」的需求，往往也會因為學校一時尋求不到師資（教學媒合平臺的重要性）或便宜行事，造成學生在學校所學的客語，並非家中所熟悉的腔調，從以下三個例子，即可知道少數腔調之所以「加倍弱勢」的原因：

案例一

　　家長不會講客語的斷層──一對國小姊妹，父母都是現職教師，且通過海陸腔中高級認證，是年輕世代中相當少數還能說「能令人聽懂」的客家話的七年級生，當家長為孩子勾選「海陸腔」的學習需求後，學校最後以「找不到師資」為由，家長迫於「不想讓孩子被貼標籤」、「不想為難學校」等因素，不得不讓孩子學「四縣腔」，然而，就我們所知，該區域不只是「客家文化重點發展區」，其所通行的客語也是以「海陸腔」為主，為何學校會找不到師資，便宜行事的可能性極高。

案例二

　　國高中對客語文腔調認知不足──111 學年度國高中即將實施「本土語文」的必選修課程，中央和地方教育機關無不為了「師資」卯足全

勁，希望在課程上路前，能從支援人員和現職教師中完備本土語言師資。筆者曾在一場國高中「本土語文」課程相關會議座談會上，親耳聽聞有行政人員問道：「假如我教的是四縣腔，那海陸腔的學生是不是就要跟著我學四縣腔，還是他們無法選修這堂課……。」這類認知不足的話，雖然令人莞爾，但筆者相信，在「以學生學習需求為主」以維護學生之受教權的基本認知上，仍有待教育部國教署、各縣市教育局加強訓練。閩南語雖也有許多腔調，但仍以最具有廣泛代表性的口音——高雄音，作為通行腔的主體音系。然而客家語和原住民語不僅有腔調的區別，更有地域之分，這樣的認知，即便投入客家研究的領域，也不見得知道，更何況一般民眾。

案例三

　　大路關腔南四縣化——南四縣腔又因為腔調不同大致分為三小片，筆者二十年前曾觀察過大路關的客語師資，說的雖是南四縣腔，但大路關的腔調特殊，除了在語音上有所差異，部分詞彙也與南四縣腔不同，造成孩子在校學習之後，回家與家人的溝通出現了問題，甚至有家長感嘆「你在學校學的客家話我怎麼聽不懂」，無奈那時大路關客家居民對自己的特殊腔調尚無「危機意識」，村內亦無客語師資。

　　以上三個案例加上前面所述客語薪傳師每人要負擔傳承人數比，皆與「師資嚴重不足」有關，由中央整合各縣市教育局，建立透明且讓學校行政人員方便查詢操作的「本土語文（客語文）師資媒合平臺」，輔以現階段國教署、客委會正在推行的「本土語文（客語文）直播共學」機制，相信「師資不足」問題能大大減少。

六、結語

　　饒平腔支援教師許石烺先生日前曾語重心長地表示：「是時候設饒平博物館了，和美國華盛頓特區的美國印第安人博物館（National Museum of the American Indian）一樣，內部每熄了一盞燈，表示臺灣饒平客語又消失了一個。」少數腔調或多數腔調次方言的熄燈不僅代表能說該腔調或其次方言的人口幾乎消失殆盡，完全無法傳承給下一代，更代表一個文化的死亡。其他如詔安腔、大埔腔、南四縣腔次方言的大路關腔、美濃腔等，在不久的未來，都可能面臨「熄燈」的結果。相信這絕對不會是教育部或客委會這二十一年來所挹注經費或政策實施上最終落得「打水漂兒」的問題，其問題癥結在於必須制定「因地制宜」、「因腔制宜」的政策舉措，這種看似「齊頭式平等」的「國家語言」平等權利，實際上少了中央與地方一起面對「少數腔調越講越少的問題」進行「在地」深入了解、溝通與解決。

　　以下有三點建議可列為教育部或客委會「長期」努力的目標：

1. 全國語文競賽應將少數腔獨立出來：自 1998 年本土語陸陸續續加入全國語文競賽的項目中，本土語文師生的素質也相對提升，但從各腔調的公平性來看，至今還是有其改善的空間，就「評審」制度來說，早期未注意到各腔調及其次方言的差異性，聘請來的語言研究學者或教育專家，幾乎都是四縣或海陸腔，導致大埔、饒平、詔安、南四縣等腔調即其次方言未受到重視，造成「評審委員聽不懂或是與自己所說語音、詞彙等有差異就被扣分」的主觀意識一直存在，導致多年來少數腔調一直無法從語文競賽中脫穎而出。即便現行「全國語文競賽決賽評判遴聘原則、注意事項暨評分標準」不斷強調「閩南語、客家語及原住民族語因臺灣各地腔調或有不同，請評判委員予以尊重，勿

將自己不熟悉之發音視為錯誤發音。」但仍無法解決少數腔調脫穎而
出的機會，筆者認為基於饒平腔、詔安腔等少數腔調的內部不利因
素，將少數腔調獨立出來有其必要性，縱然從其他角度看來亦有其不
公平性，但至少可以提升少數腔調的「語言聲望」，更細緻地解釋了
客委會楊長鎮主委在客語政策方向中提及的「客語聲望行銷」。

2. 少數腔調「師傅制」：從「區域」（包含家庭父母、學校教師、社區人
士）有策略地輔導饒平腔、詔安腔等少數腔調口說或書寫能力流利的
中生代。筆者曾有幸參與教育部、客委會南四縣腔課本、辭典、認證
等語言的編輯與審查工作，每每遇到饒平腔、詔安腔的編輯委員，大
概都是熟面孔，有的逐漸凋零，有的疲於應付所有相關的工作、計
畫，客委會應制定一套「薪火相傳」的傳承機制，因地制宜、因腔制
宜，研擬「少數腔調語言專家師傅制」（教育界的校長有「師傅校長」
制度），我們都知道客語支援教師和客語薪傳師制度有其「傳承客家
語言與文化」的重要使命（實際上目前也面臨青黃不接的險境），然
而在各腔調語言專家學者間似乎沒有這樣的舉措，導致前述筆者所
言，不久的將來，即會面臨專家學者凋零或青黃不接的窘境。不管是
少數腔調的「客語支援教師」、「客語薪傳師」或是「語言專家學者」
都需要有策略的擬定「師傅制」，以達到真正「傳承」的師資需求。

3. 升學考試加分或認證制度：臺灣至今仍走不出「升學主義」的桎梏，
以「學科考試」為主的升學制度，筆者雖不以為然，但非常時期也必
須有非常手段，所有師生都知道「本土語文」是不需要考試的，就如
同藝術與人文等次要學科，對許多學生而言，因興趣而主動認真學習
的人數，少之又少。筆者認為唯有透過考試加分或取得客語能力認
證，才是眼前的解決之道，當然，這種制度無法獨惠少數腔調，少數
腔調若能占加權計分更多權重或通過少數腔調認證考試更有利於申請

入學，也許就會吸引更多學生來學少數腔了。這也是為何《客家語言發展法（草案）》第 25 條明訂「教育主管機關應依據最近一次發布國家語言發展報告，客語面臨傳承危機之瀕危程度，將學生客語學習表現，列入升學國語文加權計分：一、國民中學升高級中等學校。二、高級中等學校升大專院校。前項計分方式、基準及其他相關事項之辦法，由中央教育主管機關會同中央主管機關定之。」這是不得已但可能也是最終必要的走向。

參考文獻

丁元亨，2002，《語言政策研究－歐洲整合與歐盟語言政策》。臺北：行政院客家委員會。

王保鍵，2020，〈臺灣國家語言與地方通行語法制基礎之探討〉，《全球客家研究》14：37-67。

王保鍵，2011，《臺灣客家運動與《客家基本法》》。臺北：國立臺灣大學社會科學院國家發展研究所博士論文。

王幼華，2013，《「東部客家研究：回顧與展望」語言與文學》。新北：客家委員會編印。

王遠嘉，2000，《苗栗地區客家語言政策研究》。臺北：行政院客家委員會編印。

吳中杰等，2013，《高雄都會區客家研究：回顧與展望》。新北：客家委員會編印。

宋月華，2015，《客語能力認證獎勵之政策工具研究：以行政機關公務人員為例》。桃園：國立中央大學客家研究碩士在職專班碩士論文。

宋建興，2011，《客語無障礙環境政策回應性評估之研究——以聖德老人服務中心為例》。桃園：國立中央大學客家研究碩士在職專班碩士論文。

李榮豐，2011，〈現代化衝擊下高雄市客家族群文化認同發展及其教育省思〉。《教育學誌》26：33-78。

邱宇聖，2018，《二十世紀末至二十一世紀初吉爾吉斯共和國語言政策》。臺北：國立政治大學斯拉夫語文學系碩士論文。

李美雲，2007，《我國客語政策之回應性評估》。臺北：國立臺北大學公共行政暨政策學系在職專班碩士論文。

李家甄，2010，《臺灣少數民族語言政策評估之研究——以花蓮縣轄內原住民族為例》。花蓮：國立東華大學公共行政研究所碩士論文。

施正鋒主編，2002a，《各國語言政策：多元文化與族群平等》。臺北：前衛。

施正鋒主編，2002b，《語言政策研究－語言權利法典》。臺北：行政院客家委員會。

施正鋒、張學謙，2003，《語言政策及制定「語言公平法」之研究》。臺北：行政院客家委員會。

施正鋒，2013，〈評王保鍵、邱榮舉，《臺灣客家運動－〈客家基本法〉》〉。《全球客家研究》1：235-243。

林思瑀，2018，《歐盟語言教育政策：以芬蘭為例》。高雄：文藻外語大學歐洲研究所碩士班碩士學位論文。

林作逸，2017，《臺灣客語政策之研究：1945-2017》。臺北：國立臺灣大學社會科學院國家發展研究所碩士論文。

林素琴，2005，《客語政策執行之研究——以臺北縣國民小學客語教學為例》。新北：淡江大學教育政策與領導研究所碩士論文。

林修澈，2016，《我國族群發展政策之研究》。臺北：國家發展委員會編印。

周雅雯，2006，《臺灣客語政策評估之研究 - 以桃園縣客語生活學校為例》。桃園：國立中央大學客家社會文化研究所碩士論文。

行政院客家委員會，2002，《91 年度臺灣客家民眾客語使用狀況》。臺北：行政院客家委員會。

行政院客家委員會，2003，《92 年度臺灣客家民眾客語使用狀況》。臺北：行政院客家委員會。

行政院客家委員會，2004，《93 年全國客家人口基礎資料調查研究》。

臺北：行政院客家委員會。

行政院客家委員會，2005，《94 年度臺灣客家民眾客語使用狀況》。臺
　　北：行政院客家委員會。

行政院客家委員會，2006，《95 年度臺灣客家民眾客語使用狀況》。臺
　　北：行政院客家委員會。

行政院客家委員會，2007，《96 年度臺灣客家民眾客語使用狀況》。臺
　　北：行政院客家委員會。

行政院客家委員會，2008，《97 年度全國客家人口基礎資料調查研究報
　　告》。臺北：行政院客家委員會。

行政院客家委員會，2010，《98-99 年度臺灣客家民眾客語使用狀況》。
　　臺北：行政院客家委員會。

行政院客家委員會，2011，《99 年至 100 年全國客家人口基礎資料調查
　　研究》。臺北：行政院客家委員會。

客家委員會，2013，《101-102 年度臺灣客家民眾客語使用狀況》。新
　　北：客家委員會。

客家委員會，2014，《103 年度臺閩地區客家人口推估及客家認同委託
　　研究成果》。新北：客家委員會。

客家委員會，2016，《105 年度全國客家人口暨語言調查研究報告》。新
　　北：客家委員會。

客家委員會，2021，《110 年度全國客家人口暨語言調查研究報告》。未
　　出版。

范瑞玲，2013，《「中部客家研究：回顧與展望」語言與文學》。新北：
　　客家委員會。

范瑞玲等，2015，《「桃竹苗客家研究：回顧與展望」語言與文學》。新
　　北：客家委員會。

陳秀琪、周錦宏、張翰璧、黃菊芳，2016，《客語推廣相關政策研究計畫期末報告》。新北：客家委員會。

陳秀琪、徐汎平，2018，〈臺灣客語推廣相關措施及未來展望〉。論文發表於「臺灣客家運動30年與客家發展」學術研討會，桃園：中央大學。

陳進傳，2014，《宜蘭客家研究：回顧與展望》。新北：客家委員會。

陶振超，2016，《客家語言政策網路意見探勘研究報告》。新北：客家委員會。

翁貴美，2008，《客家數位學習推動成效之研究—以哈客網路學院與客語能力認證網為例》。桃園：國立中央大學客家政治與經濟政策研究所在職專班碩士論文。

高照明，2018，《文化部「建立國家語言調查機制之研究」期末報告》。臺北：文化部。

高滿祝，2009，《臺灣客家族群意識與語言政策關係之研究》。苗栗：國立聯合大學客家語言與傳播研究所碩士論文。

徐錦輝，2008，《臺灣客家族群「語言權」保障之研究—以國家語言發展法草案為例》。桃園：國立中央大學客家政治與經濟政策研究所在職專班碩士論文。

曹逢甫，2011，《臺灣地區國民中小學本土語言教學現況研究》。臺北：國家教育研究院編印。

張臺麟主編，2007，《全球化下的歐洲語言與文化政策——臺灣的觀點》。臺北：政大歐研中心。

張學謙，2003，〈回歸語言保持的基礎：以家庭、社區為主的母語復振〉。《臺東師院學報》14（上）：209-228。

張學謙，2020，〈母語優先的臺灣本土語言復振教育規劃〉。《教育科學

研究期刊》65（1）：175-200。

張學謙、賴佳珍，2014，〈臺東福佬客家通婚與語言保存：家庭語言政策的個案分析〉。《客家研究》7（2）：1-37。

劉立行、廖貴秋，2016，〈客語推廣與國家客語政策之關聯性研究：古國順先生案例〉。《新生學報》18：97-123。

黃芷萱，2020，《歐洲區域或少數民族語言教育政策—以西班牙瓦西亞自治區為 》。高雄：文藻外語大學歐洲研究所碩士論文。

黃衍明，2014，《雲林客家研究：回顧與展望》。新北：客家委員會。

程俊源，2017，《文化部「全國語言基礎資料研究計畫」》。臺北：文化部。

葉玉賢，2002，《語言政策研究－語言政策與教育：馬來西亞與新加坡之比較》。臺北：行政院客家委員會。

劉新圓，2019，〈臺灣的語言政策及其影響〉。《理論與政策》22（1）：125-138。

廖郁雁，2007，《非營利組織執行客語政策之角色研究——以臺北市為例》。臺北：國立臺北大學公共行政暨政策學系碩士論文。

鄭錦全編，2007，《語言政策的多元文化思考》。臺北：中央研究院語言學研究所。

蔡芬芳，2002，《語言政策研究－比利時語言政策》。臺北：行政院客家委員會。

盧政宏，2015，《客家課程與多元文化教育之落實－以臺北市社區大學為例》。桃園：國立中央大學客家研究碩士在職專班碩士論文。

鍾屏蘭，2012，《「六堆客家研究計畫－六堆客家語言的傳承》。臺北：客家委員會。

鍾國允，2017，《我國推動族群發展政策之法制盤點與調適》。臺北：國

家發展委員會。

謝劍、郭冠廷，2002，《各國族群政策之比較》。臺北：行政院客家委員會。

羅烈師等，2013，《大臺北都會區客家研究：回顧與展望》。新北：客家委員會。

羅肇錦、陳定銘、陳秀琪、劉小蘭、黃菊芳，2013，《客家語言發展計畫效益評估報告》。臺北：行政院研究發展考核委員會。

第四章

族群互動下的語言影響：
以桃園客庄分類詞使用為例 *

黃雯君

一、前言

　　根據客委會 2014 年所做的《臺閩地區客家人口推估及客家認同統計報告》，桃園縣為客家人口比例前三高的縣市（約占 39.1%），而另一份《101 至 102 年度臺灣客家民眾客語使用狀況報告》也顯示桃竹苗地區客家民眾客語聽、說能力最佳。上述之客家人口比例高、客語聽說能力強的桃園地區，「大抵北半部為閩南人，說閩南語，南半部為客家人，說客語，復興鄉有少數的泰雅族，說泰雅語……；另外桃園境內散佈著許多軍眷區，以說華語為主；桃園有大量的輕工業工廠，雇用了大量來自臺灣各地，尤其是南部的技術人員、工人，以說閩南語為主；另外還有大量來自菲律賓、泰國、印尼的外籍勞工，說的是他們的本國語。」（洪惟仁 2004）可見在桃園聚居的高密度客家人口主要在南半

---

*　本章部分語料為 107 年客委會獎助客家學術研究計畫「桃園客家庄客語分類詞使用研究─維持、轉換與丟失」的成果之一，謹在此向客委會致謝。

部，而且，在整個桃園地區，除了客家以外，另有閩南、泰雅、軍眷、東南亞等多種文化類型相互激盪，反映了臺灣多元族群社會的特徵。

關於客家族群的母語流失實況，從曹逢甫（1997）的研究中即可知道，總體而言，相較於外省以外的其他族群，客家人的國語能力最高，母語能力最差，母語能力流失最多；而且客家族群的國語能力和母語能力的差異大於閩南族群，並有年齡越低，差距越大的趨勢，意即客家族群母語流失的危機高於閩南族群（曹逢甫 2001）。綜觀以上，我們可以歸納出位於浪漫臺三線北端的桃園具有文化多元，轄下各區客家人口密度不一，以及低齡層客語流失速度快的性質。曹逢甫在過去（1997、2001）對於臺灣客語的觀察應可涵蓋桃園，那麼，今日的桃園又是什麼樣貌呢？為此，本章以桃園客家庄內客語使用者之年齡層為變項，在中壢、龍潭、平鎮、楊梅四個不同行政區，進行客語分類詞（例如四縣客家話「一頭樹」的「頭」）的調查，用以探討桃園地區客語分類詞的維持、轉換與丟失的情形，以了解桃園地區在多種文化類型的交錯中的客語使用現況。

選擇分類詞（classifiers）為觀察點，是因為分類詞可視為辨識該語言使用族群在認知上的範疇化（categorization）特徵的重要窗口。張敏（1998）將範疇化詮釋為「是指人類在歧異的現實中看到相似性，並據以將可分辨的不同事物處理為相同的，由此對世界萬物進行分類，進而形成概念的過程和能力。」而這個可以窺見語言使用者處理事物的窗口——漢語分類詞，Tai（1994）認為不同的方言具有不同的分類詞，即使不同的方言具有相同的分類詞，指涉的名詞成員也大不相同，而不同的方言可能用不同的分類詞來指涉相同的名詞，且分類詞的使用也會因為年齡、教育程度、家庭背景、職業等社會語言因素而有所改變。而語言的變遷亦顯示語言環境對該語言使用族群分類認知的影響。另外，

當「一種語言替代另一種語言，成為社區中溝通及社會化的主要工具」
（Potowski 2013：321）[1]，發生語言轉移（language shift），意味著語言使
用者逐漸放棄自己的母語，以至未來完全棄用，而走向死亡。

　　基於上述，本章選擇以分類詞作為田野調查的材料，即是因為分類
詞是一種漢語的特殊詞類，它反映了一個語言族群共同的認知歷程，表
現出一種特定的文化模型。也就是說，分類詞能表現一個語言的特色。
例如陳韻仔（2003）比較華語、客語、閩南語的分類詞後，發現三種語
言雖然同屬漢語，但是他們的分類詞系統卻有不同。我們可從中看到語
言間分類詞的異同也分別蘊含了不同語言使用者的文化經驗和交互關
係。另一方面，分類詞和其搭配的名詞相同，也具有反映社會環境變化
的性質，表現出語言生態的互動與變異。當該語言族群的生活環境內有
新、舊事物更迭時，分類詞系統也會跟著變動。因此本章藉由分類詞，
觀察語言在表層的變異，例如詞語流失、換用、同化滲透，及其所反映
的語言使用族群於內在認知範疇邊界所發生的變化。

　　桃園市內共有八個行政區為客委會於民國 106 年公告的客家文化重
點發展區，若對照羅肇錦（2000：40）可知，中壢、龍潭、平鎮、楊梅
以廣東蕉嶺縣移民為主，楊梅、新屋、觀音則有海豐、陸豐縣移民入
墾，大溪則有漳州客家人。若中壢、龍潭、平鎮、楊梅等區客家人多
自廣東蕉嶺縣移民入臺，可推知居民大多說臺灣四縣客語，而洪惟仁
（2019）亦將此四區劃為「桃東四縣客語優勢區」，因此本章以四縣客語
分類詞之田野調查為主，整理收集調查結果，並分析造成變化的因素，

1　原文為 "Language shift is the replacement of one language by another as the primary
means of communication and socialization within a community."，此處轉引王甫昌、
彭佳玲（2018）的翻譯。

以作為日後客語傳承與教學的參考。

二、桃園四區客語分類詞之收集方式

本章採用田野調查法，在 2018 年 6 月至 11 月以年齡層、區域為變項探求桃園中壢、龍潭、平鎮、楊梅客家庄內客語分類詞的使用情況。首先，先就分類詞簡要說明。

（一）分類詞的選取

就語法結構而言，分類詞的位置在指示詞／數詞與名詞之間，對名詞有分類的功能，例如「一枝筆」的「枝」。除此之外，另有一個詞類——量詞也能出現在這個位置，例如「一堆泥」的「堆」。雖然在句法位置上，分類詞和量詞似無二致，但是功能語言學者認為分類詞能夠反映語言使用者的認知歷程以及對事物的分類，而量詞則不具有同樣的分類功能（例如 Tai and Wang 1990）。Tai 與 Wang（1990）認為分類詞和量詞在認知、句法和方言角度上有所不同。在認知上，分類詞具有對物體的分類功能和計量功能，而以分類功能為主，且在物理性和功能上是永久的屬性特質，量詞則僅有計量功能，所依據的物體特徵是暫時性的；在句法上，可用「的」和「個」區分二者，分類詞和名詞中間不可加「的」，用「個」取代分類詞而能不改其義，量詞則相反；在方言上，分類詞會因方言的不同有些微的改變，量詞則不會因方言而有改變。

One-Soon Her 及 Chen-Tien Hsieh（2010）、One-Soon Her（2012）以句法的角度區分華語分類詞（C）與量詞（M）的不同。其做法為

檢視前人提出的「『的』插入法」與「形容詞修飾法」並加以修正，認為「分類詞僅彰顯名詞本身既有之某些語義特徵，並不貢獻任何額外的語義，因此數詞及形容詞可穿透分類詞而修飾名詞」，而與量詞不同。修正後提出 Numeral /Adjectival Stacking、*De*（的）-insertion、*Ge*（個）-substitution 三種句法測試公式[2]，以區分分類詞及量詞。以上句法搭配和語意的觀察有助於本章區分四縣客家話的分類詞和量詞，也可以將身兼兩種詞類的詞篩選出來，在進行調查之前可以預先區分。

　　關於客家話的分類詞研究方面，目前對於客家話分類詞的收集和討論以四縣客家話為多，例如戴浩一、吳莉雯、劉慧娟（2001）、吳莉雯（2001）、廖家昱（2014）等篇。本章選取吳莉雯（2001）所列的個體量詞和部分量詞，及廖家昱（2014）所列的分類詞進行比較。比較後可以發現兩者都以語意為基礎來分類，因此架構相近，而廖家昱（2014）的分類詞數量較多，大部分與吳莉雯（2001）重疊之外，還多了如「尊、場、名、曲、題、聲」等分類詞。

　　在兩者收錄的分類詞相近的基礎上，本章先以廖家昱（2014）找出的 64 個四縣客語分類詞進行田野調查，調查訪談中若有文獻資料以外的分類詞／量詞，則以 One-Soon Her 及 Chen-Tien Hsieh（2010）、One-Soon Her（2012）提出的規則謹慎判斷，若判斷為分類詞，則加入調查詞表中。為便於討論各項分類詞的使用情況，本章綜合以上分類方式將名詞分為 1. 人物類、2. 動植物類、3. 器物類、4. 事件類。以下分別列舉相關名詞：

　　1. 人物類：人、學生仔、人家、將軍、先生、董事。

2　限於篇幅，此處不列出公式，有興趣的讀者請參見 One-Soon Her and Chen-Tien Hsieh（2010）、One-Soon Her（2012）。

2. 動植物類：豬仔、魚仔、牛、菜瓜、番豆、西瓜、花、樹、葉仔、玫瑰花。

3. 器物類：

（1）物品：筆、紙、旗仔、鏡仔、枋仔、衫、燈火、帽仔、轎仔、電視、車仔、針、鐵釘仔、豆腐、水油燈、神像、衫褲、書架、被骨、車廂、剪刀、井、古書、布。

（2）文書：圖畫、書、詩、文章、信仔、報紙、歌仔、選擇題、筆劃。

（3）建物：屋仔、窗門、菜園、廟、橋、樓房、樓、公司、店面。

4. 事件類：事情、生理、喊聲、銃子、車班、電話、電影、戲、棋、課。

（二）分類詞的收集

在分類詞收集上，利用廖家昱（2014）判斷出的 64 個四縣客語分類詞，先以既有文獻資料核實四縣客語分類詞／量詞，例如：

1. 客語故事集：例如龔萬灶（2004）《阿啾箭个故鄉》；
2. 客語字辭典內之例詞／句：例如徐兆泉（2001）《臺灣客家話辭典》、教育部臺灣客家語常用詞辭典；
3. 客家委員會（2017）《客家語言能力認證基本詞彙—初級〈四縣腔〉》例詞及例句、客家委員會（2017）《客語能力認證基本詞彙（中級、中高級）暨語料選粹〈四縣腔〉》例詞及例句；
4. 各年度全國語文競賽朗讀稿；
5. 其他類型語料：例如徐兆泉（2000）《客家笑科》、龔萬灶（2003）

《客話實用手冊》；

6.客語語法相關論文例詞／句：例如吳莉雯（2001）、吳昭亮（2010）。

　　以前項之資料作為基礎語料，製作實驗圖卡與調查表建立調查材料（調查表如附錄），並在田野調查過程中適時補充新進語料，充實調查表及圖卡。

兩尾魚仔

　　圖卡的製作參考戴浩一（1997）、黃雯君（2018a）以實物製作圖卡。以下以魚仔為例說明：

　　圖卡內容分成兩個部分，一邊顯示一個物品（上例為左圖），另一邊顯示兩個以上物品（上例為右圖），並且完全以實物圖片製作，以確保發音人能與日常生活中的實物連結，清楚辨識物品。圖卡用於田野調查，供發音人觀看，以期讓發音人自然說出配當的分類詞，觀看圖片時搭配客語指導語共同進行。指導語有：「請問圖片裡背有麼个？」讓發音人說出目標項〔指示詞／數詞 - 分類詞／量詞 - 名詞〕短語，並且盡量減少其他話語干擾。

（三）選定發音人

　　本章的發音人選定為居住於桃園中壢、龍潭、平鎮、楊梅地區的四縣客語使用者，同一地區選擇年齡區間五層及人數各 3 人，四區共 60 人進行客語分類詞調查，各年齡層人數如下：

表 4-1　各區發音人年齡層及人數對照表

年齡層	年齡區間	人數
幼年層	3-12	3
少年層	13-20	3
青年層	21-40	3
中年層	41-65	3
老年層	66-90	3

　　本章以此為年齡區間及區域收集並分析材料，整理客語分類詞的使用情況。在調查表〈附錄〉中，首先收集受訪者姓名、性別、出生年次、調查時年齡及在本章中代表的年齡層等相關資訊，接著了解受訪者的教育程度、職業、住過哪些地方、會說哪幾種語言（按流利程度排列），及這些語言使用的對象、場合、家人會說哪幾種語言、生活周圍可以聽到哪幾種語言等內容，並在調查過程中隨機查探受訪者的語言使用情形，作為判斷客語使用情況的依準。

（四）語料整理

　　各次田野調查所得語料、錄音檔用漢字及國際音標逐一記錄下來。漢字採用教育部推薦用字為主，並參考客語認證基本詞彙語料用字，若

遇前項資料未收錄的用字，則以□及國際音標記錄之。例如□ lak^5，留待日後確定用字時補上，以便於後續的討論。

三、桃園地區客語分類詞使用情況

　　經過幼年層、少年層、青年層、中年層、老年層四縣客語使用者的分齡調查後，以下依名詞的類別，分為人物類、動植物類、器物類、事件類說明客語分類詞的使用情況：

（一）人物類

　　本次調查中，人物類的名詞有「人、學生仔、人家、大將、先生、董事」等6個，分類詞主要有「儕、個、隻、位」等，另有「戶、家、棟、間、屋」主要用於名詞「人家」。在這一類中，除了幼年層有些受訪者表示不會說以外，各年齡層的使用情況相似，少有變動。

表 4-2　人物類分類詞使用情況 [3]

名詞	幼年	少年	青年	中年	老年
人	個3、儕3、隻1	儕8、個6、隻6、個-1	個9、儕7、隻4	儕10、個9、隻2隻-1、位1	儕11、個9、隻2隻-1

3　表格內之數字表示所有受訪者各分類詞的使用數量，若遇負數則代表該年齡層有發音人特別指出不可使用該分類詞，X則表示受訪者表示不知要使用何種分類詞。

學生仔	個4	個6、儕4、儕-2、隻4、位2、個-1、位-1	個10、隻3、儕3儕-1、位1位-1	個12、儕4、儕-1、位4位-1、隻1	個12、儕4、隻3隻-1、位2
人家	個2、隻1	戶4、個3、棟1、家1、屋1、間1、隻1	戶6、個4、家1、屋1、間1、隻1	戶9戶-1、家3、間2、座1、門1	戶10、家4、間3、棟1、位1
大將	個6、個（國）2	個5、位4隻4、儕3、員1	個6、位4、儕3、員1、隻3	個6、位6、隻3、員-2、儕2	個7、仙1、位2、隻2、員-1、員1
先生	個4、位1、隻1、儕1	個7、隻4、位3、儕3、名1	個9、位4、隻3、儕3、名2、位（尊稱）1	位9、個8、儕2儕-1、隻2、名1名-1	個11、儕2、位1、名1名-1
董事	個3、件1、位1	位5、個5、隻4、儕2、座1、席1	個8、位5、儕3、隻3、座1、席1席-1	個9、位8儕3、席-2	個10、席2席-3、儕1位1

　　透過深度訪談，發現年齡越高的客語使用者對於「隻」用於人越不能接受，相對而言，年齡越高者有越多認為「位」用於表示禮貌。訪談中也發現好幾位少年層及青年層使用者皆自行歸納「所有指稱『人』的名詞都可以使用『儕、個、隻』」的結論，然而中、老年層則認為屬人名詞和分類詞有搭配上的限制，如「人家、大將、先生、董事」等不可搭配「儕」。上述情況明顯表現出客家人使用人物類分類詞的世代的差異，亦表現出對於社會文化經驗及語用的世代差異。

（二）動植物類

　　有關動植物類的名詞有豬仔、魚仔、菜瓜、牛、番豆、西瓜、花、樹、葉仔、玫瑰花等 10 個。其所搭配的分類詞有「條、頭、尾、叢、株、莢、隻、個、粒、蕊、枝、皮、片」等。豬仔、魚仔、菜瓜、牛不論哪個年齡層都有極高的比例用「條」，其次是「隻」。魚仔在客語中典型的用法──「尾」，是那些說得一口道地客語的人認為的正確用法（戴浩一、吳莉雯 2006），少年層以上的受訪者多有見此用法，而幼年層則是全部以與華語相同的「條」或客語普遍使用的「隻」取代。

表 4-3　動植物類名詞的分類詞搭配情況

名詞	幼年	少年	青年	中年	老年
豬仔	X7、隻3、個1	條7、隻4、頭1、個1個（非人）1、隻-1	條7、隻5隻-1、個3個-1、頭1	條11、隻6隻-1、頭2	隻8、條6條（少用）1
魚仔	X5、條3、個2、隻2	條10、尾5、隻1隻-1、尾-1、個-1	條9、尾6、隻3、個1	尾10、條9、隻2	尾10、條9、隻1
菜瓜	X5、個2、條2、隻1、個（國）1	條10、個1、隻1	條9、個3、隻2	條12、隻2	條12
牛	X6、隻4、個1、條1	隻5、條5、頭5頭-1、輛1、個1	頭8頭-1、條5、隻4、個2、輛1	條8、頭5頭-2、隻2隻腳-條1隻腳-隻1	條10、頭-4頭2、隻3

　　番豆、西瓜主要用「隻、粒」，而「個、隻」的比例也不低。然而有些受訪者認為用「隻、粒」都可以，或是有所分工──形體大的用

「隻」，形體較小用「粒」。花、樹、玫瑰花主要用「頭、叢」，部分受訪者只用「頭」，部分只用「叢」，另外也有受訪者兩種分類詞都用，如果都用時也有分工，只是分工的認定不一，有些人認為「頭」只能搭配大棵的植物，如樹，「叢」則只能搭配小棵的植物，如花、菜，另有一群人認定的分工方式正好相反。吳莉雯（2001：48）認為客語用「頭」計植物的量，可能因其源頭在土裡生長。表現出四縣客語使用者在為事物命名時的觀察。黃雯君（2018b）比較四縣海陸客語分類詞的用法，發現「頭」與「叢」，以及「隻」與「粒」的使用具有客語次方言的差異，四縣一般多用「頭」，而海陸則一般多用「叢」；海陸客家話的「粒」通常搭配體積小的物體，例如米、飯糝（飯粒），而體積相對較大的，西瓜、南瓜、番茄、石頭等則較多用「隻」，四縣則不分形體大小，一律皆可用「粒」。以上現象，對於本次調查範圍的四縣客語使用者而言，或無法區分，或認為是分工的不同，皆顯示當地的客語使用者在兩種客語次方言間在語言和文化上的接觸，所造成的語言涵化。本章調查地區有許多客語混合方言的使用者，尤其是楊梅區最為明顯，因此四縣與海陸的混用也表現在分類詞上。

表 4-4　番豆與西瓜的分類詞搭配情況

	幼年	少年	青年	中年	老年
番豆	X5、個3、隻2、個（國）1、粒1	粒8、隻7、個1、隻-1、粒1	粒9、隻7、個4、X1、粒1	粒10、隻6、莢2、個1、粒1	粒10、隻5、莢4、個1
西瓜	X4、個4、隻2、個（國）1	粒9、隻7、個1、隻-1	粒10、隻7、個3、隻-1	粒11、隻7、個-1	隻9、粒8、個1

葉仔的分類詞是受訪者較不熟悉的名詞，因此除了文獻中見到

的「皮」以外，在青年層以下另有「片、個、隻、面」等幾種變異用法，而以「片」居多數，顯見「皮」已逐漸被轉換為與華語用法相同的「片」，而在轉換過程中語音則有不穩定的情況──「片」有 p^hien^{55}、p^hien^{31}、p^hien^{24} 等多種唸法。總體而言，中老年層的表現相對穩定，用法較一致，而青年層以下較有分歧的情況。

表 4-5　葉仔的分類詞搭配情況

名詞	幼年	少年	青年	中年	老年
葉仔	片 5 片 -4、個 2、個（國）1、面 1	片 9 片 -1、個 1、塊 1、皮 1 皮 -1、隻 1	片 10、皮 2 皮 -1、葉 1 葉 -1、個 1、塊 1、隻 1	片 6、皮 6、葉 1、垤 1	皮 11、垤 2

（三）器物類

以下分物品、文書、建物三項說明：

1. 物品類

物品類的名詞有筆、剪刀、紙、旗仔、鏡仔、枋仔、燈火、帽仔、轎仔、電視、車仔、針、鐵釘仔、豆腐、水油燈、神像、衫、衫褲、被骨、車廂、書架、井、古書、布等。搭配的分類詞有：枝、枚、把、張、頂、面、隻、個、垤、臺、輛、蕊、笆、口、格、卷、匹、領、件、身、盞等。

生活中物品消失或出現是造成分類詞丟失或轉換的重要因素，以物品類而言，井、古書、布的分類詞是受訪者感覺較困難的項目，以井為例，青年層以下多數不會三口井的說法。透過深度訪談，發現能說出「口」這個分類詞的受訪者都是家中還有水井或在課堂上學過。其餘

在生活上仍常使用或常見的物品，其分類詞仍有高比例的一致性，例如筆、紙、剪刀、帽仔、電視、車仔、衫、豆腐、鏡仔，它們在分類詞的使用上維持得較好，多與文獻一致，例如豆腐除了幼年層以外，其餘年齡層大多使用「垤」，而幼年層則多以「個」、「隻」取代。

此類較為特別的是「神像」，由於其形象與人物類相似，因此搭配的分類詞有尊、位、隻、個、座、儕、仙，也與人物類近似，這是所有年齡層的普遍現象。

2. 文書類

文書類的名詞有圖畫、書、詩、文章、信仔、報紙、歌仔、選擇題、筆劃等。搭配的分類詞有幅、篇、張、個、隻、面、條、首、封、份、題、劃、撇、筆等。

其中書的分類詞「本」是本次受訪者維持得最好的分類詞之一：

本：幼年 5 ／少年 10 ／青年 12 ／中年 12 ／老年 12

主要原因可能是，即使是幼年層，也因為常使用書本，還有機會學習到客語名詞「書」的分類詞用法。信仔、報紙、歌仔、選擇題、筆劃等名詞的分類詞與文獻所見一致性比例也較高，相對而言，詩、文章、圖畫對受訪者來說就比較困難，因此分類詞有文獻上記錄的以外，還有「個、隻、條、面、張」等，其中文獻所見圖畫的分類詞「幅」，受訪者雖然能說出，但是也呈現非常不穩定的情況，讀音多樣。

3. 建物類

建物類的名詞有屋仔、窗門、菜園、廟、橋、樓房、樓、公司、店面等。搭配的分類詞有間、棟、隻、扇、廂、壟、行、□lak[5]、垤、間、坎、攤、座等。

受訪者最感困難的是店面和菜園，文獻上店面的分類詞是「坎」，菜園則是「廂」。店面多數受訪者使用與屋仔、公司相同的「間」，與

華語相同，只有少數老年層受訪者用「坎」。菜園則較多樣，有「垞、塊、隻、個、圍（p^hu^{11}）、壟、□lak^5」等。廟也是與屋仔、公司、店面一樣多用「間」而較少用「座」。橋多用「條」也有些用「座」，不論是廟或橋，搭配「座」時的語音多樣，表現出受訪者語感不穩定的現況。

（四）事件類

事件類的名詞有事情、生理、喊聲、銃子、車班、電話、電影、戲、棋、課等。搭配的分類詞則有枋、攤、齣、臺、部、到、通、發、筆、門、場、件、盤、聲、個、隻等。

在本次調查中，電影和戲分別在中老年層和青年以下年齡層有不同表現，相對而言，電影在中老年層較不穩定，主要有「場、齣、部、個」等分類詞，且數量較為平均，戲的分類詞則較為一致用「齣」；電影和戲在青、少年層多用「部」，少數用「場」，戲則少數用「齣」。戲在青、少年層以下表現較不穩定，不少受訪者表示較少看戲，因此其分類詞用法，或由電影類推為「部」，還有少數的「齣、場、片、隻」等用法。幼年層不論電影或戲，大多表示不會說，或直接用華語說出「部」、「個」、「片」、「場」等分類詞。

（五）小結

從以上調查結果可以得知，中老年層是受訪者中分類詞維持得最好的一個群體，呈現相對較穩定、一致的樣態，變異較少，而滲透進當地青、少、幼齡層，甚至中老年層客語的語言主要為臺灣華語。值得注意的是，青年層是家庭中負有親職的一層，對子代有教養的責任，然而從

青年層的客語分類詞使用來看，青年層的客語的流失情況已經相當嚴重。在分類詞的使用上，我們發現當青年層以下群體在語感不穩定時所採取的策略有三種：一為用「隻、個」取代原有分類詞，二為音譯臺灣華語的分類詞，三為直接使用臺灣華語，而尚能留在年輕一代的客語中的分類詞，普遍具有共同的特色是與臺灣華語分類詞一致的分類詞，例如一「面」旗、一「臺」電視，足見臺灣華語在此中扮演的角色。

有些研究認為華語「個」是中性化分類詞，而本次調查發現客語「隻、個」也有類似特徵，當受訪者不確定要使用哪個分類詞時就會使用「隻、個」，或是即使確定分類詞為何，也認為「隻」或「個」也可以，例如少年、青年層的花可以搭配「蕊」也可以搭配「個、隻」。近似於習得第二語言時簡化目標語結構的方式來使用客語。但是也有受訪者認為「隻、個」無法完全等同，有些情況只能使用其中一個，其中的不同值得進一步探討。在第二個策略中，音譯臺灣華語的分類詞，是年輕一代客語使用者常用的方法，其中包含客語與臺灣華語相同的分類詞，例如少年、青年層圖畫用「幅」，而有多種讀音：fu^{55}、fu^{11} p^hu^{11}；客語與臺灣華語不同的分類詞，枋仔一般客語用「埒」，年輕一代則有用「片」，讀音 p^hien^{55}、p^hien^{31} 等，又如衫、衫褲在少年、青年、幼年層常有用「件」，讀音 $kien^{55}$、$tsien^{31}$。

第三個策略，直接使用日常生活中普遍使用的臺灣華語，例如少年、青年層的花有搭配「朵」的情況。由上述可知臺灣華語的影響可能有兩個方向，當客語與臺灣華語分類詞一致時，可以幫助客語分類詞得到更大力量的維持，但可能有語感不穩定的情況，而客語與臺灣華語不一致時，則容易轉換和丟失，這個現象在青年層以下多有發現。

以地區而言，四區的受訪者皆有部分為四縣、海陸兩種客語分類詞混用的情況，其中以楊梅最為顯著，而中壢、平鎮除了有混用的情況之

外，更明顯的表現在分類詞流失的情況。如同范佐勤（2008）所引《中壢市志・地理志》中所述，由於中壢區的都市化，各個族群的人口大量移入，使得傳統客家庄產生之重組、解構，對照之下亦可見客語使用在城鄉之間流失的差異。

四、基於桃園四區分類詞調查的政策建議

從以上的討論可得到一個概括的印象，中、老年層和青、少、幼層大致可以劃分為兩大群體，前者客語能力維持得最好，但是部分分類詞使用仍有困難，後者則是丟失了許多客語固有的用法。從分類詞的使用上可以看到，中老年層的困難在於時代的變遷使得生活環境中產生不熟悉的新事物，即使事物鮮活地在眼前，仍無法使用客語表達。而青年層以下由於客家生活經驗和文化體驗不足，即使身為客家人亦無法如同中老年層一般流暢地使用固有的客語詞，而新時代的產物也和中老年層一般無法以客語表達，導致客語的使用在各年齡層皆產生語言流失的不利因素。然而，客語分類詞本身也在改變中，例如「魚仔」固有搭配的分類詞「尾」在不同世代，處於競爭中，例如中年層；或是已逐漸為「條」，甚至是「隻」所取代，例如青、少年層；或消失，例如幼年層。而這些中年層以下客語使用者多為雙語使用者，至少都會臺灣華語，而年齡較低者，臺灣華語的掌握又比客語好。前已提及，曹逢甫（1997）比較原住民、客家與閩南等三個族群的母語能力和臺灣華語能力，發現母語能力喪失最多的是客家人。黃宣範（1995）的調查亦顯示，即使是客家人密度較高的地區，臺灣華語的活力仍然最高，而客語活力最低。客委會《105 年度全國客家人口暨語言調查研究報告》顯示客語同樣也

面臨年輕一代母語流失的問題，十三歲以下客語人口已從 102 年調查的 16.2% 下降到只有 13.0%（客家委員會 2016：11）。客家人和子女以客語溝通的比率也僅有 20.2%。本研究亦發現家庭中負有親職的青年層，其客語的流失情況已經相當嚴重，那麼客家下一代的子弟的客語要交由誰傳承呢？基於本章提出以下客語政策建議：

（一）新進詞語的命名與推廣使用，讓客語進入生活的各層面

究竟是「一場」，還是「一齣」、「一部」、「一個」、「一隻」、「一張」電影呢？從老年層面臨的客語使用窘境可以發現，新進詞語是客語使用的困難之一。在這個語言使用實況中，客語政策中應考慮盡快規劃新進詞語的命名原則及規範，讓客語順利進入現代生活，使老年齡層的客家人在各場域暢行無礙，中年層以下雙語人能多用客語，在生活的各個層面流暢的使用客語，提升客語的使用度。

（二）增加客家人青、少、幼年層的客家生活經驗和文化體驗，鞏固固有的客家觀點

從分類詞的討論中可以了解到，語言使用者的分類方式常是得自社會文化及周圍環境、經驗間的互動，語言的變異、轉移和消失也會和周圍環境的變化有關。以客家人青、少、幼年層的分類詞使用中可以看出，臺灣華語進入客語的範圍相當大且深，因此若能增加他們與上一代人共享客家生活經驗及客家文化體驗的機會，應能使年輕一輩在自然的環境中無痛學習。必須說明的是，所謂的客家生活經驗及文化體驗，並

非刻意把文化中最醒目的部分直接交給下一代，而是鼓勵年輕一代主動參與客家生活。青、少、幼年層在社會上屬正在接受教育的群體，除了在家以外，作為學校教學上的教材、教具，也應由在地出發，以當地的客家生活體驗為主，亦可在相關的母語推廣辦法中鼓勵有意識地發掘存在於生活中的客家意象。

（三）客語文字規範化，推廣各種文體的客語書寫

除了促進世代間的對話之外，為客語使用的場域開路亦是需要努力的部分。從前面以分類詞觀察各世代的客語使用情形可知，年輕一代遇到不會的詞語多不用客語描述，而轉用臺灣華語。擴大來看，若現今的客語已退縮為家庭語言，在其他場域，尤其是需要正式文體的場域，已有高階語言的通用語可以轉用，長此以往，客語就真正成為「足不出戶」的語言了。在國家語言發展法的保障下，國家語言之一的客語已有傳承、復振及發展等特別保障措施，訂定正式文體的範例，使之通行於行政、立法及司法機關及機構，如此不僅可提供服務，亦有助於客語在各族群間的能見度。

五、結語

本章調查桃園中壢、龍潭、平鎮、楊梅等區五個年齡層的客語分類詞使用情況。依照以往的研究（例如曹逢甫 1997、2001）可以預測，老年層（66-90 歲）的客語使用者很可能是客語維持得最好的一群。本章調查發現老年層的客語使用者，在分類詞的使用上與吳莉雯

（2001）、廖家昱（2014）的調查結果相近，印證了上述結果，而所調查
到的分類詞用法，可以作為本章客語分類詞使用的典範參考。中年層的
維持程度居次，幼年、少年、青年層則以家中仍使用客語，及在學校曾
接受客語課程或受過客家語文相關比賽訓練的受訪者維持得較好。這樣
的結果顯示，家長或學校對於下一代的教育及訓練，對語言的保存有正
面的幫助。

　　以分類詞的使用而言，保存得最好的分類詞具有生活中常見、學校
教過或與臺灣華語分類詞相同等特徵，而漸漸消失於日常生活中或與臺
灣華語分類詞不同的分類詞，則較難在年輕的幾層產出，或僅保留於較
年長的年齡層。因此本章建議，應增加青、少、幼年層客家人的客家生
活經驗和文化體驗，鞏固固有的客家觀點，以為年輕一代培養客家意
識，重拾客語。此外，本章亦發現，部分生活中新進的詞語，在各年齡
層皆產出困難，因此建議除了專注於保存既有的分類詞以外，當前也應
促進新進詞語的命名與推廣使用，並且加快客語文字之規範化、擴展各
種文體的客語書寫，讓客語在順利進入生活的各層面之時，也讓客語文
通行無礙。

　　除此之外，本章的結果亦顯示客語的保持，不可忽視學校教育及家
中長輩教養的力量。在進行分類詞的調查過程中發現幼年層受訪者較難
邀請，主要原因在於幼年層的客語使用能力不佳，因此在邀請幼年層受
訪者時，常因孩子不會說客語而遭家長婉拒。相對地，在調查中也發現
部分幼年、少年、青年層的受訪者會以「老師教過、有聽阿婆說過」作
為回答內容，深度訪談中也了解到，家中有長輩要求孩子說客語，或在
學校曾經上過客語課程的受訪者，在調查中較能順利進行。因此，本章
認為客語的學習無論是在家庭中讓下一代習得或在學校進行教學，在客
語傳承上皆有一定的效用。以與臺灣華語分類詞相同的客語分類詞較易

保留的現況而言，也意味著與臺灣華語不同的詞語正是流失最快之處，亦會是學生最感困難的地方，因此在進行客語教學時，須分配更多時間在與臺灣華語不同的部分。

參考文獻

王甫昌、彭佳玲，2018，〈當代臺灣客家人客語流失的影響因素之探討〉。《全球客家研究》11：1-42。

古國順等，2017a，《客語能力認證基本詞彙 - 初級》。新北：客家委員會。

古國順等，2017b，《客語能力認證中高級語料選粹》。新北：客家委員會。

田意民、曾志朗、洪蘭，2002，〈漢語分類詞的語意與認知基礎：功能語法觀點〉。《語言暨語言學》3（1）：101-132。

何耿鏞，1993，《客家方言語法研究》。廈門：廈門大學出版社。

宋千儀，2016，《華語人物分類詞之社會文化意涵》。臺北：國立政治大學華語文教學博士學位學程博士論文。

邱湘雲，2007，《閩南語和客家話的「量詞」－與國語比較》。《玄奘人文學報》6：1-26。

吳昭亮，2010，《臺灣客家話量詞研究》。桃園：國立中央大學客家語文研究所碩士論文。

吳莉雯，2001，《臺灣四縣客語量詞系統研究》。嘉義：國立中正大學語言學研究所博士論文。

客家委員會，2014，《101 至 102 年度臺灣客家民眾客語使用狀況報告》。新北：客家委員會。

客家委員會，2015，《103 年度臺閩地區客家人口推估及客家認同委託研究成果》。新北：客家委員會。

客家委員會，2016，《105 年度全國客家人口暨語言調查研究報告》。新北：客家委員會。

洪惟仁，2004，《世紀初桃園語言社會學調查報告》。《臺灣語文研究》
　　2：99-124。

洪惟仁，2019a，《臺灣語言地圖集》。臺北：前衛。

洪惟仁，2019b，《臺灣語言的分類與分區：理論與方法》。臺北：前衛。

范佐勤，2008，《中壢客家的福佬化現象與客家認同之研究》。桃園：國
　　立中央大學客家政治經濟研究所碩士論文。

徐正光、蕭新煌，1995，〈客家族群的「語言問題」：臺北地區的調查分
　　析〉。《民族學研究所資料彙編》10：1-40。

徐兆泉，2001a，《客家笑科》。臺北：南天。

徐兆泉，2001b，《臺灣客家話詞典》。臺北：南天。

孫思凱，2017，《雲林地區高齡者閩南語分類詞使用研究》。嘉義：國立
　　中正大學語言學研究所碩士論文。

黃雯君，2018a，《桃園客家庄客語分類詞使用研究——維持、轉換與丟
　　失》，107 年度客家委員會獎助客家研究學術計畫成果報告。

黃雯君，2018b，〈海陸客家話分類詞及其與四縣客家話之比較〉。論文
　　發表於「第十三屆客家話國際學術研討會」。桃園：國立中央大
　　學。2018 年 10 月 20-21 日。

曹逢甫，1997，《族群語言政策—海峽兩岸的比較》。臺北：文鶴。

曹逢甫，2001，〈新竹市閩南人與客家人語言能力與語言使用調查研
　　究〉。《客家文化研究通訊》4：143-171。

陳淑娟，2004，《桃園大牛欄方言的語音變化與語言轉移》。臺北：國立
　　臺灣大學出版中心。

陳雅雯，2006，《臺灣閩南語類詞使用研究》。臺北：國立臺灣師範大學
　　臺灣文化及語言文學研究所碩士論文。

陳韻仔，2003，《臺灣閩南語及客語量詞系統比較研究》。嘉義：國立中

正大學語言學研究所碩士論文。

廖家昱，2014，《區分客語中之分類詞》。臺北：國立政治大學語言學研究所碩士論文。

賴宛君，2011，《準確界定漢語中分類詞》。臺北：國立政治大學語言學研究所碩士論文。

戴浩一、吳莉雯，2006，〈臺灣四縣客語量詞〞尾（mi24）〞的範疇結構〉。《語言暨語言學──客語專輯》7（2）：501-521。

羅肇錦，1985，《客語語法》。臺北：學生書局。

羅肇錦，2000，《臺灣客家族群史 [語言篇]》。南投：臺灣省文獻委員會。

Allan, Keith, 1977, "Classifier." *Language* 53(2): 285-311.

Her, One-Soon and Hsieh, Chen-Tien, 2010, "On the semantic distinction between classifiers and measure words." *Language and Linguistics* 11(3): 527-550.

Her, One-Soon, 2012, "Distinguishing classifiers and measure words: A mathematical perspective and implications." *Lingua* 122: 1668-1691.

Holmes, Janet, 2001, *An introduction to sociolinguistics* (2nd edition). Longman.

Lakoff, George, 1986, "Classifiers as a reflection of mind." Pp. 13-51 in *Noun Classes and Categorization*, editd by Colette Craig. Amsterdam: John Benjamins.

Lakoff, George, 1987, *Women, Fire and Dangerous Things: What Categories Reveal about the Mind*. Chicago: University of Chicago Press.

Potowski, Kim, 2013, "Language Maintenance and Shift." Pp. 321-339 in *The Oxford Handbook of Sociolinguistics*, editd by Robert Bayley,

Richard Cameron and Ceil Lucas. New York: Oxford University Press.

Tai, James H-Y., and Wang, Lian-Quing, 1990, "A semantic study of the classifier tiao(條)." *Journal of the Chinese Language Teachers Association* 25:35-56.

Tai, James H-Y., 1994, "Chinese classifier systems and human categorization." Pp. 479-494 in *Honor of Professor William S.-Y. Wang: Interdisciplinary Studies on Language and Language Change*, editd by M. Y. Chen and O. J. L. Tzeng. Taipei: Pyramid Press.

Tai, James H-Y., and Wu, Wen-Li. 2001. "Hakka Classifiers: Collection and Analysis. " Paper presented at IACL-10/NACLL 13.

Winford, Donald, 2003, *An introduction to contact linguistics*. Malden, Mass: Blackwell Pub.

網路資料

教育部，2006，《臺灣客家語常用詞辭典－線上版》。網址：http://hakka. dict.edu.tw/hakkadict/index.htm，取用日期：2018 年 9 月 15 日。

附錄分類詞調查表

受試者資料

編號：＿＿＿＿＿＿＿＿＿　　受試者姓名：＿＿＿＿＿＿＿＿＿＿

性別：＿＿＿＿＿　　　　　電話：＿＿＿＿＿＿＿＿＿＿＿＿＿

年次：＿＿＿＿＿　　　　　調查時年齡：＿＿＿＿＿　年齡層：＿＿＿＿

教育程度：＿＿＿＿＿＿＿＿　職業：＿＿＿＿＿＿＿＿＿＿＿＿＿

住過哪些地方：＿＿＿＿＿＿＿＿＿＿＿＿＿＿＿＿＿＿＿＿＿＿

會說哪幾種語言：（按流利程度排列）＿＿＿＿＿＿＿＿＿＿＿＿＿

語言使用的對象、場合：＿＿＿＿＿＿＿＿＿＿＿＿＿＿＿＿＿＿

家人會說哪幾種語言：＿＿＿＿＿＿＿＿＿＿＿＿＿＿＿＿＿＿＿

生活周圍可以聽到哪幾種語言：＿＿＿＿＿＿＿＿＿＿＿＿＿＿＿

編號	參考分類詞	圖片	
1	儕 sa^{11}	三儕人	
2	位 vi^{55}	三位學生仔	
3	隻 $tsak^2$	三隻豬仔	
4	尾 mi^{24}	三尾魚仔	
5	條 t^hiau^{11}	三條菜瓜	
6	枝 ki^{24}	三枝筆	
7	張 $tsoŋ^{24}$	三張紙	
8	面 $mien^{55}$	三面鏡仔	
9	面 $mien^{55}$	三面旗仔	
10	片 p^hien^{55}	三片枋仔	
11	幅 puk^2	三幅畫（圖）	
12	粒 $liap^5$	三粒番豆	
13	粒 $liap^5$	三粒西瓜	
14	領 $liaŋ^{24}$	三領衫	
15	蕊 lui^{11}	三蕊花	
16	蕊 lui^{11}	三蕊燈火	
17	頂 $taŋ^{31}$	三頂帽仔	
18	頂 $taŋ^{31}$	三頂轎仔	
19	棟 $tuŋ^{55}$	三棟屋仔	

20	本 pun³¹	三本書	
21	首 su³¹	三首詩	
22	篇 pʰien²⁴	三篇文章	
23	間 kien²⁴	三間屋仔	
24	扇 san⁵⁵	三扇窗門	
25	臺 tʰoi¹¹	三臺電視	
26	頭 tʰeu¹¹	三頭牛	
27	頭 tʰeu¹¹	三頭樹	
28	枚 moi¹¹	三枚針	
29	枚 moi¹¹	三枚鐵釘仔	
30	皮 pʰi¹¹	三皮葉仔	
31	坯 te⁵⁵	三坯豆腐	
32	廂 sioŋ²⁴	三廂菜園	
33	座 tsʰo⁵⁵	三座廟	
34	座 tsʰo⁵⁵	三座橋	
35	盞 tsan³¹	三盞水油燈	
36	棧 tsan⁵⁵	三棧樓房	
37	戶 fu⁵⁵	三戶人家	
38	尊 tsun²⁴	三尊神像	
39	場 tsʰoŋ³¹	三場電影	
40	身 sɿn²⁴	三身衫褲	
41	員 ien¹¹	三員大將	
42	齣 tsʰut²	三齣戲	
43	通 tʰuŋ²⁴	三通電話	
44	格 kak²	三格書架	
45	床 tsʰoŋ¹¹	三床被骨	
46	件 kʰien⁵⁵	三件事情	
47	輛 lioŋ¹¹ 臺 tʰoi¹¹	三輛車仔	
48	筆 pit²	三筆生理	
49	冊 tsʰak²	三冊書	
50	名 miaŋ¹¹	三名先生	

51	曲 kʰiuk²	三曲歌仔	
52	題 tʰi¹¹	三題選擇題	
53	聲 saŋ²⁴	三聲喊聲	
54	株 tsu²⁴	三株玫瑰花	
55	發 fat²	三發子彈（或銃子）	
56	節 tsiet²	三節車廂	
57	層 tsʰen¹¹	三層樓	
58	封 fuŋ²⁴	三封信仔	
59	枋 pioŋ²⁴	三枋車	
60	家 ka²⁴	三家公司	
61	把 pa³¹	三把剪刀	
62	盤 pʰan¹¹	三盤棋	
63	份 fun⁵⁵	三份報紙	
64	口 kʰieu³¹	三口井	
65	卷 kien³¹	三卷書	
66	門 mun¹¹	三門課	
67	撇 pʰiet²	三撇筆劃	
68	坎 kʰam³¹	三坎店	
69	疋 pʰit²	三疋布	
70	宗 tsuŋ²⁴	三宗生理	
71	席 sit⁵	三席董事	

第五章

選舉制度與族群政治：苗栗縣及新竹縣立法委員選區劃分對閩客族群政治影響

王保鍵

一、前言

我國立法院於 2004 年 8 月 26 日公告《憲法增修條文》修正案半年後，經 2005 年 5 月 14 日公民投票選出之任務型國民大會代表複決通過，並由總統於 2005 年 6 月 10 日公佈生效。中央民意代表（立法委員）選舉制度乃由「單記非讓渡式投票法與政黨比例代表聯立一票制」改為「單一選舉區兩票制」。所謂的單一選區兩票制：簡言之，一票選區域立委，一票投政黨不分區立委；此制又可分為「併立制」及「聯立制」兩種，我國採取的是「併立制」。修憲後，我國立法委員席次由第 6 屆的 225 席（區域 176 席、不分區 49 席）減少為第 7 屆的 113 席（區域 79 席、不分區 34 席）。[1] 中央選舉委員會隨即依據《憲法增修條文》、《公職人員選舉罷免法》規定，進行立法委員選區劃分，並

---

1 以直轄市、縣（市）單一選區選出之區域立法委員（73 人）席次占總席次（113 人）的 65%，使得立法院政趨向於兩黨制。

於 2007 年 1 月 31 日公告各直轄市、縣（市）之立法委員應選名額及選區。嗣後，依《公職人員選舉罷免法》第 35 條第 3 項所定「每 10 年重新檢討一次」區域立法委員選區之規定，經檢討後，中央選舉委員會於 2019 年 1 月 11 日公告第 10 屆立法委員選舉臺中市、臺南市、高雄市、新竹縣及屏東縣選舉區之變更。

按選舉制度、政黨政治、族群政治三者交錯，對於選民投票行為及選舉結果，有著深刻的影響，如杜瓦傑法則（Duverger's Law）即在描述選舉制度對政黨體系影響。在政治實作上，選區劃分會影響政黨政治、族群政治之發展，致使選區劃分或選區變更，不但是重要政治議題，而且是憲法人權條款重要課題。按美國許多州之選區劃分係由州議會為之，若特定政黨掌握議會多數席次，選區劃分常出現保障特定群體或利益之傑利蠑螈（gerrymandering），不論是「種族（族群）性傑利蠑螈」或「政黨性傑利蠑螈」之選區劃分結果（Cox and Holden 2011），常引發重大政治爭議，利害關係人可能以侵害憲法平等權為由，提起司法訴訟。例如，美國最高法院 2019 年 6 月就維吉尼亞州選區劃分對非洲裔選民不利益所做出的判決（Virginia House of Delegates et al. v. Bethune-Hill et al.，No. 18-281）顯示：選區劃分可保障「少數」族群之政治代表性，亦可確保「多數」族群之利益（王保鍵 2020）。

臺灣的閩南族群、客家族群、外省族群、原住民族所形成四大族群中，就全國人口數而言，閩南人為多數群體、客家人為少數群體；然而，以客家縣（新竹縣及苗栗縣）人口數以觀，客家人在該縣為多數群體、閩南人為少數族群。以客家人為多數族群之苗栗縣、新竹縣，分別於第 7 屆、第 10 屆立法委員選舉劃分為 2 個選區。新竹縣、苗栗縣的多數族群（客家人）與少數族群（閩南人）間，選舉制度設計對閩客族群之政治參與，產生重要影響。本章以文獻分析法，運用選舉制度及族

群政治理論，討論：（一）在選舉制度設計上，苗栗縣、新竹縣立法委員選區劃分，究竟確保該縣「多數」族群（客家人）選舉利益，還是保障該縣「少數」族群（閩南人）政治代表性？（二）在選舉實作產出上，苗栗縣、新竹縣立法委員選區劃分對於閩客族群政治發展，有何影響？[2]

二、理論分析

就投票行為理論，Campbell 等人 1954 年的《選民決定》（*The Voter Decides*）及 1960 年的《美國選民》（*The American Voter*）指出，政黨、候選人、議題都會影響選民投票行為，尤其將政黨認同視為影響選民投票決定的主要因素（鄭夙芬 2014；蕭怡靖、蔡佳泓 2010）。然而，受臺灣族群人口結構及民主化發展影響，族群因素也被認為是影響選民投票取向的重要變數。例如，吳重禮與李世宏（2005）認為，族群認同輔以省籍因素、統獨議題的交互影響，成為影響投票行為的重要因素。又如邵宗海與唐玉禮（2005）指出，族群意識認同程度越高，對特定支持候選人之支持就越加明顯。本節僅就選舉制度之設計、族群政治理論進行探討，以形成本章的分析架構。

2　本章關於新竹縣選區劃分部分，改寫自王保鍵（2020）。又本章關於苗栗縣選區劃分部分，為科技部（現改制為國家科學及技術委員會）補助專題研究計畫「選舉制度與族群政治：苗栗縣及新竹縣立法委員選區劃分對閩客族群關係影響」（MOST 110-2420-H-008-003）之部分研究成果。

（一）選舉制度

選舉制度之選擇與設計，包含應選名額、投票制度與選區劃分[3]等三個層次。

1. 應選名額

按行政首長為 1 人，自無規定應選名額必要；至於立法機關成員為多數，應選名額規範可分為「應選總額」、「各選區應選名額」兩個層次。考察各國對於「應選總額」規範，約略可分為：（1）應選總額明定於憲法者，如我國《憲法增修條文》第 4 條明定立法委員為 113 人；（2）應選總額明定於法律者，如美國於 1929 年制定《固定分配法》（Permanent Apportionment Act）規定眾議院議員總數為 435 人；（3）未明定總額，規範總額計算公式者，如美國第 1 條第 3 款，參議院由每州選舉 2 名參議員組成之；又如我國立法委員選舉舊制（憲法本章第 64 條第 1 項第 1 款）[4]。

至於「各選區應選名額」，則與投票制度、選區劃分連動。如採單一席次當選者，各選區應選名額為 1 人，如採多席次當選者，各選區應選名額為 2 人以上。學理上，各選區應選名額「分配」，約略有漢彌爾頓法（Hamilton/Vinton method）、傑佛遜法（Jefferson method）、

3　不同國家，對於選區的用語，呈現多元風貌，如 constituency（英國國會下議院）、electoral ward（英國地方議會議員）、electoral division（澳洲聯邦眾議院）、electoral district（澳洲省議會）、electoral riding（加拿大）（王保鍵 2020）。

4　我國憲法第 64 條第 1 項第 1 款規定，立法院立法委員由各省、各直轄市選出者，其人口在 3 百萬以下者 5 人，其人口超過 3 百萬者，每滿 1 百萬人增選 1 人。

韋伯斯特法（Webster method）、杭頓法（Huntington-Hill method）等類型（U.S. Census Bureau 2019）。而政黨名單比例代表制（party list proportional representation）之應選名額分配，可分為：（1）全國為一個選區之定額制，如我國《憲法增修條文》明定全國不分區立法委員34 人；（2）全國劃分為數個比例代表選區之定額制，如日本眾議院議員總額為 465 人，其中 176 人以政黨名單比例代表制產生（另 289 人由單一席次選區選出），全國劃分為 11 個區域比例代表選區（regional blocs），各比例代表選區之應選名額，依人口比例分配[5]。

　　此外，為保障少數群體政治參與權，可將應選總額中的部分名額，劃歸為由特定族群選出，如我國《憲法增修條文》第 4 條第 1 項第 2 款規定立法委員 113 人中 6 人為原住民（自由地區平地原住民及山地原住民各 3 人）。

　　2. 投票制度

　　在投票制度層次，常見者為第一名過關制（first-past-the-post）、單記可讓渡投票制（single transferable vote）、附帶席位制（additional member system）、兩輪投票制（two-round system）、選擇投票制（alternative vote）、政黨名單比例代表制等（King 2000；Norris 1997）。就比較選舉制度而言，各國實施的選舉制度可類型化為：（1）比例代表

5　關於比例代表制當選席次分配，約略有：（1）最大餘數法（largest remainder method），如黑爾（Hare）、族普（Droop）、因皮立亞里基數（Imperiali）等公式；（2）最高平均數法（highest average methods），如頓特（d'Hondt）、聖提拉噶（Sainte-Laguë）、丹麥（Danish）、亞當斯（Adams's）等公式（Gallagher 1992）。我國全國不分區立法委員，分配各政黨當選席次，採最大餘數法之黑爾公式。日本區域比例代表選區，分配各政黨當選席次，則採最高平均數法之頓特公式（練馬區 2018）。

與贏者全拿（winner-take-all），前者如政黨名單比例代表制，後者如美國總統選舉人團（electoral college）；（2）單一席次當選者與多席次當選者，前者如單一選區多數決制，後者如我國原住民立法委員；（3）多數制、比例代表制、混合制等（Hummel 2011；Reynolds et al. 2005：28-30；King 2000）。

又部分國家因實際需要，修正傳統選舉制度，而演繹出新的選舉制度，如英國英格蘭與威爾斯地區選舉市長、警察及犯罪事務專員（Police and Crime Commissioners）所採行的增補性投票制（supplementary vote system）；或如新加坡國會議員選舉結合「多席次當選」及「第一名過關制」之集選區（Group Representation Constituencies）。

臺灣立法委員選舉制度，採區域立法委員單一選區（即單一席次當選）、原住民立法委員複數選區（即多席次當選）、全國不分區立法委員政黨名單比例代表制之混合制。至於地方民意代表，原則上採複數選區，但亦會因選區劃分，而實際上成為單一選區，如新竹縣議員選區[6]。

3. 選區劃分

在選區劃分層次，「選區」係為候選人與選民間進行政治契約場

---

6 新竹縣議員選舉，以選區劃分方式，將該縣議員劃為：（1）單一選區，包含第 6 選區（橫山鄉、尖石鄉）、第 7 選區（芎林鄉）、第 9 選區（寶山鄉）、第 10 選區（北埔鄉、峨眉鄉）、第 11 選區（平地原住民選區）、第 12 選區（尖石鄉、竹北市、新埔鎮、關西鎮、湖口鄉、新豐鄉、橫山鄉）、第 13 選區（五峰鄉、竹東鎮、芎林鄉、寶山鄉、峨眉鄉）；第 12 選區及第 13 選區為依《地方制度法》第 33 條第 2 項第 2 款第 2 目保障「山地鄉」之山地原住民選區。（2）複數選區，包含第 1 選區（竹北市）應選 11 人、第 2 選區（湖口鄉）應選 5 人、第 3 選區（新豐鄉）應選 3 人、第 4 選區（關西鎮）應選 2 人、第 5 選區（新埔鎮）應選 2 人、第 8 選區（竹東鎮、五峰鄉）應選 6 人。

域，由一定數量選民投票產生特定當選人之區域。行政首長的選舉，如總統、縣（市）長，為單一席位選舉，以行政區域為選區，無另行劃分選區之必要。民意代表的選舉，為多席位的選舉，是否劃分選區，及如何劃分選區，受投票制度之影響。

　　為使選區劃分公平，各國於進行選區劃分時，都會規範一些基本原則。如單一國體制的英國，依《國會投票制度及選區法》（Parliamentary Voting System and Constituencies Act 2011）第 11 條規定，選區劃分原則，包含人口數原則、四大區域內原則、選區面積原則等（王保鍵 2020）。又如美國各州選區劃原則，早期為最短距離、地理相連、縣或市或鎮行政區域完整、保障社區居民政治利益、維持既有選區、避免現任者競爭等傳統選區劃分原則等；2000 年以降，新興標準亦逐漸為部分所採行，如禁止有利或不利於特定政黨或候選人、禁止使用政黨性資料、選區具競爭性等（NCSL2019）。臺灣選區劃分原則，規定於《公職人員選舉罷免法》第 37 條第 2 項，應斟酌行政區域、人口分布、地理環境、交通狀況、歷史淵源及應選出名額劃分之。

　　此外，為保障少數群體政治參與權，可將少數族群聚居處，劃為族群保障選區；如苗栗縣議員選舉，全縣劃分為 8 個選區，第 7 選區為平地原住民選區、第 8 選區為山地原住民選區。

（二）族群政治理論

　　族群研究理論，主要有原生論、工具論、邊界論、建構論等四大典範（江明修 2012：6）。族群之界定，可從客觀定義、主觀定義、行為定義三個角度加以界說（丘昌泰 2009：16-17）。族群認同不但是對外之客觀特徵（如語言、文化、生活習慣等），而且是對內之主觀認知（如

祖先淵源、行為界定、歸屬感等）（李世暉 2018：49）。實作上，客家族群及原住民為臺灣少數族群，《客家基本法》第 2 條第 1 款兼採「原生論」及「工具論」以認定客家人，《原住民身分法》第 2 條採「原生論」以認定原住民[7]。

國家制度規範於族群事務時，極易出現族群政治議題。所謂族群政治，指涉政治人物以族群身分進行動員支持，或人民傾向支持同族裔的政治領袖（Lynch 2015）。Horowitz（1971）將族群政治的結構，分為垂直與水平體系：（1）在垂直體系中，特定族群因素可能會限制政治優勢地位的取得，或減損社會流動，如膚色；（2）在水平體系中，存有平行的族群結構，每個族群有其自身的分層標準，如鄂圖曼土耳其帝國的米勒制（Millet System）。基本上，族群政治影響層面廣泛，諸如選民投票行為取向、政黨政治發展、民主穩定與否、政治衝突發生與否等。

若以較宏觀視野來思考族群政治，可分為「國際」、「國家」兩個層次。就國際層次，國際政治環境之變化，可能促使國家疆界或政治體制變動，因而發生族群衝突；如第三波民主化浪潮下，前南斯拉夫社會主義聯邦共和國解體，塞爾維亞共和國內科索沃之阿爾巴尼亞族裔與塞爾維亞族裔間衝突，導致科索沃戰爭。在當代國際社會，《國際人權

7　具有原住民血統者，尚須依《原住民身分法》、《戶籍法》規定申請登記為原住民，方能正式取得原住民身分。依《原住民身分法》第 4 條及第 6 條規定，原住民身分取得採「血統主義兼採認同主義」，包含（1）完全血統主義：原住民間婚生子女（第 4 條第 1 項），以申請登記身分行為彰顯其認同；（2）母系血統主義：原住民女子之非婚生子女（第 6 條第 1 項），以申請登記身分之認同行為；（2）單系血統主義：包含「原住民與非原住民間婚生子女」（第 4 條第 2 項）、「原住民女子之非婚子女經非原住民生父認領」（第 6 條第 2 項）、「非原住民女子之非婚生子女，經原住民生父認領」（第 6 條第 3 項）等三者（王保鍵 2022：98）。

法》（International Human Rights Law）對各個國家之族群政治影響為：
（1）以國際法作為少數族裔權利保障依據，如《公民與政治權利國際公約（第一）任擇議定書》（Optional Protocol to the International Covenant on Civil and Political Rights）第 1 條及第 2 條，賦予締約國之個人，得就公約所保障之權利受損，於用盡國內救濟程序後，向人權事務委員提出救濟；（2）國內法援引國際法，作為國內族群法制規範之基礎，如我國《原住民族基本法》第 4 條及第 13 條[8]；（3）國際社會追究特定個人之侵害人權罪刑，特別是一個國家統治者所為的族群淨化（ethnic cleansing）罪行，如聯合國「混合法庭」（hybrid courts）[9]。

　　就國家層次，各個國家之族群政治發展，受到歷史發展、族群人口結構、政治安排、法律框架等因素影響。以同屬英國殖民地且地理相

8　《原住民族基本法》第 4 條立法條文說明：為落實「原住民族與臺灣政府新的夥伴關係」，爰參酌《憲法增修條文》第 10 條第 12 項規定民族意願之意旨及聯合國原住民族權利宣言草案第 31 條實行原住民族自治之精神。《原住民族基本法》第 13 條立法條文說明：參酌《聯合國生物多樣性公約》第 8 條 J 款尊重、維持原住民生物多樣性知識、作法之精神，及二十一世紀議程第二十六章反映原住民族自然資源管理維護知識及作法之意旨定之。

9　國際社會中許多國家，發生多數族群迫害少數族群情況，但國家機器掌握在多數族群之政治領袖手中，甚難以國內法程序追究其暴行。為落實聯合國少數族群保障法制，及協助衝突後國家（post-conflict states）追訴與懲罰大規模暴行（mass atrocities）犯罪以實現轉型正義（transitional justice），聯合國發展出「混合法庭」（hybrid courts）新模式，如東帝汶重罪特別法庭（Special Panels for Serious Crimes in East Timor）、科索沃重罪特別法庭（Regulation 64 Panels in the Courts of Kosovo）、獅子山重罪特別法庭（Special Court for Sierra Leone）、柬埔寨重罪特別法庭（Extraordinary Chambers in the Courts of Cambodia）、黎巴嫩問題特別法庭（Special Tribunal for Lebanon）等混合法庭（王保健 2015）。

連的新加坡、馬來西亞為例，兩國族群人口結構（ethnic composition）相類似，主要族群為馬來人（Malay／Bumiputera）、華人（Chinese）、印度人（Indian），但華人與馬來人之人口比例，有所差異：即新加坡以華人為多數族群、馬來西亞以馬來人為多數族群。[10] 就「族群人口結構」、「族群經濟力量」、「國家制度規範」三者交互影響，新加坡、馬來西亞之族群政治發展，呈現兩種脈絡：（1）新加坡：馬來人口比例占多數，且經濟力量不如華人，但國家制度賦予馬來人特殊地位（謝國斌 2013）。（2）馬來西亞：華人人口比例占少數，但經濟力量強；馬來人擔憂華人掌握政治權力（王國璋 2018：95），在國家制度上推動伊斯蘭化政策。

基本上，族群政治涉及族群力量、階級、不平等、政治機會、資源動員、國際干預等因素（Williams 1994）。各個國家之族群人口結構、經濟力量、制度安排，形塑出不同模式之族群政治；而國際法、國內法關於族群集體權及個人權之權利保障安排，亦反饋至族群政治的發展。

基於以上理論分析，本章將採選區劃分及族群政治理論，以客家人為多數族群（客家人口比例超過 50%）之新竹縣、苗栗縣，運用中央

---

10 依馬來西亞 2010 年人口普查（2010 Population and Housing Census of Malaysia）資料顯示，馬來西亞人口中，馬來西亞公民占 91.8%；公民之族群人口結構為馬來人占 67.4%、華人占 24.6%、印度人占 7.3%、其他 0.7%（DOSM，2015）。新加坡 2020 年總人口數約為 568 萬 6 千餘人（2019 年為 570 萬 3 仟餘人），其中本國公民（citizen population）為 352 萬 3 千 2 百人、永久居留權（permanent resident population）為 52 萬 1 千人（Singapore Department of Statistics 2020：4）。新加坡的本國公民中，華人為 267 萬 5 千 5 百人、馬來人為 53 萬人、印度人為 26 萬 2 千 9 百人、其他為 5 萬 4 千 9 百人（Singapore Department of Statistics 2020：19）；因此，新加坡族群（裔）人口結構為：華人 75.94%、馬來人 15.04%、印度人 7.46%、其他少數族裔 1.56%。

選舉委員會選舉資料庫之數據資料，探討立法委員選區劃分對閩客族群關係影響。

三、臺灣立法委員選區劃分

　　臺灣立法委員選舉，應選名額的分配及投票制度之規範，分成「憲法」及「法律」兩個層次。在憲法層次，依《憲法增修條文》第 4 條第 1 項及第 2 項規定，立法院立法委員應選總額為 113 人 [11]，分為：（一）直轄市、縣（市）選出之區域立法委員 73 人，每縣市至少 1 人，並依各直轄市、縣市人口比例分配，並按應選名額劃分同額選舉區選出之；（二）平地原住民及山地原住民各 3 人，劃分為平地原住民選區、山地原住民選區；（三）全國不分區及僑居國外國民共 34 人，依政黨名單投票選舉之，由獲得百分之五以上政黨選舉票之政黨依得票比率選出之，各政黨當選名單中，婦女不得低於二分之一。在法律層次，依《公職人員選舉罷免法》第 3 條規定，公職人員選舉，以普通、平等、直接及無記名單記投票之方法行之。又《公職人員選舉罷免法》第 67 條第 1 項規定，公職人員選舉，除另有規定外，按各選舉區應選出之名額，以候選人得票比較多數者為當選。《公職人員選舉罷免法》第 67 條第 2 項規定，全國不分區及僑居國外國民立法委員選舉當選名額之分配，則採最

11　立法院立法委員應選總額，第 2 屆至第 3 屆採「浮動級距制」，第 4 屆起採「定額制」；2005 年 6 月 10 日公布《憲法增修條文》第 4 條規定，立法院立法委員自第 7 屆起 113 人，其中自由地區直轄市、縣市選出之立法委員 73 人，立法委員名額持續採「定額制」（中央選舉委員第 499 次會議紀錄）。

大餘數法（黑爾公式）[12]。意即，臺灣立法委員選舉制度採「兩票制」，區域立法委員以單記投票法及第一名過關制選出，原住民立法委員由多席次當選制產生，全國不分區立法委員由政黨名單比例代表制選出。

（一）應選名額分配

立法委員選區劃分，依《公職人員選舉罷免法》第 35 條第 1 項及第 2 項規定，1. 區域立法委員：直轄市、縣（市）選出者，應選名額 1 人之縣（市），以其行政區域為選舉區；應選名額 2 人以上之直轄市、縣（市），按應選名額在其行政區域內劃分同額之選舉區；2. 全國不分區及僑居國外國民立法委員：以全國為選舉區；3. 原住民立法委員：以平地原住民、山地原住民為選舉區。

第 2 屆至第 6 屆立法委員名額分配，係採「漢彌爾頓法」（最大餘數法）[13]。為進行第 7 屆立法委員選區劃分，中央選舉委員會經第 348 次

12《公職人員選舉罷免法》第 67 條第 2 項規定，全國不分區及僑居國外國民立法委員選舉當選名額之分配，依下列規定：（1）以各政黨得票數相加之和，除各該政黨得票數，求得各該政黨得票比率；（2）以應選名額乘前款得票比率所得積數之整數，即為各政黨分配之當選名額；按政黨名單順位依序當選；（3）依前款規定分配當選名額後，如有剩餘名額，應按各政黨分配當選名額後之剩餘數大小，依序分配剩餘名額。剩餘數相同時，以抽籤決定之；（4）政黨登記之候選人名單人數少於應分配之當選名額時，視同缺額；（5）各該政黨之得票比率未達百分之五以上者，不予分配當選名額；其得票數不列入第一款計算；（6）第 1 款至第 3 款及前款小數點均算至小數點第 4 位，第五位以下四捨五入。

13 第 2 屆至第 6 屆立法委員名額分配所採「漢彌爾頓法」（最大餘數法）為：（1）每一直轄市、縣（市）分配基本名額 1 人，餘額依各直轄市、縣（市）人

會議決議：成立選舉區劃分研究小組，就與選舉區劃分原則相關事宜進行研究，研究結論提下次委員會。案經中央選舉委員會第 349 次會議通過《第 7 屆立法委員直轄市縣市選舉區劃分原則》，作為各直轄市、縣市立法委員分配，及選區劃分之具體規範。

　　依《第 7 屆立法委員直轄市縣市選舉區劃分原則》第 2 點規定，第 7 屆立法委員名額分配改採「1 席保障加漢彌爾頓法」；意即，各直轄市、縣（市）應選立法委員名額 73 人，其分配方式如下：1. 以應選名額 73 人除直轄市、縣（市）總人口數所得商數之整數為人口基數；縣（市）人口數未達人口基數者，即依《憲法增修條文》第 4 條第 1 項第 1 款「每縣市至少一人」之規定，各分配名額 1 人；其剩餘名額，分配予尚未分配名額之直轄市、縣（市）；2. 以前款之剩餘名額，除尚未分配名額之直轄市、縣（市）總人口數所得商數之整數為人口基數；以人口基數分別除各直轄市、縣（市）人口數所得商數之整數，即為各該直轄市、縣（市）之分配名額。如有剩餘名額，應按各直轄市、縣（市）分配名額後之剩餘數大小，依次分配剩餘名額。各直轄市、縣市應選出名額分配結果，如表 5-1。

　　按第 2 屆至第 6 屆立法委員名額分配所採「漢彌爾頓法」，但上表改採「1 席保障加漢彌爾頓法」，也埋下第 10 屆立法委員依《公職人員選舉罷免法》第 35 條每十年重新檢討一次立法委員選區劃分之「應選名額分配方式」的爭議。

口數多寡分配之；（2）各直轄市、縣（市）人口數每超過人口基數者，再予分配 1 名，餘額再依所餘人口數多寡依次分配之（中央選舉委員第 499 次會議紀錄）。

表 5-1　第 7 屆立法委員直轄市、縣市應選出名額分配計算表

直轄市縣市別	2006 年 1 月底人口數（不含原住民人口數）	區域人口數 未達 305,658 人以上縣市 先分配 1 人	區域人口數 超過 305,658 人以上縣市 分配 67 人	超過 320,166 人以上每滿 320,166 人 分配 1 人	所餘人口數	餘額再分配名額	應選名額	第 6 屆立法委員應選名額	第 7 屆每名立委平均人口數
臺北縣	3,698,674	-	3,698,674	11	176,848	1	12	28	308,222
臺北市	2,604,914	-	2,604,914	8	43,586	0	8	20	325,614
桃園縣	1,834,204	-	1,834,204	5	233,374	1	6	13	305,700
臺中縣	1,516,912	-	1,516,912	4	236,248	1	5	11	303,382
高雄市	1,500,859	-	1,500,859	4	220,195	1	5	11	300,171
彰化縣	1,311,732	-	1,311,732	4	31,068	0	4	10	327,933
高雄縣	1,227,283	-	1,227,283	3	266,785	1	4	9	306,820
臺南縣	1,103,562	-	1,103,562	3	143,064	0	3	8	367,854
臺中市	1,027,612	-	1,027,612	3	67,114	0	3	8	342,537
屏東縣	843,379	-	843,379	2	203,047	1	3	6	281,126
臺南市	755,279	-	755,279	2	114,947	0	2	6	377,639
雲林縣	732,212	-	732,212	2	91,880	0	2	6	366,106
嘉義縣	552,549	-	552,549	1	232,383	1	2	4	276,274
苗栗縣	550,645	-	550,645	1	230,479	1	2	4	275,322
南投縣	510,390	-	510,390	1	190,224	1	2	4	255,195
新竹縣	460,667	-	460,667	1	140,501	0	1	3	460,667
宜蘭縣	447,530	-	447,530	1	127,364	0	1	3	447,530

表 5-1　第 7 屆立法委員直轄市、縣市應選出名額分配計算表（續上表）

直轄市縣市別	2006 年 1 月底人口數（不含原住民人口數）	區域人口數 未達 305,658 人以上縣市先分配 1 人	區域人口數 超過 305,658 人以上縣市分配 67 人	超過 320,166 人以上每滿 320,166 人分配 1 人	所餘人口數	餘額再分配名額	應選名額	第 6 屆立法委員應選名額	第 7 屆每名立委平均人口數
新竹市	388,859	-	388,859	1	68,693	0	1	3	388,859
基隆市	383,900	-	383,900	1	63,734	0	1	3	383,900
嘉義市	270,859	1	0	0	0	0	1	2	270,859
花蓮縣	258,456	1	0	0	0	0	1	2	258,456
臺東縣	159,717	1	0	0	0	0	1	1	159,717
澎湖縣	92,367	1	0	0	0	0	1	1	92,367
金門縣	70,398	1	0	0	0	0	1	1	70,398
連江縣	10,130	1	0	0	0	0	1	1	10,130
合計	22,313,089	6	21,451,162	58		9	73	168	

說明：（1）依《憲法增修條文》第 4 條規定，直轄市、縣（市）選出立法委員 73 人，每縣市至少 1 人；（2）以臺閩地區「2006 年 1 月底人口數」為準扣除原住民住民人口數為 22,313,089 人，應選名額 73 人，平均每 305,658 人分配 1 人（Q1），人口數未達 305,658 人以上之 6 個縣（市），先分配 1 人，其餘名額 67 人，依人口比例分配其他 19 個直轄市、縣（市）；（3）其他 19 個直轄市、縣（市）人口數 21,451,162 人，分配名額 67 人，平均每 320,166 人分配 1 人（Q2），餘額再剔除各直轄市、縣（市）人口數分配名額後，人口數大小依次分配；（5）320,166 人分配後，餘額再依各直轄市、縣（市）人口數比例分配。

資料來源：中央選舉委員會，2006 年 2 月 14 日中選一字第 0953100029 號函。

（二）選區劃分

依《公職人員選舉罷免法》第37條第2項，及《第7屆立法委員直轄市縣市選舉區劃分原則》第2點規定，區域立法委員選區劃分標準為，各直轄市、縣（市）其應選名額一人者，以各該縣（市）行政區域為選舉區外；其應選名額二人以上者，應考量地理環境、人口分布、交通狀況並依下列規定劃分其選舉區：1.應於各該直轄市、縣（市）行政區域內劃分與其應選名額同額之選舉區；2.每一選舉區人口數與各該直轄市、縣（市）應選名額除人口數之平均數，相差以不超過15%為原則；3.單一鄉（鎮、市、區）其人口數達該直轄市、縣（市）應選名額除人口數之平均數以上者，應劃為一個選舉區；其人口數如超過平均數百分之十五以上時，得將人口超過之部分村、里與相鄰接之鄉（鎮、市、區）劃為一個選舉區；4.人口數未達前款平均數之鄉（鎮、市、區），應連接相鄰接之鄉（鎮、市、區）為一個選舉區；必要時，得分割同一鄉（鎮、市、區）行政區域內之部分村里（村里不得分割），與其他鄉（鎮、市、區）合併為一個選舉區；但不得將不相鄰接區域劃為同一選舉區[14]。

---

14 依中央選舉委員會第354次委員會議決議，由該會委員賴浩敏、鄭勝助、紀鎮南、黃昭元、陳銘祥、劉靜怡、劉光華、趙叔鍵、吳雨學成立第7屆立法委員直轄市縣市選舉區劃分專案小組，由賴浩敏擔任召集人、紀鎮南擔任副召集人，進行選舉區劃分工作。選區劃分專案小組並訂定《專案小組劃分第七屆立法委員直轄市縣市選舉區劃分準繩》來決定立委選區劃分變更案。上開劃分準繩主要規定略為：（1）選舉區劃分應考量地方行政區域的完整性，於各直轄市、縣市選舉區整體平衡劃分前提下，儘量維持鄉鎮市區行政區域的完整性；（2）單一鄉鎮市區，或二個以上相鄰接而相結合之鄉鎮市區，其人口數與該直轄市、縣市選出1名立委的平均人口數之差距在上下15%以內，基於該

　　查立法委員選區劃分程序，定於《公職人員選舉罷免法》第 4 項及第 5 項，納入國會參與機制。依上開規定，中央選舉委員會應於立法委員任期屆滿前 2 年 2 個月月底戶籍統計之人口數為準，於 1 年 8 個月前，將選舉區變更案送經立法院同意後發布；立法院對於中央選舉委員會所送選舉區變更案，應以直轄市、縣（市）為單位行使同意或否決；如經否決，中央選舉委員會應就否決之直轄市、縣（市），參照立法院各黨團意見，修正選舉區變更案，並於否決之日起 30 日內，重行提出；立法院應於立法委員任期屆滿 1 年 1 個月前，對選舉區變更案完成同意，未能於期限內完成同意部分，由行政、立法兩院院長協商解決之。

　　基本上，立法委員選區變更，採「由下而上」程序。苗栗縣、新竹縣立法委員選區劃分，包含地方選舉委員會擬議選區劃分變更草案、中央選舉委員會審議、立法院審議（含行政、立法兩院院長協商）三個階段。第 7 屆立法委員新竹縣應選名額為 1 名，以全縣為選舉區；苗栗縣

直轄市、縣市選舉區整體平衡劃分之前提，應劃為一個選舉區；（3）單一鄉鎮市區，或二個以上相結合為一選舉區之鄉鎮市區，其人口數超過平均人口數 15%，基於該直轄市、縣市選舉區劃分之整體平衡性，及減少票票等值差距之考量，得分割該鄉鎮市區或其中一鄉鎮市區；（4）二個以上相結合為一選舉區之鄉鎮市區，其人口數與平均人口數之差距雖在上下 15% 以內，但基於該直轄市、縣市選舉區劃分之整體平衡性，及減少票票等值差距之考量，得分割其中一鄉鎮市區；（5）地理環境應考量當地地理環境特性（如山、海線、河川分布）；（6）交通狀況應考量當地鐵路、公路交通狀況；（7）歷史淵源應考量各地區傳統歷史文化淵源、地方民意代表選舉區劃分情況；（8）其他得考量因素：如生活機能等；（9）第五至八點考量因素，應作為各直轄市、縣市選舉區整體平衡劃分，必要性調整之準繩；至於各該準繩適用之選擇及先後順序，應依各該直轄市、縣市之情況妥適衡量之。

應選名額為 2 名，劃分為二個選舉區。苗栗縣選舉委員會就第 7 屆立法委員該縣選區劃分，提報甲、乙兩案，由中央選舉委員會第 356 次會議決議「採該縣選舉委員會甲案」；案經依《公職人員選舉罷免法》第 37 條第 3 項至第 5 項程序，最終經行政、立法兩院院長協商定案，由中央選舉委員會於 2007 年 1 月 31 日以中選一字第 0963100022 號公告。第 7 屆立法委員苗栗縣選區劃分三階段版本，如表 5-2。

表 5-2　第 7 屆立法委員苗栗縣選區劃分三階段版本

	苗栗縣選舉委員會		中央選舉委員會	兩院院長協商
	甲案	乙案		
第 1 選 區	頭份鎮[15]、三灣鄉、南庄鄉、苗栗市、頭屋鄉、獅潭鄉、公館鄉、大湖鄉、泰安鄉、卓蘭鎮	苗栗市、公館鄉、頭屋鄉、三灣鄉、南庄鄉、大湖鄉、獅潭鄉、泰安鄉、卓蘭鎮、銅鑼鄉、三義鄉、西湖鄉	竹南鎮、造橋鄉、後龍鎮、西湖鄉、通霄鎮、銅鑼鄉、苑裡鎮、三義鄉	同中央選舉委員會
第 2 選 區	竹南鎮、造橋鄉、後龍鎮、西湖鄉、通霄鎮、銅鑼鄉、苑裡鎮、三義鄉	竹南鎮、後龍鎮、造橋鄉、通霄鎮、苑裡鎮、頭份鎮	頭份鎮、三灣鄉、南庄鄉、苗栗市、頭屋鄉、獅潭鄉、公館鄉、大湖鄉、泰安鄉、卓蘭鎮	同中央選舉委員會

資料來源：王保鍵（2007）。

又依《公職人員選舉罷免法》第 35 條及第 37 條規定，直轄市、縣（市）選出之立法委員，其名額分配及選舉區以第 7 屆立法委員為準，除本法或其他法律另有規定外，自該屆立法委員選舉區變更公告之日起，每 10 年重新檢討 1 次。依上開規定，中央選舉委員會應於 2017 年

---

15 頭份鎮於 2015 年 10 月改制為頭份市。

重新檢討第 10 屆立法委員名額分配及選舉區。案經中央選舉委員會第 499 次、第 500 次、第 501 次會議多次討論後，決議仍採「1 席保障加漢彌爾頓法」，以分配第 10 屆區域立法委員名額，新竹縣應選名額由 1 席調整為 2 席。

　　第 10 屆立法委員新竹縣應選名額由 1 人增加為 2 人，即應依法進行單一選區之劃分。新竹縣立法委員選區劃分，亦採「由下而上」程序，其選區劃分三階段版本，如表 5-3。新竹縣立法委員選區劃分案，最終以兩院院長協商版本，由中央選舉委員會 2019 年 1 月 11 日以中選務字第 1080000091 號公告第 10 屆立法委員選舉新竹縣選舉區之變更。

表 5-3　第 10 屆立法委員新竹縣選區劃分三階段版本

	新竹縣選舉委員會	中央選舉委員會	兩院院長協商
第 1 選區	新豐鄉、湖口鄉、竹北市	同新竹縣選舉委員會	新豐鄉、湖口鄉、新埔鎮、芎林鄉、關西鎮、尖石鄉，及竹北市（尚義里、崇義里、大義里、大眉里、新港里、白地里、麻園里、聯興里、新庄里、溪州里、新國里、新社里）之 12 里
第 2 選區	新埔鎮、關西鎮、芎林鄉、竹東鎮、橫山鄉、寶山鄉、北埔鄉、峨眉鄉、尖石鄉、五峰鄉	同新竹縣選舉委員會	竹東鎮、橫山鄉、寶山鄉、北埔鄉、峨眉鄉、五峰鄉，及竹北市（泰和里、竹北里、竹義里、新崙里、福德里、竹仁里、文化里、北崙里、興安里、北興里、十興里、中崙里、斗崙里、鹿場里、東興里、東海里、中興里、隘口里、東平里）之 19 里

資料來源：王保鍵（2020）。

　　事實上，苗栗縣、新竹縣立法委員選區劃分，都進行到《公職人員選舉罷免法》第 37 條最後的行政、立法兩院院長協商階段。苗栗縣立

法委員選區劃分公告版本，是在地方選舉委員會所提報兩案中，由兩院院長協商後，決定採行甲案（但依中央選舉委員會意見調整選區順序），實屬經公民諮商程序所形成的選區劃分方案。然而，新竹縣立法委員選區劃分公告版本，則未曾出現在地方選舉委員會及中央選舉委員會之討論，突兀地經兩院院長協商後分割竹北市，實未經公民諮商程序。

為何苗栗縣、新竹縣選區劃分案，存有上開差異性？可能原因似為政黨政治運作下所出現的一致性政府（unified government）與分立性政府（divided government）差異所致[16]。意即，2007 年依《公職人員選舉罷免法》第 37 條第 5 項「兩院院長協商」程序處理苗栗縣立法委員選區劃分案，時任行政院長為民進黨籍蘇貞昌、立法院長為國民黨籍王金平；但 2020 年以「兩院院長協商」程序處理新竹縣立法委員選區劃分案，時任行政院長為民進黨籍賴清德、立法院長為民進黨籍蘇嘉全。就此，當一個政黨掌握行政權、立法權而出現「一致性政府」，立法委員選區劃分過程，恐出現「密室政治」疑慮，而可能產生傑利蠑螈的選區劃分結果。為避免爭議，或許可仿效美國近年來「選區劃分機關獨立化」之趨勢[17]，改革我國選區劃分機制。

---

16 一致性政府係指，在一個政府體制中，行政部門與立法部門皆由同一政黨所控制；分立性政府則指行政部門與立法部門分屬不同政黨所掌握（吳重禮 1998）。

17 為避免選區劃分產生傑利蠑螈爭議，美國有許多州已陸續設置獨立選區重劃委員會（Independent Redistricting Commission），如亞利桑那州（Arizona Independent Redistricting Commission）、加州（California Citizens Redistricting Commission）、密西根州（Michigan Independent Citizens Redistricting Commission）等（王保鍵 2020）。

四、選區劃分與閩客族群政治

依客委會 2016 年客家人口推估調查資料顯示，符合《客家基本法》定義的客家人口比例最高的前 5 個縣市依序為：新竹縣（73.6%）、苗栗縣（64.3%）、桃園市（40.5%）、新竹市（34.5%）、花蓮縣（32.4%）等（客家委員會 2017：3）。苗栗縣及新竹縣之閩客族群人口數，客家人為多數群體，閩南人為少數；就選區劃分與閩客關係，出現以下議題。

（一）「閩客混合選區」與「客家選區」

北部之客家文化重點發展區（客庄），就地理位置關係，可分為「近山客家帶」[18]與「濱海客家帶」兩條客家帶。濱海客家帶，北起桃園市大園區，經觀音區、新屋區，南接新竹縣新豐鄉、竹北市，再由新竹市香山區，串接苗栗縣竹南鎮、後龍鎮、通霄鎮、苑裡鎮[19]。上開濱海客家帶（10 個客家文化重點發展區）之閩客族群結構為：1. 桃園市新屋區、觀音區，及新竹縣新豐鄉、竹北市，為高客家人口比例者（客家

---

18 近山客家帶，北起桃園市大溪區，南至臺中市新社區。2016 年 5 月 20 日民進黨執政後，行政院 2016 年 7 月 14 日第 3506 次會議通過「國家級臺三線客庄浪漫大道」政策，即以近山客家帶為推動範圍。

19 依《客家基本法》第 4 條及《客語為通行語實施辦法》第 2 條規定，客家人口達二分之一以上之直轄市、縣（市）、鄉（鎮、市、區），指定為「客語為主要通行語地區」；客家人口達三分之一以上未達二分之一之鄉（鎮、市、區），指定為「客語為通行語之一地區」。桃園市、新竹縣、新竹市、苗栗縣之濱海鄉（鎮、市、區），非客家文化重點發展區者，僅桃園市蘆竹區及新竹市北區。又南部（高雄市、屏東縣）客家文化重點發展區，僅佳冬鄉濱海，僅單一客家文化重點發展區濱海，無法形成濱海客家帶。

人超過二分之一），2. 桃園市大園區、新竹市香山區、苗栗縣竹南鎮、後龍鎮、通霄鎮、苑裡鎮，為低客家人口比例者（客家人約占三分之一），多數居民為閩南族群（王保鍵 2021）[20]。

表 5-4　苗栗縣與新竹縣立法委員選區之客家人口比例

苗栗縣				新竹縣			
第 1 選區	比例 %	第 2 選區	比例 %	第 1 選區	比例 %	第 2 選區	比例 %
竹南鎮	34.17	頭份市	79.04	新豐鄉	69.01	竹東鎮	90.24
造橋鄉	82.93	三灣鄉	87.03	湖口鄉	80.81	橫山鄉	94.24
後龍鎮	28.05	南庄鄉	79.15	新埔鎮	87.71	寶山鄉	82.08
西湖鄉	72.06	苗栗市	89.74	芎林鄉	88.28	北埔鄉	93.26
通霄鎮	27.55	頭屋鄉	91.11	關西鎮	92.03	峨眉鄉	88.70
銅鑼鄉	90.46	獅潭鄉	89.04	尖石鄉	15.78	五峰鄉	17,24
苑裡鎮	24.81	公館鄉	88.96	西竹北市	55.31	東竹北市	55.31
三義鄉	76.06	大湖鄉	89.87				
		泰安鄉	74.43				
		卓蘭鎮	78.81				

註：西竹北市、東竹北市，係以竹北市的客家人口推估調查數據。泰安鄉、尖石鄉、五峰鄉為山地鄉。
資料來源：客家委員會，2017：附表 A-1。[21]

---

20 依客委會 2016 年人口推估調查，濱海客家文化重點發展區之客家人口比例，桃園市大園區為 20.78%、觀音區為 58.96%、新屋區為 85.87%、新竹縣新豐鄉為 69.01%、竹北市為 55.31%、新竹市香山區為 31.4%、苗栗縣竹南鎮為 34.17%、後龍鎮為 28.05%、通霄鎮為 27.55%、苑裡鎮為 24.81%（客家委員會 2017：36-38）。

21 按客委會的客家人口推估調查，除單一自我認同為客家人者外，並將多重自我認定為客家人者，視為符合《客家基本法》所定義的客家人（客家委員會 2017：28），使得兼具閩南與客家、原住民與客家之多族裔身分認同者，納入客家人口統計數據。

　　就苗栗縣及新竹縣兩縣之閩南與客家族群以觀，兩縣在立法委員選區劃分，都形成「閩客混合選區」（濱海）、「客家選區」（近山）模式。意即，在苗栗縣，閩南人聚居的竹南鎮、後龍鎮、通霄鎮、苑裡鎮等濱海四鎮，與客家人聚居的造橋鄉、西湖鄉、銅鑼鄉、三義鄉等劃為立法委員第 1 選區，為「閩客混合選區」；至於第 2 選區，則以客家人聚居為主之「客家選區」。在新竹縣，新豐鄉、竹北市客家人口比例低於全縣客家人口比例（73.6%）；閩南人聚居的竹北市（西部）及新豐鄉，與客家人的湖口鄉、新埔鎮、芎林鄉、關西鎮劃為立法委員第 1 選區，為「閩客混合選區」；至於第 2 選區，則以客家人聚居為主之「客家選區」。

（二）閩客政治平衡：少數族群政治代表性 vs. 多數族群政治利益

　　苗栗縣 2 席立法委員，自第 7 屆立法委員選舉劃分為「閩客混合選區」、「客家選區」，歷屆選舉之投票產出，李乙廷、陳超明為閩南人，徐耀昌、徐志榮為客家人，已然形成閩南、客家各 1 席立法委員之族群政治平衡。

　　至於新竹縣立法委員選舉，應選名額為 1 人的第 7 屆當選人邱鏡淳、第 8 屆當選人徐欣瑩為客家人；而第 9 屆在三人競選下，由閩南裔的林為洲當選，但客籍鄭永金及邱靖雅兩人得票合計過半（表 5-5）。新竹縣第 10 屆立法委員選舉劃分為「閩客混合選區」、「客家選區」，則為閩南、客家各 1 席立法委員。比較新竹縣立法委員應選名額 1 人、2 人之實作經驗顯示：1. 應選名額 1 人，主要競爭者為 2 人，當選人為客家人；2. 應選名額 1 人，主要競爭者為 3 人以上，當選人可能為閩南人；3. 應選名額 2 人，「閩客混合選區」有利閩南人當選。

表 5-5　苗栗縣與新竹縣立法委員主要參選人得票率

苗栗縣				新竹縣		
屆次	選區	參選人	得票率	選區	參選人	得票率
第 7 屆	第 1 選區	杜文卿（民）	41.98%	全縣	徐欣瑩（無）	31.31%
		李乙廷（國）	58.01%		**邱鏡淳**（國）	66.52%
	第 2 選區	何智輝（國）	38.06%			
		詹運喜（民）	14.90%			
		徐耀昌（國）	45.62%			
第 8 屆	第 1 選區	**陳超明**（國）	56.81%	全縣	彭紹瑾（民）	37.04%
		杜文卿（民）	38.50%			
	第 2 選區	楊長鎮（民）	28.34%		**徐欣瑩**（國）	61.69%
		徐耀昌（國）	71.65%			
第 9 屆	第 1 選區	杜文卿（民）	35.86%	全縣	**林為洲**（國）	36.74%
		陳超明（國）	42.26%		鄭永金（無）	33.47%
	第 2 選區	**徐志榮**（國）	49.90%		邱靖雅（民國黨）	24.96%
		吳宜臻（民）	44.60%			
第 10 屆	第 1 選區	羅貴興（民）	37.98%	第 1 選區	**林為洲**（國）	49.88%
		陳超明（國）	49.07%		周江杰（民）	36.93%
	第 2 選區	徐定禎（民）	30.07%	第 2 選區	**林思銘**（國）	36.17%
		徐志榮（國）	54.13%		鄭朝方（民）	34.62%
					邱靖雅（國會政黨聯盟）	14.18%

註：本表列出主要參選人及其所屬政黨，（國）係指國民黨，（民）係指民進黨。

資料來源：中央選舉委員會選舉資料庫（https://db.cec.gov.tw/histQuery.jsp?voteCode=20200101T1A2&qryType=ctks）。

　　就我國客家族群聚居地，主要為北部的南桃園及竹苗、南部六堆地區、東部花東地區等三大區塊。在族群政治發展上，江明修、吳正中（2010：40-42）指出，客家族群聚居地區，依閩客人口比例，出現「客家主政」（苗栗縣、新竹縣）、「閩客輪政」（桃園縣、花蓮縣）、閩客平衡（屏東縣）、「派系競爭」（臺東縣）等態樣。

　　在客家主政之苗栗縣、新竹縣，進行選區劃分時，兩縣區域立法委員應選名額皆為 2 席，皆劃分為「閩客混合選區」、「客家選區」兩個選區；選舉投票結果，濱海閩客混合選區多由閩南裔當選，近山客家選區多由客家裔當選，顯見選區劃分之制度設計，有助於保障苗栗縣、新竹縣之少數族群（閩南人）政治代表性。

　　在客家人口多數，具有主政優勢的苗栗縣、新竹縣，為何在立法委員選區劃分，能保障閩南人之政治參與？或許可能原因為：1. 苗栗縣、新竹縣縣長多由客家人擔任，基於閩客族群政治平衡，過去存有縣長為客家人、縣議會議長為閩南人之不成文政治慣例（蕭新煌、黃世明 2001：509；江明修、吳正中 2010：40；周錦宏 2021：11）；2. 客家人為臺灣的少數族群，對於族群關係，有較高的族群敏感度（ethnic sensitive），以客家多數族群優勢，劃分立法委員選區，能注意少數族群政治代表性。

　　此外，一般人普遍印象，臺灣政黨版圖呈現「北藍南綠」，客家族群投票取向，大致上也是北客偏藍（國民黨）、南客偏綠（民進黨）的傾向（劉嘉薇 2019：2-3）。此種「北客偏藍」論述，若觀察立法委員選舉之整體得票及當選人黨籍（表 5-5），尚能解釋，尤其本章所討論的新竹縣及苗栗縣；但若觀察總統選舉之得票率，則未必盡然。如 2020 年大選，在閩南人為主、選票結構有利民進黨之苗栗縣通宵鎮、後龍鎮等，民進黨總統候選人（蔡英文）得票率皆超過 50%，但民進黨立法委員候選人（羅貴興）得票率卻低於國民黨立法委員候選人（陳超明）；新竹縣新豐鄉，亦是總統選舉得票率優於立法委員。因此，一般認為的「北客偏藍」的論述，就總統選舉呈現「北部濱海客家偏綠、近山客家偏藍」（王保鍵 2021），若將選民在不同層級（中央或地方）選舉、不

同種類選舉（分裂投票）[22] 因素，納入考量，應可更精緻化地演繹「北部客家帶」（南桃園、新竹縣、苗栗縣）選民的投票行為。

五、結論

　　選舉制度設計，涉及應選名額、投票制度、選區劃分等。在選區劃分層次，苗栗縣、新竹縣之立法委員應選名額為 2 人，皆劃分為濱海「閩客混合選區」、近山「客家選區」。依《憲法增修條文》第 4 條，立法委員自第 7 屆起改採單一選區兩票制，苗栗縣應選 2 席，自 2008 年迄今，維持選出客家裔及閩南裔各一席立法委員。又依《公職人員選舉罷免法》第 35 條定「每 10 年重新檢討一次」立法委員選區，第 10 屆立法委員新竹縣應選名額由 1 席增加為 2 席，新竹縣 2020 年 1 月選出客家裔及閩南裔各一席立法委員。苗栗縣、新竹縣立委選區劃分，不但與「行政區域完整性」與「票票等值」（特定選區人口數與平均人口數差距）衡平性有關，而且涉及客家族群政治參與及閩客族群政治議題。

　　本章以文獻分析法，採選區劃分及族群政治理論，以新竹縣、苗栗

---

22 按總統選舉與立法委員選舉同日舉行同票，選民在投票所可一次圈投總統與立法委員選舉票，就苗栗縣、新竹縣總統選舉與立法委員選舉之選民投票結果，可發現選民進行「分裂投票」（split-ticket voting）傾向。而此種分裂投票情況也出現 2022 年 11 月 26 日舉行的地方公職人員選舉，於新竹縣長選舉，楊文科（國民黨）在竹北市得票率為 59.63%，周江杰（民進黨）在竹北市則為 36.85%。但與縣長同日投票的竹北市長選舉，鄭朝方（民進黨）得票率為 40.35%、林為洲（國民黨）得票率為 32.01%、郭漢章（時任竹北市長何淦銘支持）得票率 21.02%，鄭朝方成為首位民進黨籍竹北市長。

縣客家文化重點發展區（客庄）為場域，運用選舉投票結果數據資料，探討立法委員選區劃分對閩客族群關係影響，獲致研究發現為：（一）在選舉制度設計層面，客家人為多數族群、閩南人為少數族群之苗栗縣及新竹縣，立法委員應選 2 席，選區劃分為「閩客混合選區」、「客家選區」，選區劃分（制度設計）保障了閩南裔（該縣少數族群）政治代表性。（二）在選舉實作產出層面，苗栗縣及新竹縣立法委員選舉結果顯示，立法委員選區劃分有助於閩客族群政治平衡（閩南、客家各 1 席立法委員）之族群關係發展。又《公職人員選舉罷免法》第 37 條對於立法委員選區劃分，最終由行政、立法兩院院長協商規定，於兩院院長為同一政黨的「一致性政府」，為避免出現「傑利蠑螈」選區，似可就「選區劃分機關獨立性」角度，思考精進我國選區劃分機制之可能方案。

　　此外，以南桃園、新竹縣、苗栗縣為範圍的「北部客家帶」，一般都認為選民投票行為偏向國民黨，而存有「北客偏藍」論述。就地方層級選舉，「北客偏藍」論述尚可解釋北部客家帶選民之投票行為，但若就同日投票之總統與立法委員選舉交叉比對，「濱海客家帶」、「近山客家帶」之選民投票行為，卻呈現藍綠有別之差異。然而，濱海客家地區選民投票行為偏綠，似乎也無法單純以閩客族群之政黨取向（閩南人傾向民進黨、客家人傾向國民黨）來解釋，如新屋區客家人口比例為85.87%，但其選民投票行為偏綠 [23]；類此議題，實可為日後客家選舉研究所關注。

---

23 除總統選舉得票率顯示新屋區選民漸趨向民進黨外，近 2 屆立法委員選舉，亦呈現新屋區客家選民投票行為朝向民進黨位移：（1）2020 年立法委員選舉得票率，黃世杰（民進黨）為 60.33%，吳志揚（國民黨）為 37.83%；（2）2016 年立法委員選舉得票率，陳賴素美（民進黨）為 54.03%，廖正井（國民黨）為 39.82%。以上資料整理自中央選舉委員會選舉資料庫（https://db.cec.gov.tw/histMain.jsp?voteSel=20200101A2）。

參考文獻

王保鍵，2007，〈立法委員單一選區與客家政治參與 -- 兼述選區變更過程〉。《國會月刊》35（7）：66-82。

王保鍵，2015，〈混合法庭：國際刑法制度中追訴嚴重犯罪的新模式〉。《人文及社會科學集刊》27（3）：507-546。

王保鍵，2020，〈選舉制度與族群政治：以新竹縣立法委員選區劃分為例〉。《選舉研究》27（2）：1-48。

王保鍵，2021，〈書評：客家選舉政治—影響客家族群投票抉擇因素的分析〉。《全球客家研究》16：285-296。

王保鍵，2022，《少數群體語言權利：加拿大、英國、臺灣語言政策之比較》。臺北：五南。

王國璋，2018《馬來西亞民主轉型：族群與宗教之困》。香港：香港城市大學出版社。

丘昌泰，2009，〈臺灣客家的社團參與漢族群認同〉。頁 3-24，收錄於江明修、丘昌泰編，《客家族群與文化再現》。臺北：智勝。

江明修，2012，《政府施政措施落實多元族群主流化之研究》。行政院研究發展考核委員會委託研究計畫。臺北：行政院研究發展考核委員會。

江明修、吳正中，2010，〈客家政治與民主發展〉。頁 29-44，收錄於江明修編，《客家政治與經濟》。臺北：智勝。

吳重禮，1998，〈美國「分立性政府」與「一致性政府」體制運作之比較與評析〉。《政治科學論叢》9：61-90。

吳重禮、李世宏，2005，〈政治賦權、族群團體與政治參與：2001 年縣市長選舉客家族群的政治信任與投票參與〉。《選舉研究》12（1）：

69-115。

李世暉，2018，〈客家族群文化外交的理論與實踐〉。頁 45-64，收錄於孫煒編，《客家公共事務》。臺北：智勝。

周錦宏，2021，〈選舉制度變革對客家族群政治參與之影響：以苗栗縣立法委員選舉為例〉。頁 3-66，收錄於周錦宏編，《制度設計與臺灣客家發展》。臺北：五南。

邵宗海、唐玉禮，2005，〈臺灣地區的族群差異意識與政治參與〉。《展望與探索》3（10）：53-71。

客家委員會，2017，《2016 年度全國客家人口暨語言基礎資料調查研究》。新北：客家委員會。

鄭夙芬，2014，〈候選人因素與投票抉擇：以 2012 年臺灣總統選舉為例〉。《臺灣民主季刊》11（1）：103-151。

蕭怡靖、蔡佳泓，2010，〈政治責任與投票：2009 年苗栗縣第一選區立法委員補選之探析〉。《臺灣民主季刊》7（2）：1-32。

蕭新煌、黃世明，2001，《臺灣客家族群史：政治篇（下）地方社會與族群的分析》。南投：國史館臺灣文獻館。

謝國斌，2013，〈新加坡的族群政治〉。《臺灣國際研究季刊》9（1）：33-58。

Carment, David, 1994, "The Ethnic Dimension in World Politics: Theory, Policy and Early Warning." *Third World Quarterly* 15(4): 551-582.

Cox, Adam B. and Richard T. Holden, 2011, "Reconsidering Racial and Partisan Gerrymandering." *University of Chicago Law Review* 78: 553-604.

Department of Statistics Malaysia [DOSM], *2010, Population Distribution and Basic Demographic Characteristic Report.* https://www.dosm.gov.

my/v1/index.php?r=column/ctheme&menu_id=L0pheU43NWJwRWVS
ZklWdzQ4TlhUUT09&bul_id=MDMxdHZjWTk1SjFzTzNkRXYzcVZ
jdz09 (accessed August 4, 2021).

Gallagher, Michael, 1992, "Comparing Proportional Representation Electoral Systems: Quotas, Thresholds, Paradoxes and Majorities." *British Journal of Political Science* 22(4): 469-496.

Horowitz, Donald L., 1971, "Three Dimensions of Ethnic Politics." *World Politics* 23(2): 232-244.

Hummel, Patrick, 2011, "Proportional versus Winner-take-all Electoral Vote Allocations." *Public Choice* 148(3/4): 381-393.

Norris, Pippa, 1997, "Choosing Electoral Systems: Proportional, Majoritarian and Mixed Systems." *International Political Science Review* 18(3): 297-312.

Reynolds, Andrew, Ben Reilly, and Andrew Ellis, 2005, *Electoral System Design: The New International IDEA Handbook.* Stockholm: International Institute for Democracy and Electoral Assistance.

Williams, Robin M., 1994, "The Sociology of Ethnic Conflicts: Comparative International Perspectives." *Annual Review of Sociology* 20: 49-79.

網路資料

練馬區，2018，〈比例代表選出議員選挙の当選人の決定方法について教えてください〉。網址：https://www.city.nerima.tokyo.jp/kusei/senkyo/senkyo-faq/hirei.html，取用日期：2021 年 9 月 3 日。

King, Charles, 2000, *Electoral Systems*. Retrieved from https://www.peelregion.ca/regional-gov-ernment/leadership/(accessed January 3,

2019).

Lynch, Gabrielle, 2015, *Ethnic Politics*. Retrieved from https://onlinelibrary. wiley.com/doi/abs/10.1002/9781118663202.wberen453 (accessed July 22, 2021).

National Conference of State Legislatures [NCSL], 2019, *Redistricting Criteria*. Retrieved from https://www.ncsl.org/research/redistricting/ redistricting-criteria.aspx (accessed June 24, 2020).

Singapore Department of Statistics, 2020, *Population in Brief 2020*. Retrieved from https://www.strategygroup.gov.sg/files/media-centre/ publications/population-in-brief-2020.pdf (accessed July 30, 2021).

U.S. Census Bureau, 2019, *Methods of Apportionment*. Retrieved from https://www.census.gov/history/www/reference/apportionment/ methods_of_apportionment.html (accessed January 3, 2020).

第六章

客家社區推動都會環境保育的客家族群性：制度分析與發展架構

孫煒

一、前言

聯合國在 2015 年揭櫫了「2030 年永續發展方針」，規劃 17 項永續發展目標（Sustainable Development Goals，簡稱 SDGs）及 169 項細項指標（target），主導未來十五年的國際發展潮流與國際合作原則。這 17 項永續發展目標兼顧了環境保育、社會進步及經濟成長三大面向，立即成為全球先進民主政府致力的施政方向，臺灣亦為此積極作為，推動系列計畫及政策。其中推動環境保育的集體行動通常屬於勞力密集的任務，涉及甚高的執行成本，因而如何整合社會網絡進行有效治理，達到跨部門合作治理的綜效，往往是成功的關鍵（邵建民等 2018：111），而在基層社區之中巧妙地運用在地居民之文化認同力與社會凝聚力的族群性（ethnicity）來有效提供環境保育的勞務，並克服市場失靈的問題，是一個饒富學術興趣和實務價值的議題。

當代永續發展所包含的環境保育面向也可視為文化要素，無論是人們認為自己或政府應對環境保育負責，也依循文化要素不同而有差

異。因此，永續發展應可定位為特定族群文化的重要面向，而表現於環境保育的集體行動則是特定族群的文化實踐或公共參與（Romero et al. 2018：300）。特定族群的文化要素主要反映在族群性之上，而臺灣的客家文化認同力與社會凝聚力的意涵，也可能具體地展現於都會的基層聚落，也就是客家社區的族群性之中。作為客家族群性的載體，解決客家社區公共問題的集體行動主要取決於在地居民的參與性以及治理結構的合理性。因此，如何順應永續發展的全球化趨勢，設計完善的公民參與機制以及價值利益表達的治理結構，將客家社區之中浸潤於客家文化的「客家義民」，昇華為深具永續理念的「環保公民」，乃是本章的主要研究問題意識。

　　都市是「人」與「空間」交織的社會產物，因而當代都市社會的研究被視為是研究人在空間的社會活動。就都市環境歷史而言，居住在都市中的人們知覺環境的改變及其衍生的問題，進而影響「鄰里」（neighborhood）在環境保育的角色與規劃，乃是當代都市發展的重要階段（Kellogg 2002）。就臺灣都會研究主題來看，大致上以 1987 年解嚴為界線，原本偏重於研究都市中「人的活動」，1987 年之後轉而重視「空間」自身的人為性及支配性，亦即由偏重人類活動的自然空間觀，轉移到偏重空間制約性格的人為空間觀（蘇碩斌 2008）。因此，本章關注的研究主題是在臺灣都會中客家社區之客家族群性的意涵，並探討客家族群性在推動都會環境保育的集體行動所展現的功能與侷限。基於上述的人為空間觀，因而本章將採用採用「制度分析與發展」（institutional analysis and development，簡稱 IAD）作為分析架構，運用都會客家社區中展現之客家族群性，來闡述環境保育集體行動的邏輯與成效。詳言之，相較於典型公共選擇、政治經濟、公共行政等研究途徑，強調利用經濟誘因、法令制定等政策工具，來克服集體行動的「搭

便車」、「推諉」、「負面外部性」等問題，本章更聚焦於都會客家社區中在地居民對於「客家」身分的自我解釋、文化實踐、認同經驗與族群特色等族群性的情感偏好因素，對於推動都會環境保育集體行動的影響。

　　本章的研究目的是探究客家文化之中永續發展的歷史淵源與操作意涵，以及分析現今臺灣客家族群性在客家社區推動都會環境保育所發揮的功能與侷限，採用質性研究，透過深度訪談，選定桃園市老街溪中壢段與平鎮段都會客家社區的水環境巡守隊為研究對象，探討客家族群性在水環境巡守隊推動都會環境保育集體行動之中，發揮的文化認同與社會凝聚意涵，以此反映出客家族群性在當代永續發展的全球潮流之中的文化定位與社會功能。本章也深入探討水環境巡守隊之行動者（如在地志工、公民團體等），如何參與和桃園市政府相關局處（如環保局、教育局等）共同構築的治理結構，發揮客家族群性以強化協力行動，同時降低負面的集體行動問題，來平衡多元行動者的利益計算與情感偏好。

　　本章選定臺灣桃園市老街溪中壢段與平鎮段的沿岸客家社區作為研究場域，其理由有四：（一）桃園市是臺灣的新興都會，自 2014 年底升格為直轄市以來，其經濟、社會、文化、社區各方面皆快速成長，全市平均年齡也是六都最低，相較臺灣傳統都會如臺北市與新北市，桃園市所呈現的社會科學研究意涵更具備開發及創新的價值。（二）桃園市群聚了全臺最多的客家人口，且長期以來大多是居於南桃園，中壢區與平鎮區乃是劃分為客家文化重點發展區的代表性都會客家區域（王保鍵 2016），也預期為較能展現都會客家社區之客家族群性的場域。（三）桃園市老街溪歷經 2010 年代的整治，由原先環境髒亂、治安不佳、形象低落的城市毒瘤，轉變成為現今市民的休閒場域，沿岸的河川教育中心甚至成為桃園市推廣環境教育的重鎮，鄰近客家社區之中客家族群投入的資源與心力乃是不可或缺的助力，其動機與觀感亦成為研究客家族群

性的素材。（四）桃園市老街溪的整治工程固然提供了都會環境保育的物質條件，但整治之後沿岸環境設施、樣態、工程的維持和修護更需在當地客家社區中客家族群的積極投入，而桃園市政府所設計的制度性安排（institutional arrangement）乃是推動環境保育集體行動的必要條件，此可配合本章採用的 IAD 架構予以探討，進而分析客家族群性發揮的功能，亦反映其中潛在的侷限。

　　基於上述的研究問題意識與研究目的，本章將運用都會客家社區之中客家族群性的操作性概念，提出以下研究問題：就價值層面言之，臺灣客家族群性所蘊含的環境保育理念的意涵與根源為何？就經驗層面言之，在桃園市老街溪流域所涵蓋都會客家社區之中水環境巡守隊集體行動者的客家族群性，是如何影響在地居民的參與經驗？深入言之，臺灣客家族群性的意涵就是客家文化體現的基本理念與中心思想，而與臺灣其他族群容有差異。客家族群性是一個建構客家知識體系，合理化和正當化客家專責機構與客家政策，以及凝聚臺灣客家族群認同與意識的核心議題，可是迄今臺灣學術界似乎並未提出共識性的理解。彭欽清（2017）曾提出客家文化中原本具備了多元包容、食苦擔硬、天理倫常、生態環保、公平正義等中心思想。然而，迄今臺灣學術界也較少針對特定客家族群性的面向，尤其是與普世價值的全球前瞻性趨勢進行相應的學理探討與經驗研究。因此，本章選擇臺灣客家族群性此一非常重要、卻不易明確界定的議題作為研究主軸，希冀藉由場域踏查、深度訪談等質性研究方法，挖掘臺灣客家族群之幽微隱閉，卻根植於文化深層的正向族群性：永續發展，為臺灣客家學術研究與實務工作提供奠基素材。

　　本書的主要研究意識乃是分析客家族群政策與地方社會特質，作為「臺灣社會」再結構化的過程、內涵與機制，以呈現臺灣社會中客家族

群的文化特色。本章秉承本書的研究意識與研究目的，轉化為研究問題意識與研究目的，將分為以下各節依序論述：首先、探討與本章主題相關的學術文獻及概念；闡述本章所採用 IAD 架構的內涵與層次；分析質性研究的場域特性並與 IAD 架構結合；展示深度訪談的結果並整理研究發現；最後，在結語之中總結本章的研究論述並提出政策建言。

二、文獻探討

本章主旨在於發掘和突顯臺灣客家族群性之中永續發展的具體行動：環境保育，並賦予其時代意義，以及運用當代制度研究的前瞻性學理與經驗研究，發展出提升客家社區環境保育集體行動的策略與與建言。因此，以下將針對「都會環境保育的制度分析」以及「客家族群性與其隱形化」等兩個核心概念的學術文獻進行分析與評論。

（一）都會環境保育的制度分析

長久以來，學術界將制度的設計與發展視為是環境保育特別是水資源保育的關鍵要素（Pandey et al. 2019：174-176）。Ostrom 認為制度是一組被建構且應用的程序，具備以下功能：1. 決定誰有資格參與決策；2. 決定什麼行動是被允許或限制的；3. 決定使用什麼集體性規則；4. 決定使用什麼程序；5. 決定提供或不提供什麼資訊；6. 決定個人行動的收益（Ostrom 1990）。上述 Ostrom 對於制度的界定與詮釋對於其後發展 IAD 架構深具啟發性。深入言之，制度可再區分為正式的與非正式，兩種制度經常共同存在並發生效力，但如果非正式制度有牴觸

正式制度的情形，則非正式制度將呈現反效果（dysfunctional）。在與資源相關的學術研究中，Garrett Hardin（1968）提出的「共有資源的悲劇」（The Tragedy of the Commons，或稱公地悲劇）乃是劃時代的開創之作。他指出具備共有性質資源的使用者，將無可避免地落入耗盡，甚至破壞資源系統的陷阱。因此，他提出了運用社會主義或自由放任企業私有化等較為極端的手段解決共有性質資源的問題。另一方面，Ostrom及其同事們合創的「治理共有資源」（Governing the Commons）一系列研究，則致力於提出限制接近與產生誘因（restricting access and creating incentives）之資源管理的制度性安排，來解決民眾過度使用共有資源的問題（Ostrom 1990；Ostrom et al. 1999；Herzog and Ingold 2019）。特別是 Ostrom 及其同事們的管理共有資源的相關研究，主要集中於較小規模都會社區之自然資源的永續運用（Pandey et al. 2019：174），相當適合於本章的研究主題值得參考細究。

Marshall（2008：80）則主張地方政府運用志願性社區組織推動鄰里環境保育進行環境治理，在西方先進民主國家行之有年。其設計治理模式乃基於輔助性原則（subsidiarity），此原則的信念是較高階層的組織應避免從事與個人較接近的工作，因而社會問題應在能夠解決的最接近人群或最局部的層面處理，也就是說，工作應該被垂直地配置到多重的體系之中，而挑戰了傳統環境保育的中心化治理模式，進一步聚焦於都會社區的自然資源保育實踐，主張採用多中心性（polycentricity）為治理模式的特色，其價值在於提升處理環境問題的制度健全性（institutional robustness）。此種多中心治理具備以下特徵：1. 多個決策中心自主地進行互動；2. 缺乏政府的直接控制；3. 不同層級政府之間仍需協作；4. 決策中心彼此依據其他決策中心，作為選擇合作、競爭、衝突以及解決衝突的關係（Omori and Tesorero 2020：837-838）。

　　在環境保育的諸多面向之中，水資源管理涉及自然生態、社會生活以及經濟生產至關重要，而劃分為成水資源的規劃、開發、分配等不同取向。但是，在 1970 年代之前，各國政府的行政機關大多將之視為科技問題，主要由專家與科技官僚由上而下地制定並執行相關政策。然而，近半世紀以來，行政機關逐漸意識到水資源管理不僅應該聚焦於水環境的保育取向，而且涉及影響人類行動的政治與經濟制度的建構與調整，乃是非常多元複雜，且涉及科技與人文相互激盪的公共議題。此種對於水資源管理的認知轉變，左右了行政機關處理水環境問題的方式（Pandey et al. 2019：175）。也就是說，當代水資源管理的關鍵重心已被視為一項含括多樣的政府行動者與非政府行動者，在宏觀的社會－生態體系（social-ecological system）之中彼此互動的保育議題（Folke et al. 2005）。Janssen 等人（2007：309）就認為社會－生態系統是由生態物質與社會要素所構成，人們將自覺地長期投入時間與勞力，影響特定之物理性與制度性的基礎設施，並處理外在侵擾與內部衝突的問題。例如灌溉系統就是典型的社會－生態系統，包含了生態物質的要素（水資源）、物理性基礎設施（水庫與灌溉水道）、管理及分配水資源的行動者（農民與水資源管理者）以及管制行動者之行動與互動的治理結構（灌溉主管機構，像臺灣的農田水利會）（Lam and Chiu 2016：956）。

　　相對地，就微觀的角度觀之，Agrawal 和 Gibson（1999）較強調地方基層層級：社區在自然資源管理與環境保育中扮演的角色。他們認為社區可視為一個小型的空間單位，具備同質性的社會結構且分享共同的利益與規範。當前民主政治非常強調公眾參與（popular participation），而且政府機關與文官體制不太可能熟悉地方資源系統的特性，而社區行動者擁有較高的在地知識，並長期在社區之中生活與活動，應該針對資源管理與環境保育上賦予其制定規則、執行規則以及解決爭議較大的權

限。他們也主張研究者應重視社區在資源管理與環境保育的政治面向，也就是聚焦於社區中不同行動者如何影響決策，以及內部與外在制度如何影響決策過程，以掌握社區推動自然資源管理與環境保育的關鍵。此外，Marshall（2009：1508）歸納多中心治理運用於社區環境保育具備八項優勢：貼近應用在地知識；掌握運用多元方法的績效回饋；緊密搭配在地情境的政策決策；多個中心同時推動政策以降低全盤失敗的可能性；冗餘的治理安排以彌補特定中心的失敗或不效率；多個中心成功或失敗經驗的相互學習；提高整體政策的調適管理能力。

　　Berardo 和 Lubell（2019：7）進一步闡釋了多中心治理在政策決策上的意涵，即在真實世界中，政策決策是由在不同規模地區中的各種政策行動者互動的網絡中所制定。有些政策平臺（policy forum）是由國家機關賦予正式的權力所形成；有些政策平臺卻是基於非正式的志願性組織所推動。另一方面，有些政策平臺採用合作協力的策略；但有些則基於不同的結構因素採用對抗衝突的策略。政策行動者可以理性地選擇策略，參與某些政策平臺追求自身的目標，也可以影響其他政策行動者的決策。在這個兼具堅韌性和持久性的政策體系之中，只要政策行動者對於程序的及分配的公平性感到滿意，則政策行動者可以在政策平臺上作出集體決策，共同制定提升福祉的政策，解決集體行動的問題。多中心治理可能比其他治理體系如指揮－命令、市場、網絡較具效率，而且還更適合將環境保育議題置於社會－生態架構之中進行實證分析。

（二）客家族群性與其隱形化

　　就廣義而言，族群性是人們從屬於某一特定族群團體的條件或狀態。Benedict Anderson 在其名著《想像的共同體：反思民族主義

的 起 源 與 散 布 》（*Imagined Communities: Reflections on the Origin and Spread of Nationalism*）（1983）之 中，認 為 民 族（nation）是 一 種 想 像 的 政 治 共 同 體，而 民 族 性（nationality）是 一 種 特 殊 的 文 化 人 造 物（cultural artefacts），若 是 落 實 在 一 群 潛 在 的、但 非 政 治 上 之 民 族 的 人 民（people），就 是 一 個 族 群（ethnic group）的 族 群 性。因 此，族 群 性 是 一 種 建 構 的 過 程，而 非 客 觀 的 實 體，而 且 族 群 性 的 建 構 與 人 群 所 在 的 環 境 脈 絡 息 息 相 關。族 群 性 一 旦 被 創 造 出 來，就 可 以 成 為「模 化」（modular），在 深 淺 不 一 的 自 覺 之 下，可 以 被 移 植 到 多 元 的 社 會 地 域，也 可 以 吸 納 各 種 政 治 和 意 識 形 態。深 入 言 之，一 個 文 化 圈（cultural group）只 在 與 其 他 群 體 發 生 競 爭 的 情 況 下，才 會 變 成 族 群，因 為 在 與 其 他 群 體 競 爭 時，具 有 共 同 文 化 特 質 的 人，便 會 自 覺 地 站 出 來 促 進 團 結，動 員 群 眾，以 利 於 該 群 體 占 有 社 會 資 源，或 者 起 碼 可 以 把 對 該 群 體 的 生 存 威 脅 降 到 最 低。所 謂 族 群 性 本 質 上 就 是 在 共 同 的 社 會 背 景 下，不 同 文 化 群 體 之 間 交 相 互 動 的 一 種 形 式。一 個 族 群 的 特 性（salience）往 往 隨 其 自 我 認 知 狀 況 的 變 化 而 變 化；而 不 同 族 群 之 間 時 而 緩 和、時 而 緊 張 的 關 係，則 取 決 於 其 生 存 機 會 的 擴 展 或 收 縮。族 群 性 這 個 概 念 強 調 了 一 個 群 體 自 覺 的 自 我 認 同 在 族 群 形 成 過 程 中 的 重 要 性，又 強 調 了 對 族 群 忠 誠 選 擇 的 社 會 文 化 背 景。根 據 這 一 定 義，用「族 群」這 個 稱 謂 來 區 分 講 客 語、閩 語 或 其 他 漢 語「方 言」群 體 之 間 的 差 別，也 就 是 順 理 成 章 的（施 堅 雅 2015）。

深 入 言 之，族 群 意 識 的 形 成 是 相 對 於 另 一 個 族 群 團 體 而 存 在，族 群「他 者」是 族 群 認 同 的 基 礎。基 本 上，族 群 認 同 的 形 成 需 要 兩 個 要 素 的 同 時 作 用，第 一 是 基 於 血 統、宗 教、語 言 等 出 生 所 決 定 的 賦 予 性 情 感（primordial feeling）。第 二 則 是 社 會 實 踐 中 與 他 族 互 動 所 發 展 的 社 會 關 係，兩 者 經 由 個 體 的 主 觀 詮 釋，建 立 族 群 關 係 的 界 限。這 種 強 調 主 觀 詮

釋的理論發展，使得群族認同越來越強調「社會建構」的面向，強調人的主動性是族群認同的重要機制，原生的文化特質只是詮釋的材料，而社會互動的過程則是啟蒙族群認同的觸媒，社會互動所累積的經驗與記憶，會在不同的社會脈絡中建構成族群界限（張翰璧、張維安 2005：132-133）。因此，由從建構論的角度來看，臺灣客家認同並不是自然渾成的個體，而是經過集體想像，經過萌芽、成長、茁壯，而成熟的建構（張翰璧、張維安 2005：129）。以往臺灣客家族群性研究大多致力於思考大範圍、區域性的客家族群特色，卻可能無法具體解釋更細部的客家人群差異，近年從「生活中的客家」的角度，來理解更為細緻的人群關係建立過程與社群／聚落感的表現，乃是逐漸受到矚目的研究途徑（劉堉珊 2016：179）。本章採取此種途徑作為形成研究問題，並據此蒐集經驗資料的準據。

另一方面，Tanoue Tomoyoshi（田中智宜 2012）運用臺灣在 2010 年公布的《客家基本法》之中有關客家的用詞來指明臺灣客家族群性的概念。Tomoyoshi 認為自 1980 年代以來的客家運動是以傳承客語作為主要訴求，然而《客家基本法》並不採用客語作為標示客家族群性的唯一指標，因為現今臺灣年輕客家世代多已無法流利地使用客語溝通，因此本法第 2 條，將客家人定義為「具有客家血緣或客家淵源，且自我認同為客家人者」；客家族群則定義為「客家人所組成之群體」。本法反映出兩點：1. 客家族群性是主觀的自我認同。2. 更強調多元的族群性，也就是說，本法的基本假定為個人可以擁有多元的族群認同。因此，臺灣客家族群允許個人建構包容某種族群特色的個人認同，也是個人對於族群背景的標誌性承認，所以臺灣客家族群性具有象徵的（symbolic）性質。這是因為近代廣泛的社會流動以及頻繁的族群通婚，族群性已逐漸在日常生活之中邊陲化，但是人們並不全然放棄傳統中具有象徵性的要

素作為指明族群性的準據。《客家基本法》可以反映出臺灣客家政策的特色，亦即傳承復振客語，並維持客家族群為語言群的特質，而同時也積極地導入象徵族群性的觀點，以包容涵納更多不熟稔客語的年輕客家世代作為政策標的。

以下深入探究客家族群性的意涵。勞格文（John Lagerwey）在其主編的《客家傳統社會》（2005）之中表示在中國傳統客家地區即閩西、贛南、粵東、粵北等等，木材與土紙生產是當代的支柱產業，關懷產業原料的土地與自然環境形成了客家族群性的重要元素。此外，神明與祖先是傳統社會宗教崇拜的核心，中國客家地區的崇拜取決於一個象徵系統：風水原則。風水的意識與活動涉及農業社會對於土地與水源的操控，兩者均為傳統生活中生存與發展的必要條件，生存在這個環境中的人們要不斷為獲取「好風水」而競爭，風水在宗族間的互動與空間組織中扮演重要的角色。風水原則可能是客家族群性之中重視生存、生產、生活的基礎，甚至發展成為現代環境保育意識的源頭活水。

在臺灣體認客家族群性與其隱形化的傾向，首推徐正光在 1990 年代的系列論述。徐正光（1991：4-5）認為：

> 在臺灣，客家人常被稱為社會中的隱形人……其實，就族群的深層特質來分析，客家人又是一個極端重視歷史意識，並自傲於具有悠久的優異文化，具有強烈認同意識的族群……這種矛盾的族群性格，其實不難從客家人顛沛流離、面對艱苦的生存鬥爭的歷史過程中得到索解。易言之，這是客家人在歷史結構條件的約制下，為了族群延續和個體生存，所做的一種集體的抉擇和自處之道。

徐正光（1995）更進一步分析在臺灣客家族群被形容成社會中的隱

形人，較少以母語積極參與社會和政治運動，這種發展有其歷史結構的因素。除了移民過程所塑造的不利影響之外，民族國家建構過程中，一元化的語言文化政策扮演了關鍵性的角色。因此，客家問題也許是臺灣族群脈絡之中，第一個隱匿性的認同互動政治，也就是說客家認同某種程度上普遍性地可以在主觀過程中加以掩蓋，相關的個人因此可以「偽裝成」（pass as）當下易被接受的身分（莊雅仲 2010：10）。Lai（2017）引申徐正光的論述，提出臺灣客家隱形化的三個面向：1. 多數臺灣客家人能夠說流利的國語與閩南語，但很少使用甚至避免使用自己的母語；2. 相較於其他族群，臺灣客家族群很少從事社會和政治運動，即使參與他們也不輕易透露自身的客家身分；3. 由於特定歷史與政治上的理由，客家語言傳統與文化正在逐漸式微並邊緣化，導致整體客家族群的未來黯淡。

總結有關臺灣客家隱形化研究的主要論述，陳板（2000：331-332）認為客家的隱形化主要是為了謀生計，順利落腳生存，因此作為邊緣弱勢的客家族群盡量不張揚自己的族群身分。丘昌泰（2010：3）則認為當客家族群基於經濟或其他理由被迫進入到都會之後，就立刻面臨攸關族群存續的問題，例如隱形化或福佬化等。現代都市聚集了不同的族群，族群與其他各種組織交織在一起，構成複雜而多元的文化。然而，多族群聚在一起的結果，卻也常因文化的誤解造成許多的矛盾與衝突，引發了各種社會問題。徐正光（1991：5）卻解釋此種現象是客家族群在歷史結構條件的約制下，為了族群延續和個體生存的策略性抉擇，也就是說，當一族群或民族等共同體離開原鄉，遷徙置他地接觸另一共同體之際，如果另一共同體為該地的多數、強勢、主流者，則新加入的共同體即可能產生前述「模化」的混淆現象，而與原來的共同體的文明程

度並無直接關係。[1]

三、分析架構

　　制度研究者經常使用架構、理論或模型進行政策分析，可能會陷入預測錯誤的陷阱，因為系統是動態變化的，且影響因素過於複雜（Ostrom 2011：8-9）。本章參酌獲得 2009 年諾貝爾經濟學獎得主的歐玲（Elinor Ostrom）所發展出的 IAD 架構為研究的基礎。歐玲與其夫婿歐文生（Vincent Ostrom），畢生倡議治理的制度經濟學，以「布魯明敦學派（Bloomington School）」聞名於世，從制度經濟學的角度出發，致力於尋求最有效率的治理方式（邱崇原、湯京平、黃建勳 2011：95）。Ostrom 基於新制度經濟學（new institutional economics）開展出 IAD 架構，試圖分析制度如何影響個人及其行為的誘因。此架構不僅可以適用於跨越學科如政治學、社會學、法律學、人類學、經濟學、公共行政等的假定與觀點，更可克服制度不易認明與難以衡量的研究困境。IAD 架構的主要功能是將制度性規則、物質與物理條件與社區屬性三者影響行動者互動以及發展政策結果予以理論化（Omori and Tesorero 2020：834）。更重要的是 IAD 架構可以作為公民互動或對話的工具，可以使得實驗室和現實場景的實證研究更能檢驗理論的可行性（姚佳瑩、廖學誠 2018：91）。

1　伊能嘉矩在 1896 年調查臺灣北部、東北部的平埔蕃現狀之時，記錄平埔蕃耆老稱其祖先來自中國（唐山），甚至是日本（東洋），但當時臺灣蕃多，移殖者就模仿蕃人而成為平埔蕃，即熟蕃。本章作者認為伊能嘉矩提出「模化」的概念適可作為思考客家隱型化問題的線索。參閱伊能嘉矩（2021：58-66）。

　　Ostrom 在 1990 年即提出「共有性資源理論」（common-pool resource theories）來解釋行動者如何克服集體行動的困境，以持續管理具有共有性質的資源。Ostrom 在這個理論之中提出了八個長期性自我管理共有性資源之制度性安排的設計原則：（一）明確的資源界限與資源使用者；（二）分配提供的規則需配合地方條件；（三）大多數的資源使用者可以參與規則的修正；（四）管理者負責資源的分配；（五）適當的運用制裁手段；（六）運用低成本的衝突解決機制；（七）形成小規模的承認權；（八）有效運用巢狀（nested）組織結構（Ostrom 1990：90）。值得注意的是：IAD 架構假定所有的規則均與其他規則是嵌套連動的（即是巢狀組織結構）。例如運作規則的改變，會直接影響行動者日常管理共有資源的操作方式的改變；而集體選擇規則的改變，又會直接影響運作規則的改變。因此，如果行動者有改變規則的必要，可以獨立地在不同層級尋求改變。這種 IAD 架構的制度假定反映了多中心治理的特徵（Omori and Tesorero 2020：838），體現了行動者得以持續管理共有性質資源的制度變數，因而廣為學術界與實務界所採用。

　　深入言之，IAD 架構本身是問題解決取向，其目的是探討與解釋人們如何利用制度性安排來解決集體問題，以及了解制度設計的邏輯。為了了解制度設計的方法與理由，IAD 架構也會發展提升制度績效的建議方案。因此，運用 IAD 架構之目的就是要解決集體行動所面臨的問題，此因個人行動與選擇的結果必然取決於他人的行動與選擇，這種人們行動與結果的互賴關係，意味著人們必須要考量與協調彼此的行動與選擇，就必然牽涉個人的利益與集體利益的分歧與調和，這就是 IAD 架構的研究重心（Schlager and Cox 2018：254）。IAD 架構可認明制度性安排之中主要結構性變數的類型，其多重層次的概念圖像如圖 6-1：

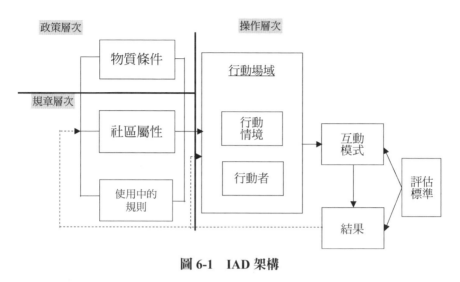

圖 6-1　IAD 架構

資料來源：整理自 Ostrom, Gardner, and Walker，1994：37。

　　IAD 架構包含以下層次：（一）操作層次（operational tier）：包含行動場域之中的行動情境與行動者基於誘因彼此互動形成結果。行動情境包括個人互動、交換物品和服務、解決問題以及相互配合的社會空間，其中包括行動者、位置、行動、資訊、控制，以及成本與利益，這些連結都會導致可能的結果，不同的決策會影響到行動情勢與結果的改變。（二）政策層次（policy tier）：政府決策者的政策決定影響了行動場域之中的具體的物質設施條件，進一步影響了操作層次。（三）規章層次（constitutional tier）：Imperial（1999）認為規則是禁止、允許或要求某些行動或結果的指示，以及伴隨沒有達成規則的處罰行動。規則受到環境不斷地與之產生交互影響，而呈現不同層次之面貌，大致可分為三類：操作性規則（operation rules）；集體抉擇規則（collective choice rules）；以及規章抉擇的規則（constitutional choices rules），其中規章抉擇規則與集體抉擇規則的層次較高，也就兩者決定了操作性規

則（Imperial 1999：452-458；陳明燦 2002：75-77）。此外，規章層次
也包含社區屬性，社區可視為制定資源使用規則、執行規則以及解決
或仲裁爭端的制度，社區的代表們在此制度之中作出決策並進行操作
（Agrawal and Gibson 1999：638-639）。

　　總結言之，IAD 架構的內涵可以歸納為兩個要點：（一）以行動場
域為視角，來分析、解釋、預測在制度安排中行動者的行為以及行動情
境；（二）深入探討影響行動場域之初始結構的因素，包含規範行動者
之間關係的規則、行動場域的特殊屬性，以及在行動場域之中現有的硬
體建設。由此一架構可以認明行動者的行動結果，一方面收受到物質設
施、族群屬性、使用規則等基本條件所影響，另一方面也受到行動場域
之中行動情境與行動者之間互動所影響。特別值得注意的是：行動者會
理性地計算行動的成本與結果的收益，來決定是否參與和投入參與程
度；而集體行動的結果是基本條件與行動場域彼此互動的產物。就臺灣
的實際運用 IAD 架構的案例而言，傳統的農田水利會建構的農業用水
灌溉體系（邱崇源、湯京平、黃建勳 2011）或當代原住民參與集水區
的河川保育（姚佳瑩、廖學誠 2018），均強調在地居民以義務性集體行
動發揮綜效的必要條件，有賴於一套揉合專業官僚管理和居民自我治理
的制度性安排。

　　上述 IAD 架構對於探討客家社區中公民參與環境保育集體行動具
有高度的參與價值。客家社區中涉及的行動者包括社區居民、社區組
織、地方政府、公民團體等，與公民參與相關的決策中心，這些決策中
心在行動場域具有相應的行為假定與特徵，包括投入公民參與的有形與
無形的資源；對於公民參與狀態及其行動的評價；獲取、處理、保存運
用公民參與知識與資訊的途徑；行動者選定行動方針的過程等等。另一
方面，上述主體的行動情境（action situation）也包含以下變數，例如

參與者、職位、結果、行動－結果的聯結、參與者的控制方法、資訊、結果的成本效益等。客家社區之公民參與的行動場域（action areas）即由上述行動者以及行動情境組成。申言之，行動場域就是客家社區之中公民參與環境保育集體行動者彼此互動、交換財貨和勞務、解決問題，甚至相互支配、衝突的社會空間（social space）。

四、場域分析

　　2000 年 7 月 13 日高雄旗山溪廢液非法傾倒污染事件，因擴及水源區，影響整個大高雄地區自來水供應不足，連續停水五天。為維護民眾飲用水安全，當時高高屏三縣市召開首長會報，共同研議成立「高高屏三縣市河川自衛隊」，進行水環境巡守工作，加強高屏溪流域沿岸調查，成為臺灣最早的「水環境巡守隊」。環保署於 2002 年宣布為「河川污染整治年」，透過各項計畫辦理全面性的河川流域整治及污染防治工程，並建立起民眾通報污染標準流程，亦即當水環境巡守隊發現水環境污染或疑似廢水排放之情形，可立即透過各地環保局專線進行通報；由環保單位主動與民眾聯繫，合作進行蒐證舉發及督導改善工作，遏止流域污染或廢液偷排情事。近年水環境巡守隊的不斷成長與茁壯，至2020 年 12 月底，全國已有 462 隊水環境巡守隊，隊員人數高達 13,125人[2]。

　　老街溪位於桃園市，因經流中壢老街而得名，全長 36.7 公里，起

2　https://water.epa.gov.tw/Public/CHT/WaterEnv/Patrol.aspx，取用日期：2022 年 2月 22 日。

源於龍潭區，流經平鎮、中壢、大園四區，在大園區許厝港注入臺灣海峽。根據維基百科，數年前老街溪之主、支流之大部分河段，皆已被大量之家庭（生活）污水與工業廢水長期嚴重污染。溪水皆呈現深黑或七彩顏色，河面飄浮著垃圾，溪水並夾帶大量之化學泡沫順流而下，溪水經常惡臭不堪，溪流生態更早已被破壞殆盡[3]。1989年省政府與地方政府決定採用「加蓋」工程，將老街溪汙染最嚴重的中壢段溪面建成平面，以解決當時的停車問題與流動攤販問題，但因建商不按圖施工牴觸《水利法》，大部分空間閒置未用，不僅造成了市容景觀不佳、兩側巷弄狹窄陰暗、社區發展停滯等問題，並因加蓋工程致使河槽窄縮，河道寬度不夠，讓老街溪兩側地區存有淹水潛在危機，導致使用執照遲遲無法核准，讓攤商無法順利進駐營業，建商也因故多度易手，延宕了二十餘年。此證明在緊鄰都市的河道上加蓋建物，不僅形成都市景觀之瘤，而且河川中的汙染物排放不出來，水環境問題更加嚴重，乃是失敗的公共建設[4]。1991年納莉颱風過境還造成災害，之後歷經四任縣長，終於在2011年「開蓋」，其時地方政府積極推動水質改善與河川整治等水岸再生工程。

　　老街溪在開蓋之後，歷經拆解、整理、廢棄物分類、回收、掩埋、回填等工序，進一步進行了周邊景觀的美化工程。整治後所釋出的水岸空間，展現老街溪的沿岸風光，不但成為當地居民的生活休閒場域，也成為全國展現環境保育成效以及推動環境教育的典範[5]。老街溪的整治工

3　https://zh.wikipedia.org/wiki/%E8%80%81%E8%A1%97%E6%BA%AA，取用日期：2022年2月22日。

4　https://ljriver.cyberbiz.co/blogs/news/35174，取用日期：2022年2月22日。

5　http://trrn.wra.gov.tw/trrn_file/static/upload/restorationCase/1490d97ac7c00000b560.pdf，取用日期：2022年2月22日。

程是由桃園市政府水務局推動硬體設施的建設、開蓋的施作、沿岸步道的構築以及環境的綠美化等。待整治工程完成之後，當時地方政府即需面對流域整治工程的維護以及水環境優化等議題。因此，在原有水環保志工隊的基礎之上，配合行政院環境保護署的「邀請民眾參與水汙染防治工作的具體作為，落實河川巡守政策」的理念（行政院環境保護署，2020），鼓勵社區民眾、民間企業、環保團體等，藉由教育訓練、淨溪淨灘、志工培訓等活動，整體推動老街溪的鄰里環境保育，而轉由桃園市政府環境保護局的水質土壤保護科主政，於 2016 年正式招募水環境巡守隊。

　　老街溪中壢段與平鎮段之內，可以視為典型的都會地區[6]。現共有五個水環境巡守隊：中壢區的「中壢老街溪水環境巡守隊」、「興平里老街溪水環境巡守隊」、「洽溪里老街溪水環境巡守隊」，以及平鎮區的「廣興里老街溪水環境巡守隊」、「新榮里老街溪水環境巡守隊」。各水環境巡守隊之中投入較為積極的志工約為 30 人。本章的研究理念為採取管理共有性資源的觀點，探討在客家社區中族群性如何影響社區的公民參與，並採用 IAD 架構解析桃園市老街溪流域所涵蓋都會客家社區：平鎮區與中壢區的代表性客家社區的水環境巡守隊的行動者，如何形成集體行動來達成環境保育結果。本章研擬本章的分析架構如圖 6-2 所示：

6　桃園市政府從「歷史人文」及「地理環境」為分類方式。因此，桃園市政府則將客家文化重點發展區劃分為「近山客家」、「濱海客家」、「都會客家」三類型。也就是說，桃園市的客家社區具有山客、海客、都會客「三重」特色，並兼具傳統（山海客）及現代（都會客）元素（王保鍵 2016：94-96）。

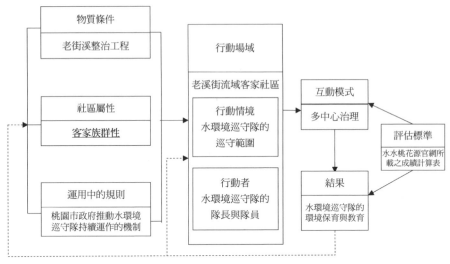

圖 6-2　桃園市老街溪都會環境保育的 IAD 架構

資料來源：作者繪製。

　　本章嘗試結合並調整前述之 IAD 架構的要素，分析桃園市都會環境保育的制度如下：就物質條件而言，主指 2010 年桃園縣政府成立「桃園縣河川汙染整治推動委員會」，將老街溪列為整治重點之一。2011年 3 月著手開蓋工程，拆除工程歷時 120 天，並於同年 7 月底完工。其間，由桃園市政府水務局主導的老街溪水利工程、水利養護工程以及污水設施管理工程等河川流域整治工程。桃園市政府在 2016 年進行老街溪的硬體整治工程之後，一方面將沿溪的環境保育主要賦予環境保護局的水質土壤保護科主政管理、溝通、協調並監測民間水環境巡守隊的成效，並由教育局在老街溪沿岸的中榮里設置河川教育中心，推廣水文環境保育的教育知識與相關活動，定期與桃園市中小學協力推動環境保育。另一方面，由公務局主政沿岸的步道、路燈等工程的養護，一經水環境巡守隊通報隨即修整，以及由環保局清潔大隊主政溪中大型污染廢

物的回收，也由水環境巡守隊負責通報。因此，桃園市政府老街溪流域中壢段與平鎮段的整治工程乃是政府跨局處的協力結果。

　　就使用中的規則而言，主指依據行政院環境保護署「全國水環境巡守隊經營工作手冊」，桃園市政府環境保護局制定「水環境巡守管理暨績效評核獎勵計畫」，計畫目標為建立志工教育訓練及績效考評制度，提升志工巡守效能，以及鼓勵校園或民眾自主認養河段，擴大參與水環境巡守、生態保育及環境維護工作，並分享執行經驗等，有助於水環境教育之推廣（桃園市政府環境保護局 2021）。在環保局中與水環境巡守隊行動最為相關的水質土壤保護科，該科制定客家社區中水環境巡守隊推動環境保育行動的評鑑面向與指標，以及契約委外之中和民間廠商推動環境教育的工作項目；在教育局中與環境教育最為相關的體育保健科；在客家事務局中與在地客家社區互動最為密切的綜合規劃科等等。這些桃園市政府相關局處共同制定並運用推動水環境巡守隊持續運作的機制。

　　就社區屬性而言，在 IAD 架構之中，社區屬性的概念與變數較少被探討，Ostrom 只運用了規範、文化、世界觀等面向探討社區屬性（Schlager and Cox 2018：269）。社區屬性是一種社會基本型式，在生活區域之中由諸多具有相同文化或歷史背景的個人所組成之社區，強調公共利益且具有社會資本或行為規範（Ostrom 2007）。本章則特別重視此一 IAD 架構的構成要素，從「族群性」的角度切入，試圖理解桃園市都會客家社區的在地居民對於「客家」身分的自我解釋、文化實踐、認同經驗與族群特色，以及此種客家族群性對於環境保育發揮的功能。

　　由上述桃園市老街溪環境保育之政策層面與規程層面的分析中得悉：水環境巡守隊傳送環境保育的性質乃是在桃園市政府老街溪整治工程建構的物質條件之下，結合市政府相關局處制定的規則與客家社區基

於族群性發揮的志願行動，所形成之兼具人造性（human-made）與自然性共有資源。此一資源能否持續地達成環境保育的結果，甚至提升綜效，仍需配合水環境巡守隊在行動場域內發展出互動模式的操作層面。

就行動場域而言，主指桃園市老街溪流域沿岸都會中的代表性社區：平鎮區的廣興社區與新榮社區，以及中壢區的興平社區、洽溪社區與金華社區。前四個社區組成以「里」為名的水環境巡守隊，另一金華社區並不瀕臨老街溪，而由鄰近的在地公民團體中的成員所形成的水環境巡守隊，成員的社經地位較高且多由外在遷入此社區。每一水環境巡守隊均由居住該里的在地居民所組成，定期以小組動員方式從事河川流域整治（包括沿岸堤防、步道的維修等）、污染防治（包括通報廢水排放、蒐證舉發及督導改善工作等）、環境教育（環境志工的培育、參與位於中壢區老街溪畔之河川教育中心舉辦的活動等）相關任務。水環境巡守隊皆有主管機關，如環保局、教育局、水務局等劃定的責任領域，並在其中推動環境保育相關活動。值得注意的是，這五個代表性水環境巡守隊的現任隊長及歷任隊長大多為客籍里長，大多數隊長也以客語作為隊員彼此溝通的主要語言。然而，隊員的族群組成多元，水環境巡守隊的行動場域形成一個以客家為主的多元族群互動的行動場域，隊員投入的有形與無形的資源。上述都會客家社區之中，水環境巡守隊包含了非常複雜多樣的環境保育相關的行動者，這些行動者彼此互動、交換財貨勞務、解決問題，乃至相互支配衝突的關係，揉合著基於理性抉擇的利益計算，以及基於族群認同的情感偏好（Berardo and Lubell 2016）。

就互動模式而言，水環境巡守隊是典型的志願型社區組織（voluntary community-based organization），並沒有與桃園市政府存在權利義務對等的正式關係，兩者之間應該定位為較鬆散的治理結構（汪憶伶 2004）。本章將老街溪流域中壢段與平鎮段的都會客家社區水環境巡

守隊的互動模式定位為多中心治理。詳言之，一方面老街溪多個水環境巡守隊具備一定程度決策與實踐的獨立性，採取了不同的協作機制。另一方面，桃園市政府也建立了都會鄰里環境保育的政策平台，制定統整性規範系統並提供經濟誘因，激發老街溪流域之中社區居民志願組成水環境巡守隊，並將巡守範圍交疊，促使功能類似的水環境巡守隊彼此競合，發揮多中心治理的冗餘特性，來增強都會鄰里環境保育的韌性（孫煒 2021）。

　　就環境保育結果而言，由於環境知識的生產傳送具有在地、多樣、複雜等特性，而公民參與可以填補環境知識的鑄隙，促成更好的科學與決策判斷（杜文苓、施佳良 2019：2）。因此，近年在專業科學家與科學機構的合作或指引之下，由社會大眾執行科學工作的公民科學，成為科技發展與公共行政的新趨勢。本章行動場域之中的水環境巡守隊志願性蒐集老街溪的廢棄物清理監測、水質監測、水岸活化等工作正是「公民科學」的初階實踐。2014 年平鎮區新榮里水環境巡守隊首獲行政院環境保護署頒布的「特色級水環境巡守隊」；2019 年中壢老街溪水環境巡守隊也獲得了「優良級水環境巡守隊」的肯定。這在全臺近五百個水環境巡守隊之中，老街溪流域都會區之水環境巡守隊的鄰里環境保育成效可謂出類拔萃，備受肯定。但是，地方政府卻也正視水環境巡守隊可能產生的志願失靈現象（voluntary failure），特別是慈善的業餘性（philanthropic amateurism），亦即志願組織的服務多依賴未受過正式專業訓練的志工來提供，也由於受限於資源困境，較無法提供職工具有競爭力的薪資，進而影響志願組織的成效（Steinberg 1998）。此一現象具體展現在桃園市環保局訂定之管理及績效評核獎勵的配分上，如水水桃花源官網所載之成績計算表，其中「環境教育推廣或水環境教育或自行辦理淨溪、淨灘活動」比例最高，其他如志工撰寫短文並發布臉書，甚

至要求在定期之內的按讚數目，也顯示地方政府較強調水環境巡守隊推
廣水環境教育的角色，而非其專業能力。

五、深度訪談與研究發現

在客家族群性中蘊含環境保育的歷史淵源層面，本章採用學者專家
的深度訪談資料作為論述基礎。在客家族群性中實踐環境保育的場域特
性層面，本章作者於 2020 年 6 月至 2021 年 3 月之間也採用深度訪談上
述研究場域中參與水環境巡守隊推動環境保育的隊長與隊員之動機、功
能以及客家族群重要性等三個主要面向，探討客家族群性實踐環境保育
的深層意涵（受訪者名單與背景介紹見附錄）。

客家族群在早期原鄉生活的環境物資相當稀缺，在此種稀缺資源的
生態環境之中所孕育出的文化圈，是以語言為凝聚族群文化的核心價
值，冀望客語能夠長久傳承，特別是在主流文化的競爭壓力之下，運用
共通語言作為溝通互動工具的客家族群，自然而然會發展出永續經營的
基本理念。此種基本理念與生態環境的相互結合，就會產生對於土地的
尊重以及對土地上自然資源的珍視，進而演進為視土地為主人，居住生
活於土地上的人為客人的觀念，此種觀念內化成為客家族群性之中的重
要面向，也成為推動當代環境保育集體行動的源頭活水。一位從事客語
傳承與復振工作多年的學者專家表達了上述理念：

一個團體或組織的核心價值就是要讓它永續經營，那永續經營以客
家來說，就是環繞著語言文化的永續經營……這種觀念跟客家人在
江西、廣東、福建等這種環境裡面生活有關，他就自然養成靠山、

河維生。你要耕作而且水不是那麼足，所以也對水資源非常、非常地珍惜，在這種環境之下，自然養成對於土地的崇敬。所以人其實在這個土地上是客人，而土地才是主人，人為客、地為主。我們只有使用權，我們沒有擁有權，所以我們的先人在閩、粵、贛那個地方，因為生活困苦，所以很自然地就會養成對物質非常、非常地珍惜，不會暴殄天物。（受訪者 SC）

這位學者專家也舉出了若干客家諺語與辭彙來表達客家族群對於環境保育與自然資源的重視：

客家人說莫欺山、莫欺河、莫欺水，就是不要欺負山，也不要欺負水，譬如你不應該硬是把山炸下來做房子……老人家就會說很折福，就是把福氣折掉，能吃的東西，能用的東西，你把它丟掉，就是折福，這個概念非常常見。（受訪者 SC）

此種歷史根源，也反映在客家族群往後的常民生活的行為模式之上，形成與其他族群的差異，不過，學者專家也表示這在進入現代社會與其他族群密切互動之後，可能會顯示出緊張關係，但是這位學者專家表示客家族群應以更開闊的襟懷與彈性的作法來面對：

以前經濟好的時候，閩、粵、贛的客家人往潮汕、廣州、福州、贛縣這一帶跑，那經濟不好馬上又可以回山去，可攻可守。那這樣的條件之下，因為客家人常常要遷徙，所以他很自然就發展出食物醃漬的食品……又譬如在臺灣史上客家地區的存款量，有時超過閩南人的縣市……客家人較流行土葬，治喪也較短，而且吃喪事的飯，

絕對不會做大魚大肉等等⋯⋯客家人有自己保守的一面，但是好的
保持下來，但是自己如果本身有什麼缺點，也可以檢討。（受訪者
SC）

　　環境生態的破壞對於人們未來所造成之短期與長期的衝擊，乃是影
響人們重視環境保育的主要因素，特別是對於居住在環境生態不佳區域
的人們而言，諸如有毒廢棄物的傾倒、民生活動的副產品等均是侵害當
代公民健康權的表徵，比起居住在其他區域的人們更能感同身受環境政
策的意義與重要。一般而言，少數族群尤其是經濟不利者往往居住在環
境生態不佳的附近區域（Brown et al. 2021：2-3）。本章的行動場域：中
壢區與平鎮區的老街溪流域便是顯例。傳統的長住客家族群皆居民於老
街溪沿岸的客家社區，位處於都會之內，但是長期以來，老街溪環境生
態的破壞降低其生活品質，甚至於被污名化。因此，客家社區在地居民
投入水環境巡守隊，推動老街溪流域的環境保育相關活動。該客家社區
所組成的水環境巡守隊區分為兩個類型：緊鄰溪岸的水環境巡守隊，採
用所在「里」為單位，大多由里長擔任隊長，隊員多由里民所組成。另
一為居住於鄰近社區但對於老街溪環境保育具投入意願，並積極行動組
成的水環境巡守隊，乃以在地公民團體為基礎，由該公民團體中的領導
人士擔任隊員，並由團隊成員構成核心成員。兩類水環境巡守隊之大多
數成員皆為客家族群，但也包含閩南、外省、新住民等其他族群，具備
都會區多元族群混居的特色。

　　在動機面向上，自小居住於老街溪沿岸的客家族群投入水環境巡守
隊推動環境保育工作的主要理由是訴求自身的成長歷程與切身的生活經
驗，因而其實踐較集中於生活環境的淨化與保護，以及沿岸設施的維修
與復原。一位隊長表示：

開始時我們是的自發性，那時候老街溪還沒整治好，那邊很髒亂，
那個老街溪就是在我們里的旁邊，當時候我又很喜歡做，就是開始
整治了周邊的河川、水務局的土地，後來當時的縣長、縣政府覺得
你們蠻不錯，已經有成績了，就來成立，縣長就在新街廟那邊，作
了一個蠻大的活動，就從那邊授旗……當時老街溪還沒掀蓋，當它
掀蓋之後，才會有河川巡守隊出現，縣政府就有公文來。（受訪者
ITC01）

另一位世居在老街溪沿岸的隊員表示：

因為我們在這邊土生土長，我們看著這條溪，而且這個溪現在變化
很大，以前我們看到的水是非常清澈的，很多魚、蝦。以前的物資
沒有這麼充足，大人帶著我們小孩只要畚箕插一下，有蝦子有魚，
晚上就能飽餐一頓。可是後來水質真的很糟糕。（受訪者 ITM01）

然而，一位以在地公民團體為基礎組成之水環境巡守隊的隊長卻表
示族群因素並不是主要的凝聚團體的力量，由於隊員來自老街溪鄰近各
社區，許多是外來的移居人口，族群成分也相當多元。因此，組成水環
境巡守隊的主要動機是基於當代環保理念或認同在地環境優化，因而其
實踐不止於沿岸的具體作為，而較強調環保技術的精進以及與更廣泛社
區的互動，例如鼓勵成員接受環境教育的培訓等。一位隊長表示：

我們巡守隊就追求一個成就感，在老街溪我們這一段，從早到晚那
麼多人來走，就是我的心願是一早就能讓老街溪來休閒運動的人，
覺得這環境是很乾淨的，也是很安全的……我們要激發人向上學習

的能力，因為人都需要豐富化，生活能夠增長見聞，所以我們常常
會有一些增能的課程，不是說只有來撿垃圾、來通報而已。（受訪
者 ITC02）

　　基於當代環保理念或認同在地環境優化也充分展現於以在地公民團
體為基礎的水環境巡守隊的環境保育集體行動。他們不僅完成沿岸巡守
的基本職能而已，還基於環保理念，到社區之外的場域例如小學，運用
多元形式，推廣環境教育，延伸環境保育的正面外部效果。這位隊長表
示：

我們巡守隊志工的職能，就要做源頭管理，就要減量，還有減塑、
限塑、不塑，我認為從小就是要給學生、下一代開始有這些意
識……我們曾經編過一個環保話劇，叫「塑花驚魂記」，主題就是
容器的循環再利用，像是便當盒、飲料杯這種循環再利用，那環保
局就請我們去演這個環教話劇；我們在還沒有演之前，我也推動一
個叫作「減塑救海龜、珍惜美麗海洋」這樣一個簽署活動，那我們
到過的學校，應該中壢區的小學我們都到過了。（受訪者 ITC02）

　　在功能面向上，各水環境巡守隊皆能遵循由桃園市政府環保局所制
訂的管理與績效評核的工作指引，推動老街溪沿岸的環境保育行動。值
得注意的是：由於客家族群的凝聚力較強，隊員之間除了基於環保理念
之外，族群的「我族意識」也使得巡守隊內部形成認同感，進而產生行
動力，而在地舉行的客家文化藝術活動提供了水環境巡守隊中客家族群
的聚會場域，加深了社區中的客家意識。一位擔任以「里」為單位，組
成之水環境巡守隊的隊長表示：

主要的客家文化活動就是新街仁海宮那邊，每年中元都會做燈會，在農曆 7 月，中元祭的時候，新街仁海宮都會有神豬造型的燈，就會在仁海宮那邊繞，就是中壢市區這邊繞境，那它都會把中元祭的那些燈的展示品，它會放到老街溪步道廣場，會做一個展示。（受訪者 ITC03）

　　水環境巡守隊的地緣意識扮演了相當關鍵的角色，也就是說以「里」為單位所組成的水環境巡守隊的隊長與隊員由於均是居住於操作場域附近，其巡守工作不僅基於環保理念，更是為本身居家環境品質的提升而盡心盡力，而根植於社區基層的客家族群性在其中展現了黏合深化族群關係的功能。此種現象可能衍生兩種取向不同的效果：一為該水環境巡守隊專注於固定巡守範圍之內的既定工作，憑藉在地的「社會資本」善盡環境保育的基本工作責任。但是，另一為對於巡守範圍之外的環境保育推廣活動可能意願較低，進而創意與創新的動力也較低。另一方面，以公民團體為基礎所組成的水環境巡守隊的隊長與隊員大多並非世居於老街溪沿岸，由外來的移居人口構成水環境巡守隊的主體，參與動機除了欲維護老街溪沿岸整潔安全的環境成為市民的適宜休閒場域之外，更為致力在環境保育價值的創新與倡議，因而族群意識並不顯著。

　　在客家族群重要性面向上，老街溪中壢段與平鎮段沿岸客家社區所組成的水環境巡守隊呈現多元族群參與的現象，雖然客家族群占多數，但閩南、外省族群也有相當的比例。其中以公民團體為基礎所組成的水環境巡守隊的客家意識較為薄弱，凝聚組織的基本價值在於隊員對於環境保育理念的認同以及在地環境的關懷，即使隊員中的客家人擁有較高的客家認同，但也不會突顯。這位隊長表示：

很多朋友來加入我的巡守隊，覺得就是大家都可以志同道合，所以我的隊員來自於沿岸十二個里的居民，我們都可以接受各種族群，這裡有外省的、有閩南的、有客家的等等。（受訪者 ITC02）

同隊的兩位隊員也表示：

客家人的身分，我們不會突顯，但是我以客家人為榮。（受訪者 ITM02）

我是比較不會分族群啦，就是平常大家和和氣氣。（受訪者 ITM03）

值得注意的是：即使以「里」為單位所組成的水環境巡守隊，由於地處都會，外來移入者也較多，客家族群雖然占較高比例，但是由於從事的是具公益性質兼具鄰里事物的環境保育集體行動，也抱持著多元涵容的態度，「客家意識」僅是成為聯結隊員情感，凝聚全隊認同的因素之一而已。都會客家族群隱形化的現象在此表現地相當明顯。多位水環境巡守隊的隊長表示：

因為客家人很好客，所以他們一開始講本來是分兩梯次，到後來大家希望可以常常見面，聯絡彼此的感情，所以才不要分梯次，全部都融合在一起……平常在出巡的時候，交談都是用什麼樣的語言都有，國語、閩南語、客家話都有，當然我講的話，可能就是國語嘛，那其他比較老的長者，他們就會講客家話。（受訪者 ITC03）

沒有什麼分客家不客家，其實大家出去都講國語，現在外面搬來住

戶的很多，在地的，算差不多一半，像我這邊大樓的、獨棟的，剛好一半到我們這邊。（受訪者ITC04）

巡守隊裡的族群不重要，我們沒有族群之分。（受訪者ITC01）

　　其中一位客家隊員表達了客家族群在面對臺灣社會的主流族群之際的微妙心態，也就是面對自身族群講客家話來表現「我族意識」以示親密關係，然而對其他族群講國語，屈從主流族群的互動習性以迴避標籤化，降低摩擦的可能，即使是在客家族群占多數的都會客家社區中亦是如此，此一現象背後的心理機制殊堪玩味。她表示：

　　客家人會把自己特性隱藏起來，很會妥協跟閩南人、外省人講國語，也把他的語言藏起來了，我覺得這一點是把我們埋藏的一種……我們客家人出去講話，他聽不懂我客家話，我就會應著他，順著他，不會像閩南人。客家話雖然是我的母語，我既然聽得懂閩南語，就用閩南話跟我講。所以，我們客家人就是很會順從人家，講不好聽，就是巴結人家，但是我們私底下真的講客家話的人，就是這些人，蠻多的。（受訪者ITM01）

六、結語：制定激活族群性的客家政策

　　當代永續發展已然成為規範各國政治、經濟、社會、文化部門發展中不可或缺的環節，也是建議一套人類形成各種形式的組織所應該努力追求的願景；永續發展也將以行動為導向，考慮不同國家的現實、能力

與發展程度，並尊重每個國家的政策與優先要件，因而永續發展也應適用於全球的每一國家與地區。聯合國所制定的 17 項永續發展目標中，清楚地包含永續發展規範面的四大基本支柱：經濟繁榮、社會包容性和凝聚、環境永續，以及政府和企業的良善治理。因此，全球民主先進國家應該制定更為前瞻性與涵容性的公共政策，來推動現代社會中政府、企業、非營利組織、社區等部門共同協力，全面且均衡地達成永續發展目標。具體而言，當代政府應該採取揉合分權、多元、由下而上、跨行政領域、公私協力等之治理原則，部分取代傳統強調集權、單一、由上而下、本位主義、公部門支配的統治典範。此種民主治理（democratic governance）模式提供了社區自主地形成操作性規則，並進一步產生集體抉擇規則管理共有資源的機會。此種集體抉擇的安排、監督甚至制約的制度設計原則，對於社區居民持續運作，並持續維護共有資源非常關鍵（Omori and Tesorero 2020：856）。

　　本章旨在發掘臺灣人口最多的少數族群：客家族群的文化脈絡之中，具備呼應當代永續發展意涵的族群性，並以經驗研究為佐證，賦予傳統客家文化永續性的現代實踐意涵。根據 IAD 架構的制度設計原則，桃園市老街溪中壢段與平鎮段的都會環境保育可以被視為兼具人造性與自然性的共有資源，因為地方政府積極進行老街溪整治工程，並在工程完竣之後，設計地方局處之間的協調機制，並鼓勵客家社區的在地居民自發地成立水環境巡守隊，推動環境保育的集體行動，其中由桃園市政府制訂的水環境巡守管理及績效評核獎勵等制度性安排，固然是維持環境保育集體行動的主要因素，但是本章更為強調客家社區之中，族群性在水環境巡守隊巡守場域所發揮行動者之間的連結與向心，形成之多中心治理的集體行動體系，方是桃園市老街溪水環境巡守隊近年表現備受肯定的關鍵。

　　深入言之，此種多中心治理的集體行動體系雖然具備了分權的形式，但是水環境巡守隊之間仍在桃園市政府設計的規則制度之下進行不同程度的合作與競爭（孫煒 2021），而其中客家社區在地居民積極參與水環境巡守隊的集體行動是必要因素。參與集體行動的在地居民應該具備以下觀感，並作出承諾例如了解巡守規則、願意維持及修繕巡守區域的環境條件、服從隊長的領導、定期學習與精進環境教育知識等等（Omori and Tesorero 2020：845）。上述皆需參與水環境巡守隊的在地居民投入相當程度的精力、時間甚至有形的資源，而在客家社區中固有的客家族群性適可提供此種多中心治理得以有效運作、發揮綜效的解釋因素。

　　客家族群性乃是客家族群與其他族群區隔的特性，在臺灣客家族群性之中，客語是最核心的特性，而伴隨歷史淵源與當代趨勢而凝聚的價值觀也是族群性不可或缺的要素。然而，不容諱言，臺灣客家族群性正在式微，而多元涵容、平等自由的社會結構方是民主治理的基礎建設，因而臺灣政府應該積極地設計妥適的制度以及制定有實質影響力的政策，以突顯臺灣的客家族群性。本章採用 IAD 架構指引經驗研究，探析即使在都會客家社區的族群性隱形化之下，傳統客家文化的永續性，仍可反映在環境保育的集體行動之中，但推動集體行動的心理趨力還需與當代環保理念或認同在地環境優化相互結合，賦予客家族群性「與時俱進、推陳出新」的時代價值與前瞻願景。

　　本章透過深度訪談，體認傳統客家先民在匱乏動盪的自然與人為環境中，培養出尊重自然，與環境共生的世界觀，並以傳承語言為族群凝聚的主要力量，延續了客家文化的命脈，迄今仍傲立於全世界。再者，本章採用 IAD 架構檢視了臺灣桃園市老街溪中壢段與平鎮段都會客家社區的環境保育集體行動，也經由針對參與水環境巡守隊成員的深度訪

談，發現當代都會客家社區的客家族群性由於受到現代多元價值的影響、外來遷入人口的衝擊、經濟發展與繁榮的效應等等因素而逐漸轉型。在基於使用客語為核心意識的客家認同之中，滲入了都會區較普遍的當代環保理念以及認同在地環境優化，也就是說，傳統客家族群性的堅持語言文化和尊重土地生態的價值，在現代都市化的潮流之下，加入了環境保育的專業知識，甚至欣賞優質環境的美學審視，這種傾向豐富了客家族群性的現代意義。

自臺灣 2001 年設置客委會以來，各地方政府亦紛紛設置客家行政機關，秉持客家基本法的精神，建立共存共榮的族群關係。然而，各級客家行政機關傳承發揚客家語言文化的主要途徑往往是舉辦各種主題之客家文化與藝術活動，強調客家語言文化的傳承與特色，而較少顧及客家基本理念與中心思想的發掘與突顯，尤其是與全球前瞻性價值體系的對接及揉合。為了使臺灣客家族群性深耕厚植、歷久彌新，各級客家行政機關應該依循當代民主治理的原則，推動具備審議精神的公民參與模式，運用基層客家社區之中客家族群的人際網絡，凝聚出對於客家公共事務的共識，而後據此共識作為制定客家政策的施政方向，其中永續發展及其相關價值、目標及方案，應該是連結客家傳統文化與未來趨勢的關鍵，值得臺灣客家政策的決策者以及全體客家族群深思，並轉化為具體實踐。

參考文獻

王保鍵，2016，〈論桃園客庄型態與客家政策〉。《臺灣民主季刊》13（4）：93-125。

丘昌泰，2010，〈探索臺灣都市客家的圖像〉。頁 1-15，收錄於江明修編，《客家地市治理》。臺北：智勝。

伊能嘉矩，楊南郡譯註，2021，《平埔族調查旅行：伊能嘉矩〈臺灣通信〉選集》。臺北：遠流。

行政院環境保護署，2020，《109 年度全國水環境巡守隊經營工作手冊（核定本）》。臺北：行政院環境保護署。

杜文苓、施佳良，2019，〈挑戰空汙：初探社區行動科學的在地實踐〉。《傳播研究與實踐》9（12）：1-32。

汪憶伶，2004，〈社區志願組織發展歷程之探討：以臺中縣東海村社區志工隊為例〉。《社區發展季刊》107：426-444。

邱崇原、湯京平、黃建勳，2011，〈地方論理的制度選擇與轉型政治：臺灣水利會制度變革的政治與經濟分析〉。《人文及社會科學集刊》23（1）：93-126。

邵建民、湯京平、桑達卓瑪，2018，〈後社會主義的參與式自然資源保育和社群韌性：以中國大陸拉布海流域管理為例〉。《政治學報》65：109-135。

姚佳瑩、廖學誠，2018，〈原住民參與集水區治理之制度分析：以宜蘭縣崙埤社區為例〉。《地理研究》68：89-114。

施堅雅（G. W. Skinner），2015，〈客家的起源和客家研究的學術史〉。頁 23-48，收錄於梁肇庭原著；蒂姆・賴特（Tim Wright）編；王東、孫業山中譯，《中國歷史上的移民與族群性：客家、棚民及其

鄰居們》。臺北：南天。

孫煒，2021，〈志願性社區組織推動都會鄰里環境保育的多中心治理〉。《臺灣民主季刊》18（3）：99-145。

徐正光，1991，《徘徊在族群與現實之間：客家社會與文化》。臺北：正中。

徐正光，1995，〈臺灣的族群關係：以客家人為主體的探討〉。頁241-280，收錄於張炎憲、陳美蓉、黎光中編，《臺灣史與臺灣史料》。臺北：吳三連臺灣史料基金會。

桃園市政府環境保護局，2021，《桃園市政府環境保護局110年度水環境巡守管理暨績效評核獎勵計畫》。桃園：桃園市政府環境保護局。

張翰璧、張維安，2005，〈東南亞客家族群認同與族群關係：以中央大學馬來西亞客籍僑生為例〉。《臺灣東南亞學刊》2（1）：127-154。

莊雅仲，2010，〈有「夢」最美：族群認同與承認政治〉。《臺灣人類學刊》8（2）：3-38。

陳明燦，2002，〈環境與國土保安政策之法制分析：以非都市土地河川區之劃定為例〉。《臺北大學法學論叢》50：67-100。

陳板，2000，〈族群與地域：臺灣客家在地化的文化觀察〉。頁305-338，收錄於徐正光編，《第四屆國際客家學研討會論文集：聚落、宗族與族群關係》。臺北：中央研究院民族學研究所。

勞格文（J. Lagerwey），2005，《客家傳統社會》。北京：中華書局。

彭欽清，2017，〈客家文化要發揚什麼？客家核心價值在哪裡？〉。《世界客家》1：37-39。

劉堉珊，2016，〈臺灣客家研究中的東南亞視野〉。《民俗曲藝》193：155-207。

蘇碩斌，2008，〈研究人或空間：臺灣都市社會研究的成立與變化〉。

《人文及社會科學集刊》20（3）：397-439。

Agrawal, Arun and Clark C. Gibson, 1999, "Enchantment and Disenchantment: The Role of Community in Natural Resource Conservation." *World Development* 27(4): 629-649.

Berardo, Ramiro and Mark Lubell, 2016, "Understanding What Shapes a Polycentric Governance System." *Public Administration Review* 76(5): 738-751.

Berardo, Ramiro and Mark Lubell, 2019, "The Ecology of Games as a Theory of Polycentricity: Recent Advances and Future Challenges." *Policy Studies Journal* 47(1): 6-26.

Brown, R. Khari, Ronald E. Brown and Angela Kaiser, 2021, "Race, Religious Tradition, and Environmental Conservation." *Sociology of Religion: A Quarterly Review* 82: 11-30.

Folke, Carl, Thomas Hahn, Per Olsson, and Jon Norberg, 2005, "Adaptive Governance of Social-Ecological Systems." *Annual Review of Environmental Resources* 30: 441-73.

Hardin, Garrett, 1968, "Tragedy of the Commons." *Science* 162 (3859): 1243-1248.

Herzog, Laura, M. and Karin Ingold, 2019, "Threats to Common-Pool Resources and the Importance of Forums: On the Emergence of Cooperation in CPR Problem Settings." *Policy Studies Journal* 47(1): 77-113.

Imperial, Mark, T., 1999, "Institutional Analysis and Ecosystem-Based Management: The Institutional Analysis and Development Framework." *Environmental Management* 24: 449-465.

Janssen, Marco A., John M. Anderies and Elinor Ostrom, 2007, "Robustness of Social-Ecological Systems to Spatial and Temporal Variability." *Society and Natural Resources* 20(4): 307-322.

Kellogg, Wendy A., 2002, "Nature's Neighborhood: Urban Environmental History and Neighborhood Planning." *Journal of the American Planning Association* 68(4): 356-370.

Lai, Huei-ling, 2017, "Understanding Ethnic Visibility Through Language Use: The Case of Taiwan Hakka." *Asian Ethnicity* 18(3): 406-423.

Lam, Wai Fung and Chung Yuan Chiu, 2016, "Institutional Nesting and Robustness of Self-governance: The Adaptation of Irrigation Systems in Taiwan." *International Journal of the Commons* 10(2): 953-981.

Marshall, Graham R., 2008, "Nesting, Subsidiarity, and Community-based Environmental Governance Beyond the Local Level." *International Journal of the Commons* 2(1): 75-97.

Marshall, Graham R., 2009, "Polycentricity, Reciprocity, and Farmer Adoption of Conservation Practices under Community-Based Governance." *Ecological Economics* 68: 1507-1520.

Omori, Sawa and Bartolome S. Tesorero, Jr., 2020, "Why Does Polycentric Governance Work for Some Project Sites and Not Others? Explaining the Sustainability of Tramline Projects in the Philippines." *Policy Studies Journal* 48(3): 933-860.

Ostrom, Elinor, Joanna Burger, Christopher B. Field, Richard B. Norgaard and David Policansky, 1999, "Revisiting the Commons: Local Lessons Global Challenges." *Science* 284 (5412): 278-282.

Ostrom, Elinor, Roy Gardner and James Walker, 1994, *Rules, Games, and*

Common-Pool Resources. Ann Arbor: University of Michigan Press.

Ostrom, Elinor, 1990, *Governing the Commons: The Evolution of Institutions for Collective Action*. New York: Cambridge University Press.

Ostrom, Elinor, 2007, "Institutional Rational Choice: An Assessment of The Institutional Analysis and Development Framework." Pp. 21-64 in *Theories of the Policy Process*, edited by Paul A. Sabatier. Boulder, Co: Westview Press.

Ostrom, Elinor, 2011, "Background on the Institutional Analysis and Development Framework." *Policy Studies Journal* 39(1): 7-27.

Ostrom, Vincent, Charles M. Tiebout and Robert Warren, 1961, "The Organization of Government in Metropolitan Areas: A Theoretical Inquiry." *American Political Science Review* 55(4): 831-42.

Pandey, Chandra Lal, Gyanu Maskey, Kamal Devkota and Hemant Ojha, 2019, "Investigating the Institutional Landscape for Urban Water Security in Nepal." *Sustainability: The Journal of Record* 12(3): 173-181.

Romero, Cláudia Buhamra Abreu, Michel Laroche, Golam Mohammad Aurup and Sofia Batista Ferraz, 2018, "Ethnicity and Acculturation of Environmental Attitudes and Behaviors: A Cross-cultural Study with Brazilians in Canada." *Journal of Business Research* 82: 300-309.

Schlager, Edella and Michael Cox, 2018, "The IAD Framework and the SES Framework: An Introduction and Assessment of the Ostrom Workshop Frameworks." Pp. 215-252 in *Theories of the Policy Process*, edited by Christopher M. Weible, Paul A. Sabatier. New York: Routledge.

Steinberg, Richard, 1998, "The Theory of the Nonprofit Sector in Housing."

Pp. 21-38 in *Shelter and Society: Theory, Research, and Policy for Nonprofit Housing*, edited by Theodore Koebel. Albany: State University of New York Press.

Tomoyoshi, Tanoue, 2012, "Symbolic Ethnicity among the Taiwanese Hakka: An Analysis of the Hakka Basic Law." *Taiwan International Studies Quarterly* 8 (2): 173-90.

網路資料

行政院環境保護署，2021，〈水環境巡守隊〉，《行政院環境保護署水質保護網》。https://water.epa.gov.tw/Public/CHT/WaterEnv/Patrol.aspx，取用日期：2022 年 2 月 22 日。

維基百科，2022，〈老街溪〉，《維基百科》。https://zh.wikipedia.org/wiki/%E8%80%81%E8%A1%97%E6%BA%AA，取用日期：2022 年 2 月 22 日。

附錄：受訪者一覽表

代號	角色	所屬單位	時間	地點
SC	學者專家	大學	2021/08/24	教室
ITC01	隊長	平鎮段的老街溪水環境巡守隊	2021/02/24	里長室
ITC02	隊長	中壢段的老街溪水環境巡守隊	2020/11/05	河堤
ITC03	隊長	平鎮段的老街溪水環境巡守隊	2020/06/11	里長室
ITC04	隊長	中壢段的老街溪水環境巡守隊	2021/02/02	里長室
ITM01	隊員	中壢段的老街溪水環境巡守隊	2021/03/26	河堤
ITM02	隊員	中壢段的老街溪水環境巡守隊	2021/01/25	住家
ITM03	隊員	中壢段的老街溪水環境巡守隊	2021/01/25	住家

第七章

客家文學中的族群與臺灣主體性敘事：《殺鬼》及《邦查女孩》

黃菊芳

一、前言

　　臺灣社會解嚴後至今所逐漸形成的「多元文化主義」（multiculturalism）共識，影響了臺灣知識建構的方方面面。政治面的多元，展現在各個領域，其中於 2019 年 1 月 9 日總統公布施行的《國家語言發展法》，是非常直接的影響。文化及社會層面的多元則隨處可見，如果以 1987 年解嚴為界，解嚴前臺灣社會的一元專制，相較於解嚴後的多元並存眾聲喧嘩，臺灣社會的發展方向正朝向繽紛多彩的道路前行。展現在文學創作，則是不同族群的多音交響。

　　關於族群的文學文本俯拾皆是，單就選集觀察，受 1987 年解嚴及 1988 年還我母語運動影響，1994 年鍾肇政主編《客家臺灣文學選》2 冊，從書名「客家臺灣」可知編者以「客家」為中心的思維。2003 年孫大川編選 7 大冊《臺灣原住民族漢語文學選集》，有小說、散文、詩歌、評論等類，是原住民族以漢文書寫的重要選文。2004 年李喬、許素蘭、劉慧真編《客家文學精選集：小說卷》、李喬編《臺灣客家文學

選集》，均以客家族群為名編選集。2004 年由王德威及黃錦樹編選出版
的《原鄉人：族群的故事》，該書選錄 14 篇不同族群的敘事，閩南、客
家、原住民、省外[1]、馬華等敘事視角各異的短篇文本，讓讀者體會臺灣
族群的多元與認同的複雜，是一本成功的選文，將「馬華文學」選入也
是該書精彩之處，突顯臺灣有眾多具備書寫能力話語權的馬來西亞新住
民。2004 年還有蘇偉貞編《臺灣眷村小說選》、齊邦媛、王德威編《最
後的黃埔：老兵與離散的故事》等與外省族群相關之選集。

　　解嚴後十年內出現的多樣性族群書寫選集並非偶然，臺灣文學／客
家文學／原住民文學命題的出現，無不挑戰了「中國文學」的正當性。
2004 年的總統大選是族群撕裂的開始，也是族群對話的開始，政治上
的族群動員與文學選集之間的互動，是一個有意思的社會現象，值得探
討。移民文化為建立自我族群合法性而訴諸的排他原則：學老人[2]、客家
人、漳州人、泉州人、本省人、外省人等等的標籤化命名，在在顯示有
形無形資源的相互競爭。詹明信（Fredric Jameson）的「政治無意識」
（The Political Unconscious）提醒我們，文學文本是社會集體無意識的象
徵性行為，人們會經由各類「文本」建立與形塑他我關係，與這個世界
對話。「新歷史主義」（New Historicism）則建議讀者可以分析各類文本
中的歷史建構與族群想像，「歷史」不再是官方的一元敘事，而是多族
群多文本的多元敘事，我族與他者之間的歷史記憶與共識，其實是一種
集體知識的生產。

　　解嚴前後的客家作家，他們的書寫中展現了哪些作家所處時代的族

1　本文使用較中性之「省外」一詞泛指一般習稱之「外省」。
2　「學老」是客語泛稱福建（尤指閩南）的人、事、物或語言。又寫作「福
老」、「福佬」。「學老人」即臺灣標準語中的「閩南人」、東南亞華語中的「福
建人」。

群關係，虛構與真實之間，文學敘事中的政治無意識又向我們訴說了些什麼？書寫通常是作家反映時代的符號，閱讀則是讀者反思時代的詮釋。作為對這個時代的負責任讀者，我們應該如何詮釋文學作品中的族群象徵？不同時代的不同寫手為我們展示了哪些值得深思的時代課題？身處其中的我們，是否能夠簡單地以讀者自處，或者，我們就是作者，重寫了這個時代的族群故事。本章集中探討解嚴後被譽為千面寫手甘耀明的《殺鬼》及《邦查女孩》這兩部長篇小說中的族群與臺灣主體性敘事，藉以說明臺灣社會民主化過程中，文學文本中的族群敘事與時代脈絡之間千絲萬縷的關係。

二、文學文本中的族群書寫

　　文學論述自 1987 年解嚴以後，出現了以臺灣為主的「臺灣意識」論述，相較於傳統「中國中心主義」的研究，學術界顯得百花爭鳴。在形成新的想像共同體「臺灣」的過程中，「中國文學」與「臺灣文學」的討論與抗衡，成為文壇有意思的現象。在「臺灣文學」逐漸放大而「中國文學」逐漸縮小的過程中，「多元文化」的共識似乎隱含著政治意識形態的爭辯。「多元」是立基於「中國國族」還是「臺灣本土」的想像，這個問題與「認同」息息相關。文學文本中的族群書寫也是如此，臺灣歷經日本時代的殖民經驗以及部分研究者定義的國民政府再殖民的歷史，「認同」的問題一直是文學作品中的主要素材，也是知識分子不能迴避的主題。臺灣民主化之後，後殖民的探討一直是各領域的重點，然而面對 2030 雙語國家的政策，且不論這個願景與《國家語言發展法》的通過有多大的矛盾，臺灣未來要挑戰的似乎是自我殖民的荒謬情境。

　　過去的研究指出，文學史撰述的「中國史觀」與「臺灣史觀」的對立，其實突顯「族群認同」與「民族認同」是「被建構」（constructed）出來的集體認同（蕭阿勤 2012：335）。1980 及 1990 年代文學、語言及歷史等作家、學者們，在建構臺灣國族特性以及形塑與「中國性」相對立的「臺灣性」的過程中，「語言」的使用成為工具之一。相關研究也已經點出，這些討論「仍舊是漢人中心的國族敘事，所謂的中國史觀或臺灣史觀的論述脈絡，仍難逃脫政治上新統治者的歷史重構過程的一種新正統敘事，為的是讓統治合理化。」（黃菊芳 2021：333-334）當「新正統敘事」成為論述中心後，「邊緣」如客家、原住民文學的挑戰便接續出現，成為文學論述的眾聲喧嘩。

　　學界關於族群敘事的研究不少，單就與本章直接相關的文獻觀察，2002 年陳芳明《後殖民臺灣：文學史論及其周邊》一書，從後殖民觀點探討臺灣作家的歷史記憶再現，作家的族群及性別不同，視角自然各異。2006 年陳國偉的博士論文《解嚴以來（1987～）臺灣現代小說中的族群書寫》，探討 1987 至 2005 年間臺灣現代小說中的族群書寫，集中討論福佬[3]、客家及省外三個族群的書寫主題，該文用「臺灣中心性的建構」框架福佬族群作家的後殖民書寫，用「從邊緣傾向中心」概括客家作家所強調的在場性書寫，用「邊陲化焦慮與精神流亡」定義省外族群的空間化書寫，該論文的結論指出：

　　　　解嚴之前，國民政府如何在臺灣統治的四十年之中，在不同的族群
　　　　身上製造了迥異的生活經驗、空間感受，以致於生產出不同的歷史
　　　　經驗，而讓各族群擁有了不同的族群集體記憶。而唯有當我們以

3　該書使用「福佬」指稱「學老」，即「閩南」族群。

「複數的歷史」的概念，如此三個族群才能各自保有他們的主體，
以及對於歷史的感受，而不至於必須衝突、爭鬥而只能有一個存
活。（陳國偉 2006：321-322）

　　從結論可見該文作者對臺灣族群關係的善意期待，「複數的歷史」
指的是新歷史主義所強調的小歷史，也就是有別於過去以正史為標準的
大歷史敘事，強調歷史是斷裂的而非直線發展的過程。該論文整理出這
些不同族群身分的作家作品雖然立場各異，卻處理了一些共同的議題：
對臺灣歷史的態度、語言的保存、故鄉的書寫。雖然處理了共同議題，
基於不同的歷史再建構，不同族群所建構的臺灣歷史經驗迥異，讓研究
者不禁感嘆：「不論是『見證』或是『想像』、『附魔』或是『缺席』，
歷史如同一面鏡子，映照出不同族群在過往歲月中，迥然不同的生命
史，……，新『共同體』的建立，或許還有好長的一條路要走。」（陳
國偉 2006：322）歷史是不是鏡子，視擁有權力的在上位者如何對待，
文學文本中所探討的議題總是權力運作下的生命百態，「共同體」是在
不同時空脈絡下的不同群體共同的創作與想像，其中必然牽涉到共同的
「利益」。
　　相較於 2006 年以前的創作糾結於過往歷史的傷痕，2006 年以後的
新世代說故事的人，從不同的視角書寫上一輩的歷史。2020 年詹閔旭
發表的〈重構原漢關係：臺灣文學裡原住民族、漢人移民與殖民者的跨
種族接觸〉一文的研究指出，甘耀明的《殺鬼》（2009 年出版）與李永
平《大河盡頭》（2008）呈現出更為複雜的漢人對原住民的贖罪意識，
作者認為「這兩本二十一世紀初的小說把原漢關係置放在全球殖民帝國
主義大舉擴張的時間點，思考西方／日本殖民主義、華人移民、原住民
族三方的跨種族接觸，有助於重構臺灣文學裡的更為繁複、多元的原

漢關係框架。」（詹閔旭 2020：75）甘耀明出生於苗栗獅潭，是客籍作家，李永平出生於馬來西亞砂拉越，也是客籍作家，他們以相對弱勢的族群身分書寫出全球視野下的族群關懷與詮釋。

換句話說，有別於解嚴（1987）前後二十年間漢人作家相繼書寫臺灣社會向原住民「贖罪」的文本，近二十年來的文本書寫將視野放到更大的全球化角度探討，提供殖民語境下的族群互動新觀點，讓臺灣社會反思無所不在的歧視與理所當然。蔡林縉於 2021 年的〈新南方論述：《邦查女孩》與定居殖民批判〉一文指出，甘耀明 2015 年出版的《邦查女孩》，其書寫策略將臺灣自身建構為一種新的「南方論述」，該文認為甘耀明透過對重層殖民歷史的批判書寫，而與全球性的南方論述形成對話與互動，以對抗歐陸都會中心所產生的社會學理論所隱含之「北方性色彩」。這個閱讀強調以「南方」為中心，目的在建構新的主體，形成「南方性色彩」論述，以對抗多數文本或者學術視角中的「北方中心」，是一種「東方主義」（Orientalism）（薩伊德 1999）式創意閱讀，立場鮮明。

探討文學作品中的族群關係較早的論文，有些從跨族群文本的比較出發，談不同族群所書寫的同一時間軸的大河小說之間的異同，討論認同的問題，例如 1994 年王淑雯的碩論《大河小說與族群認同：以《臺灣人三部曲》、《寒夜三部曲》、《浪淘沙》為焦點的分析》。還有探討女性不同族群作家的書寫策略，例如 1998 年曾意晶的碩論《族裔女作家文本中的空間經驗：以李昂、朱天心、利格拉樂・阿烏、利玉芳為例》及 2002 年蔡淑芬的碩論《解嚴前後臺灣女性作家的吶喊和救贖：以郭良蕙、聶華苓、李昂、平路作品為例》。

整體而言，文學文本中的族群書寫隨著時間的推移，自然會呈現不同的風貌，本章選取解嚴後被譽為千面寫手甘耀明的《殺鬼》及《邦查

女孩》長篇敘事，探討新生代臺灣客籍作家對臺灣歷史與族群的思考與再建構。甘耀明是臺灣文學界取得不錯書寫成績的客籍作家，自第一本《神秘列車》出版至今，學術界對甘耀明作品的興趣有增無減，光就題目直接有作者或書名的論文就有 19 種之多[4]，顯見甘耀明著作的重要性。本章想藉作家充滿族群書寫的長篇文本《殺鬼》（2009 出版，約 30 萬字）及《邦查女孩》（2015 出版，約 42 萬字），探討客籍作家的書寫策略及族群關懷，並以臺灣相對弱勢的客家出發，分析客籍作家所書寫和再現的臺灣族群圖像。

4　楊孟珠（2004）〈歷史記憶的神秘列車，永無終站？：試論甘耀明之新生代作家迷態癥候〉，吳紹微（2009）《臺灣新世代作家甘耀明、童偉格鄉土小說研究》，戴冠民（2010）〈族群、世代的錄鬼簿：談甘耀明《殺鬼》之庶民認同混聲圖像〉，羅慧娟（2012）《甘耀明小說研究：以 2011 年前的作品為探討範圍》，舒懷緯（2013）《論甘耀明《殺鬼》的後鄉土書寫》，朱立雯（2013）《後鄉土小說的歷史記憶：以吳明益《睡眠的航線》及甘耀明《殺鬼》為例》，饒展彰（2014）《甘耀明新鄉土小說中的死亡書寫研究》，陳秀珍（2015）《甘耀明小說《殺鬼》的鄉土、歷史與美學風格》，黃美惠（2015）《甘耀明《殺鬼》中的臺灣原住民神話研究》，張琬茹（2016）《少年的自我療傷：甘耀明《殺鬼》少年圖書改編》，薛鈞洪（2017）《族群、性別與生態：《邦查女孩》動植物意象分析》，劉亮雅（2018）〈重返 1940 年代臺灣：甘耀明《殺鬼》中的歷史傳奇〉，劉昭延（2018）《甘耀明小說的歷史與鄉土書寫研究》，陳震宇（2019）《世代、性別與族群交織的成長之路：甘耀明《殺鬼》與《邦查女孩》之比較研究》，林淑慧（2019）〈成長之旅：《邦查女孩》的生命敘事〉，林君慧（2019）《新世紀臺灣鄉土小說題材與表現手法研究：以甘耀明小說作品為中心》，王國安（2020）〈甘耀明《冬將軍來的夏天》探析〉，蔡林縉（2021）〈新南方論述：《邦查女孩》與定居殖民批判〉。

三、《殺鬼》建構的漢人男性臺灣主體意象

《殺鬼》的敘事背景設定在 1940 年代的臺灣，書寫太平洋戰爭爆發到二二八事件前後在關牛窩（位於苗栗山區）發生的故事。甘耀明自己說明「關牛窩」的位置設定：

> 關牛窩是我小時候的冒險地，它範圍約十幾座山，由墳墓、果園、森林與鬼怪傳說組合。我常在那出沒，很多地方沒深入，多少是孩童時的害怕。翻過關牛窩就是祖母的娘家，那是原住民部落邊。祖母是客家人，她為家族帶來了一些原住民傳說的故事。……至於小說中的關牛窩，多是虛構的，是個大型村落，更精確的說應該是這個社會的縮影。（甘耀明 2009：442）

對於作者而言，關牛窩是他童年縮影：「如果關牛窩這地名有什麼精神上的意義，可能是個人童年的縮影了。」（甘耀明 2009：442）書中主角劉興帕是客家後代，義父之一是日本陸軍中佐：鹿野武雄，人稱「鬼中佐」，書中形容帕的日本義父「治兵如鬼見愁，極為嚴厲，說一句話，旁人得做出百句的內容，因此有『鬼中佐』封號，而『鬼』在日文漢字有兇狠的意思。」（甘耀明 2009：22）

書中對帕的描述是：「帕是小學生，身高將近六呎，力量大。」（甘耀明 2009：20）「帕」（pa，Pa-pak-Wa-qa 的簡稱）是由另一個義父，祖父劉金福二房的弟弟（原住民）取的，當初認義父是為了化煞，書中還強調「這個舅舅不是親的」（甘耀明 2009：170），《殺鬼》的第一篇篇名「名字裡有番字的少年」，指的就是「帕」。書中原住民的義父對帕說：「他數個音節的名字是全世界的力量核心，平日只說一個音節就夠

用了，要是誰知道全名會招來死亡。隔幾天，帕的泰雅族義父就死於意外了。」（甘耀明 2009：170）「帕」指的是泰雅族的聖山大霸尖山，泰雅族稱之為 Pa-Pak-Wa-qa（甘耀明 2009：247），書中暗指泰雅族的聖山是帕的力量來源，意指臺灣面對未來的本錢。

　　透過主角的命名，作者暗示讀者臺灣這塊土地的混雜與多元，也提醒讀者身分認同的困難。作者甘耀明的父親是客家人，母親是閩南人（陳秀珍 2015：3），假設書中人設是作者自己，那麼《殺鬼》主角的漢人身分是四〇年代臺灣主體的象徵，書中的「漢人」主角使用客語，因此臺灣主體是以客家為代表的漢人系統，一種以客家族群主體為臺灣主體的敘事模式。

　　故事中的鬼王指的是 1895 戰役抗日往生的吳湯興，帕的祖父劉金福是其部屬，帕稱之「阿興叔公」。日本時代客籍作家吳濁流的《亞細亞的孤兒》或鍾肇政《滄溟行》也寫太平洋戰爭的認同困擾，解嚴後鍾肇政的《怒濤》及李喬的《埋冤・一九四七・埋冤》是對二二八的寫實書寫，鍾肇政與李喬的書寫重心稍有不同，前者以中國為中心，後者以臺灣為中心，不過仇日立場則一致。相關研究點出《殺鬼》不同於前述臺灣客籍作家的書寫切入：

　　《亞細亞的孤兒》、《臺灣人三部曲》與《寒夜三部曲》，都以漢族為中心，聚焦於漢族的臺灣人認同，無涉原住民。鍾肇政的《戰火》（1983）雖關注戰爭期霧社事件遺眷被徵召加入高砂義勇隊，仍未將之與臺灣人的認同議題連結。《殺鬼》則出現原住民文化、傳說與神話，泰雅族女孩拉娃更成了主角。此一安排自然與 1984 年開始，風起雲湧的原住民運動提升原住民意識，以及解嚴後強調多元族群觀念有關。（劉亮雅 2018：224）

　　1980 年代各種社會運動的興起，1987 年解嚴後臺灣本土化過程的多元文化主義選擇，1996 年臺灣首度總統直選，1999 年李登輝兩國論的提出，無不促成臺灣主體性的建立，對臺灣歷史的重新建構成為歷史發展的必然。再加上中國的崛起，世界經濟體重組，臺灣社會如何面對世界的新局勢，成為小說敘事的大架構。臺灣主體性的思考，從政府的政策到文學書寫，無不強調跨族群、跨文化的多語混雜現象，接受多元意味著戒嚴時期的一元書寫與政治神話破滅。歷史是複數的重層鏡像，是不同族群、不同性別、不同階層的臺灣發聲。然而，呈現在以漢字為中心的文學書寫，其實仍是單語的一元書寫，反思總不離符號的選用，這也是日本時代許多書寫者的困難之處。處在後殖民語境下的臺灣，後現代的影子隨處可見，文學作品的觀照層面更寬更廣：禁忌歷史、族群、性別、生態、語言等議題百花爭鳴。

　　被評論家譽為「千面寫手」，1972 年出生的甘耀明，第一本長篇小說選擇書寫太平洋戰爭到二二八事件的發生這一段禁忌歷史，顯然繼承了上一個世代李喬等臺灣重要作家對臺灣主體的關注，只是敘事手法迥異。李喬的家族寫實敘事與甘耀明的魔幻隱喻敘事大異其趣。研究者認為《殺鬼》透過將歷史傳奇化，再現日本軍國主義及美軍轟炸的場景、二二八事件及臺灣認同的變化、文化上的混血等議題：

　　　小說藉由魔幻寫實、鬼故事、童話、卡通等手法，將歷史傳奇化，呈現四〇年代臺灣的種族、族群和世代乃至殖民與被殖民的矛盾對立以及文化融合。甘耀明藉由火車進入關牛窩，並貫串全書，帶入現代性以及四〇年代歷史事件的衝擊，於是環繞著火車與鄉土的二元對立，形成火車傳奇與鄉野傳奇，兩者構成本書歷史傳奇的主要部分。（劉亮雅 2018：221）

　　《殺鬼》對歷史的重建與魔幻描寫，敘述的是一幅美麗的臺灣未來風景，強調真正的臺灣人的來源與認同，是對臺灣主體的確立。這個主體是客家與日本養父及原住民養父交織混雜形成的男性後裔的臺灣主體。相關研究指出：

> 《殺鬼》是一本充滿想像力和原創力的巨作。其歷史傳奇從客家祖孫劉金福和劉興帕以及鬼王出發，兼及拉娃、哈勇等原住民和女性異質多元的觀點，鮮活地呈現四〇年代鄉下的客家聚落的生活百態、自然風物以及跨族群庶民對於火車和歷史事件的反應，允為重量級客家小說。更重要的是，《殺鬼》的歷史傳奇乃是有關臺灣人身分的寓言。它呈現殖民地臺灣人對日本的曖昧矛盾：一方面對於其帶來的現代性欲拒還迎，另方面批判其殖民主義對於傳統語言和文化的破壞。……。而對於國民黨，《殺鬼》不僅批判其再殖民，更暗示其國族敘事如同日本帝國敘事，乃是臺灣應擺脫的桎梏。（劉亮雅 2018：248）

　　透過主角帕的客家身分，日本養父及原住民養父的暗示，《殺鬼》從漢人第三代的視角，透過對臺灣過去重層殖民歷史的除魅過程，描繪出臺灣迎向世界的未來願景。書中對臺灣族群的多元與誤解，有精彩的描述：

> 小兵聽到那少婦來自花蓮，便對帕說她肯定是阿美族，話不通的，而且阿美族跟他們普優馬（卑南族）是世仇。帕手一揮，又叫了幾位原住民小兵，只有泰雅語與那種立霧溪溪水般時而激昂、時而沉緩的太魯閣語能有些星火關聯。但泰雅小兵翻譯得煩了，對帕說，

泰雅與太魯閣曾經是親兄弟，但最後成了世仇，卑鄙的太魯閣人才逃到中央山脈深居，刻意改變原本使用的語言。……。帕嘆口氣說：他的歐吉桑常常說，閩南人最奸詐，「番人」野蠻得會砍人頭，內地人是他的世仇。可是，他又聽閩南人說，客家人最奸，「番人」最頑顢；他也知道，你們高砂人抱怨客家人、閩南人最爛，騙人不眨眼。帕說，他以為高砂人最團結，沒想到走進來的都跟他抱怨跟這女人世仇。（甘耀明 2009：191）

這段描述出現了阿美族、卑南族（普優馬）、泰雅族、太魯閣族、閩南人、客家人等不同族群的稱呼，也有番人、內地人、高砂人等從清末到日本時代的不同族群符碼，建構出一幅四〇年代臺灣多元族群風景。原住民與閩南人及客家人彼此之間的敵視與誤解，甚至原住民之間的彼此誤解，突顯族群之間的歷史衝突與傷痕。書中借用泰雅族頭目哈勇的話，描寫原住民的多語混雜與族群關係：

接著他的舌頭蘸飽了口水，好像裂成三瓣，用雜揉了泰雅、客語、日語而成的話對劉金福說：他年輕時獵過的動物比星星還多，沒看過猴子吃豬肉。日本人來之後，部落附近的猴子反而吃豬肉了。說來話長，沒錯，是你們害的。以前日本人來時，你們雪候（客家人）很嚎痟的說以後什麼都要繳稅，連放屁都要繳，又笑「番人」更慘，得穿木屐打獵了。下山的部落的人不懂木屐。雪候說，那是踩在兩根大木頭上走路。消息帶回部落後，長老叫人砍倒兩根樹幹，叫一百人上去用樹藤綁緊腳才穿得動木屐，大家在上頭吃喝拉撒，花了三天才走出部落。這時族人緊握拳頭，心想這樣哪能去打獵，遲早把野獸嚇走。日本人一來，沒等他們開口，族人先攻過

去。日本人扛著炮、拿槍的逼族人投降，不聽就轟。族人死得慘，部落也掉下床，就是輪到從山頂滑到河谷呀！說來說去，都是你們雪候亂講話。(甘耀明 2009：265)

泰雅、客語、日語的雜揉，象徵弱勢族群的生存無奈，外來殖民者（日本人）與較早的移民（客家人）對原住民的敘事，足以導致滅族。日本投降之後，關牛窩的泰雅頭目哈勇又得割舌再學普通話（國語）：

現在，臺灣光復，不用講日本話了，但又要講普通話。我不想當蛇，我是泰雅人，不想再割舌頭了，也不想族人再被割舌頭了。(甘耀明 2009：267)

小說讓不同族群的人說話，安排主角是相對弱勢的客家後代，出生八個月時認原住民為養父，稍長後又讓日本人收養，隱喻的就是臺灣這塊土地的宿命。書中描寫日本學校對待方言的方式與國民政府對待方言的方式如出一轍：「特別是校長更是狠，平日聽到誰講客語或泰雅語，罵完就呼巴掌，把人甩得五官翻山，再把寫著『清國奴』的狗牌掛在學生身上。被罰的學生要去找下一個不講『國語』的人，移交狗牌。」(甘耀明 2009：25) 這段文字讓人不禁聯想國民政府戒嚴時期如火如荼的「推行國語運動」，「日語」與「華語」分別是不同政權的「國語」，生活在這塊土地的不同族群也只能「學習」。相關研究指出：

甘耀明自言《殺鬼》一書的主軸是「身分之間的擺盪」，以帕的名字為基線，循著身分的初始──轉折──回返的書寫，以及歷經清國、日本殖民政府和國民政府的政權更迭的老人──像是活化石

的劉金福,從他身體裡的子彈,能看見歷史的滄桑以及國族認同的崩坍。而連年戰爭的恐慌,信仰成為人們心靈寄託,一場客家人和原住民對媽祖信仰的「誤解」,以及米軍眷屬誤把土地公當作耶穌的門徒的鬧劇,文化符碼的「誤植」看似荒謬可笑,作者藉此建構了多元族群共生的圖譜。只是戰爭糾纏在人類的歷史上,臺灣原住民因此從臺灣島的主人節節退至深山僻壤,失去主權,失去母語,被迫「割舌」學習殖民帝國語言,留下身體和心理同樣深沉的學舌印記,一再提醒被殖民的歷史創傷。(陳秀珍 2015:126)

今年(2022)俄烏戰爭的殘忍向世人展示了歷史的荒謬,戰爭仍持續中,臺灣面臨戰爭的話題不停被討論。民選政府於 2019 年通過《國家語言發展法》,隨後又宣誓 2030 年要成為以英語為主的雙語國家,被迫「割舌」的歷史重現,歷史是那麼地殘忍,故事也就會被不同世代的作者繼續續寫。此外,《殺鬼》透過二二八事件中的閩南族群,用閩南語述說繼日本政府之後的國民政府的壓迫行為:

日本人鴨霸,欺負我們,不過,人家做事有效率;國民政府也是鴨霸,但人家做事老牛拖車,擺爛又歪哥(貪污),對嗎?……講我是吃「日本屎」大漢的;現在呢?國民政府連個屁都不給聞,好康的給阿山仔拿去。對嗎?(甘耀明 2009:400)

光復後,帕被誤認為日本鬼子,並且與辜振甫一樣搞臺灣獨立,書中安排身著中山裝的特務對帕說,蔣委員長想見你,希望帕成為他們的同志前往大陸殺敵。書中的描寫如下:

帕跪在地上，心想他不是日本鬼子，他不是日本鬼子，可是除了日本鬼子，他想不到自己能是什麼了。日本天皇急忙的把他們的赤子丟了，國民政府又急忙的把日帝的遺孤關在門外，除了荒野，他們一無所有了。……帕笑了起來，越笑越大聲。他說，他不想去大陸，也不想見當今天皇，他是個地獄跑出來亂的惡鬼，只能待在臺灣這個鬼島。（甘耀明 2009：385-386）

　　《殺鬼》借「走番仔反」的吳湯興「鬼王」說故事，用「火車」象徵時間的無情與日本帝國主義的入侵，也象徵「現代化」的必然，「火車駛進關牛窩」隱喻「現代日本統治傳統臺灣」，意象鮮明。劉金福的遺民形象與堅守傳統對比劉興帕努力「成為日本人」，是臺灣被日本統治的人物縮影，其後的「成為中國人」與「成為臺灣人」都是臺灣這塊土地見證的歷史。作為四〇年代臺灣主體象徵的劉興帕「殺鬼」的過程，其實是臺灣這塊土地的主人除魅的過程，帕殺了鬼王吳湯興、日人鬼中佐（鹿野武雄），還有五十年前就已經靈魂死去的阿公劉金福也離他而去，最重要的是阿公劉金福為劉興帕取得的死亡證明，也親手殺了「鹿野千拔」這隻「鬼」，劉興帕成為「鹿野千拔」做了許多「巴格野鹿」的事情，「鬼」是那些歷史的不得已、那些偶然與必然。唯有「殺鬼」之後，臺灣主體性才能夠逐步確立。

　　歷史是已經發生過的事，然而過去卻是由當代的人重新書寫並且述說，身為這塊土地的後代，敘事者展示了對過去歷史的寬容與理解，也努力暗示面對過去、迎向未來的積極看法。然而，《殺鬼》仍是以漢人男性為主體的臺灣敘事，《邦查女孩》選擇以非漢女性隱喻臺灣的主體身分，將臺灣的原漢關係置放在不同的框架建構，發人深省。

四、《邦查女孩》建構的非漢女性臺灣主體意象

《邦查女孩》敘事時間設定在 1970 年代的臺灣，空間以花蓮的伐木村「摩里沙卡」（林田山林場）為中心，書寫邦查女孩古阿霞（美原後裔）與伐木工劉政光（日漢後裔）的愛情故事，古阿霞自我認同為邦查，劉政光則是認同客家，書中一直強調「原住民」與「漢人」在臺灣本就異質而多元。故事主軸透過兩位主角為了重建山上的荒廢小學，在臺灣各地移動奔走籌錢的過程，作者利用空間的移動，將臺灣這塊土地上先來後到的各種族群人物故事娓娓道來。不同於《殺鬼》大量使用客語詞彙，《邦查女孩》使用較多的閩南語詞彙。關於《邦查女孩》這本四十多萬字的長篇小說，有研究者綜合大家的看法指出：

> 古阿霞的身分特別，父親是美國黑人，因為越戰的關係而認識阿美族的邦查母親，施叔評《邦查女孩》說道「有關角色的身世，對於臺灣史的暗示意味相當明顯，它將古阿霞所代表臺灣邊陲的、面向海洋那種開闊的溫暖與關懷，寫得很好。」古阿霞……是地方上處於弱勢的女性性別，她在雙重邊緣位置，卻能成為摩里沙卡聚落的重要人物，在甘耀明的小說中彰顯更多主體性。蘇偉貞曾評《邦查女孩》「似乎在寫一個邊緣族群的成長故事。」……簡言之，面對七〇年代的種種變化，甘耀明利用古阿霞的少女成長敘事，喚回山林生態保育的重要性，展現自己的認同與省思。（陳震宇 2019：8）

概括地說，《邦查女孩》是後殖民時期民主化後的臺灣主體成長小說，這個主體的設定是混雜（美籍黑人與邦查）的弱勢族群，而且是女性主體，三重邊緣身分和極度弱勢的主體，這個主體卻擁有最強大的堅

定的內心力量。敘事者透過每一位人物書寫他對臺灣這塊土地的關懷，不論是生態保育、性別隱喻、族群歷史、戰亂傷痕或對政治人物的嘲諷。「歷史」於臺灣而言，是不同族群的共同記憶，記憶總是異質而多元如同語言的使用。

　　如果《殺鬼》的漢人（以客家為主）男性成長寓言敘事是四〇年代對臺灣主體性的確立，《邦查女孩》的非漢（美籍黑人與邦查混血）女性成長寓言敘事則是七〇年代全球語境下的臺灣主體再確立。從「漢人中心」到「去漢人中心」的過渡，與臺灣社會的集體發展脈絡吻合，多元文化主義的薰陶已經確立臺灣主體的混雜，從「邊緣」出發進而與「中心」對話也是後現代或者解構主義所使用的詮釋「我是誰？」的策略。過去的研究從成長小說的角度分析《邦查女孩》主角古阿霞：

> 《邦查女孩》描繪古阿霞於旅途中所遇及的各種人物形象，隱含作者對於歷史的詮釋。例如以難語症象徵臺灣人的失聲、失語狀態，啞口無言反能揭穿許多虛假。甚至以文老師象徵於白色恐怖年代知識分子的冤屈，又以玉里療養院吳天雄等人物群像，隱喻戰亂後走過苦難的人物困境，以及時代的荒謬性。（林淑慧 2019：54）

　　《邦查女孩》對古阿霞的黑皮膚描述是「多種原住民混血，有著排灣、太魯閣與阿美族的血緣調色盤。」（甘耀明 2015：66）書中主角除了古阿霞，還有劉政光，書中描寫劉政光：「有選擇性難語症，面對不想說話的人，永遠閉上嘴巴。年幼時還有高功能自閉症或亞斯伯格症，高度混合型的兒童心理障礙，選擇把自己鎖起來拒絕溝通，他的童年有個比樹根還複雜的環境與性格。」（甘耀明 2015：85）書中的主角都是臺灣土生土長，主角所遇到的人則多半是外來。不同族群的人們在這塊

土地相遇，老兵吳天雄說自己是瘋子，國共戰爭後被嚇壞的阿兵哥，被
集中安排在花蓮玉里榮民醫院，好不了的終身住院，像吳天雄這種治好
的則被安排到溪裡挖石頭、耕作或蓋農場（甘耀明 2015：108）。除了
吳天雄，還有老兵趙天民被派到花蓮開闢中橫的故事。關於阿美族，書
中透過古阿霞說出：「我們是平地的山地人，不是山地的山地人。」（甘
耀明 2015：440）這句話透露出漢人對「山地人」的不了解。古阿霞繼
續說：

> 日本人來了，他們教會了我們是很殘忍的人，教我們穿上衣服與恥
> 辱。紅太陽走了，白太陽來了，這個政府教會我們是很窮的山地
> 人。我們在這塊大山大水生活了幾千年，才發現自己沒有錢，很苦
> 惱。然後，耶穌來了，佛陀來了，外頭的神明教我們面對苦難、面
> 對煩惱，卻教不會我們的子孫們面對眼前的大山與大河，連佛陀也
> 不會，祂們是從很遠的地方坐船來。祖靈才會，可是，祖靈不會教
> 我們賺錢，也不會學耶穌一樣給我們奶粉與糖果。（甘耀明 2015：
> 440）

原住民的異質性對統治者而言並不重要，作為「山地人」是被定義
的族群，不同的政權用「殘忍」與「很窮」定義他者，被定義的他者處
於經濟弱勢，原本與世無爭的生活，卻被貼上「懶」的標籤（甘耀明
2015：440）。在全球化的今天，這些標籤通常由經濟強勢者賦予經濟弱
勢者，改變有限。小說中的反諷與提醒引人深思。此外，《邦查女孩》
書中的原住民稱呼漢人為「百浪」（閩南語「壞人」之意），漢人稱呼原
住民為「番仔」、外省人為「阿山仔」，這些庶民用語無不突顯族群之間
的鴻溝與誤解，族群符碼的再現顯示臺灣各族群之間的「區隔」極為明

顯。相關研究探討出生馬來西亞在臺灣求學落地生根的客籍李永平《大河盡頭》，與臺灣客籍作家甘耀明《殺鬼》，指出 21 世紀初臺灣文學重構了新的原漢關係：

（一）當原漢框架重構為原住民族、漢人移民與西方／日本殖民者的三方跨種族接觸，有助於跳脫出以往原住民受害者 vs. 華人加害者的二元模式，從而讓原漢關係衍生出更多元、繁複的對位關係。這種嶄新的跨種族關係也讓原住民性的內涵更為豐饒；（二）當我們把西方／日本殖民者納入原漢框架，我們其實是把臺灣原漢關係從在地歷史置放在東亞與世界殖民史脈絡，加以細細檢視。此舉有助於抗拒以國族敘事為主導的原漢關係，轉而去思考「世界中的」（worlding）原住民議題；（三）當我們把原漢框架擺放到東亞與世界殖民史的脈絡，一種比較式的原漢關係油然而生，我們要談臺灣的原漢關係，也應該留意婆羅洲的原漢關係，以及其他歷史時刻的原漢相逢場景；（四）過去原漢關係總是被安置在華人定居殖民史的反思，重構的原漢關係框架則擺脫了華人原罪的耽溺，進而理解原住民所經歷的各種形式創傷，促使華人回應各種形式的原住民族受迫害歷史（華人定居殖民歷史、西方殖民歷史、戰爭等），從而構連出華人與原住民之間不以華人定居殖民史為主導的跨種族倫理關係。（詹閔旭 2020：89）

　　20 世紀的臺灣小說在反思臺灣族群關係時，其假設立場是漢人與原住民的二元對立，漢人的殖民臺灣。21 世紀的臺灣小說則進一步將背景設定在全球的殖民歷史語境下觀察，細數世界語境下的「原住民」處境與族群關係。設若《殺鬼》是漢人少年劉興帕（10 歲）的臺灣主

體成長小說，那麼《邦查女孩》則是非漢少女古阿霞（18歲）的臺灣主體成長小說。邦查女孩古阿霞遇到日客混血帕吉魯劉政光，彼此相伴共同成長，書中對兩位主角的相遇這麼描述：「相遇是為了確定彼此的方向，他與她，牽手成了他們，一起朝村子走去。」（甘耀明 2015：45）這段話中的「他」在書中指的是劉政光，「她」是古阿霞，我們可以理解為他指「漢人」（劉政光雖是日客混血，卻是由客家文化滋養成長），她指「原住民」（古阿霞雖是美原混血，卻是由邦查文化滋養成長），「他們」暗示族群融合，「村子」指「臺灣的未來」。甘耀明在《邦查女孩》的鳴謝文中說道：

> 寫下《邦查女孩》的句點是二○一四年十二月中旬，我從慈濟大學招待所「同心圓」宿舍的八樓窗口遠眺花蓮市，這本大部分以花蓮為場景的小說，能在當地完成，於我有特殊意義。這本小說的完成，意味著小說主角古阿霞從我的心中永遠退場了。這位「除了美貌，上帝什麼都給了，包括數不清的苦難」的十八歲女孩，花了五年時間在我心裡徘徊，不是我創造了她，是緣分使我們以文字在小說裡的必然遭逢，是她帶我走過無數的小說情節與冒險，歷經逃離、環島、登山與伐木林場的驚駭，看見她離去的背影，有著難以言詮的感受。願眾神祝福這塊土地上的古阿霞們，以及帕吉魯們。
> （甘耀明 2015：681-682）

小說的完成，意謂除魅的過程已然走完，從四○年代到七○年代，從關牛窩到臺北，再回到關牛窩，從花蓮市到林田山林場到玉里，再到臺南，再前往宜蘭蘇澳，再回到林田山林場，然後在花蓮各地的移動，最後前往臺北築夢，終於又回到林田山林場，兩部小說設計空間的移動

讓主角遇到不同的族群人物，讓這些人述說他們的臺灣故事，見證這塊土地不同族群人物觸動人心的生命史。族群的故事無時無刻不在上演，這些用生命書寫的故事，值得一直被說故事的人傳寫。

　　《殺鬼》與《邦查女孩》都使用了「火車」意象，帶領主角在臺灣這塊土地挪移，與殖民、後殖民、自我殖民及不同族群不同人物的悲歡離合相遇且同感。研究者指出，小說中的「火車」，通常是現代化臺灣尋找土地以及自我認同的路徑，或者說「媒介」。經由「火車」帶領主體進城與歸鄉，在這個過程中，主體掙扎並且自我實現（柯慶明2006：9）。《殺鬼》用「火車」衝進關牛窩，象徵殖民怪獸的入侵，大家對這個現代化象徵巨獸既怕又愛。《邦查女孩》用「火車」帶著古阿霞進城與回鄉，敘寫現代化臺灣進城築夢與選擇回鄉的認同辨證過程。「火車」也是時間的象徵，這塊土地的不同族群在時間中相遇、相殘、相知也相守，故事未完待續。

五、結語

　　文學文本中的族群書寫是臺灣民主化過程中最深刻的反思，客籍作家甘耀明的《殺鬼》與《邦查女孩》不僅僅只是作家個人的歷史反思，這兩個文本建構了一種新的全球語境下的臺灣族群圖景。「多元文化主義」所建議的族群主流化思潮，很大程度上暗示了從不同族群視角出發的臺灣主體性建構可能。而甘耀明的這兩部長篇文本中的漢人主體，其實是以客家族群為主體的臺灣主體性建構敘事。這也是臺灣文學中一個有意思的現象，相對弱勢的客家族群，成為書寫臺灣並建構臺灣主體性的主要族群。

　　《殺鬼》與《邦查女孩》裡的「漢人」主角及配角主要使用客語，延續了鍾肇政及李喬等臺灣重要作家的傳統，以客家族群主體為臺灣主體的敘事模式傳統，建構出獨特的臺灣文學／客家文學中的族群與臺灣主體性敘事。由於族群相遇相知、相殘相殺的故事無處不有，歷史也就既溫情也殘忍。說故事的人選擇從人文關懷的角度出發，以這塊土地的生態平衡為敘事主軸，探討性別、族群、殖民與被殖民等這塊土地上的各種議題，不論是有形的殖民如日本或無形的殖民如美國，都述說在小說文字裡。甘耀明書寫不同時空下的臺灣圖景，多語雜糅、多音交響以及多元而異質的臺灣躍然於 72 萬的文字中，鮮活而極富生命力。

　　從《殺鬼》（一九四〇年代）所建構的漢人男性臺灣主體意象，到《邦查女孩》（一九七〇年代）所建構的非漢女性臺灣主體意象。作家透過性別置換，暗喻臺灣主體從陽剛的男性中心主體走向陰柔的女性邊緣主體，是一種以邊緣為中心的敘事策略。最有意思的是，《殺鬼》以日本、中國、臺灣作為敘事主軸，而《邦查女孩》加入了美國元素，一種全球視野下的臺灣主體建構。混雜而異質的臺灣是一種生命力的展現，包容與共生是必然的選擇，「火車」會一直往前行駛，無論出發點在何處，時間不停流逝，空間將是臺灣這塊土地上的族群共同的答案。正如甘耀明對這塊土地上的古阿霞們及帕吉魯們的祝福，族群互動將在更多的認識與理解下展開，臺灣的未來會在古阿霞們及帕吉魯們的力量中前行，必將充滿希望與前景。

　　即使臺灣受到國民政府「推行國語運動」的影響，文學書寫以漢字為中心，不過作家們依舊使用漢字呈現多語混雜的臺灣實況。《殺鬼》中大量的客語詞彙與對話，《邦查女孩》中大量使用原住民、閩南語、客語的詞彙與對話，除了符合場景的設定與主角的身分之外，也在強調臺灣這塊土地的多元與多語使用。小說家對殖民與後殖民歷史的敘事，

反映一個時代的集體意識。臺灣社會從漢人侵占原住民的原罪反思，進一步思考日本與西方殖民下的原漢關係，也就是從全球思維出發，重新審視族群關係，建構臺灣新視界。

參考文獻

Jameson, Fredric（詹明信）著，王逢振等譯，1999，《政治無意識：作為社會象徵行為的敘事》（The political unconscious：narrative as a socially symbolic act）。北京：中國社會科學。

Jameson, Fredric（詹明信）著，唐小兵譯，1989，《後現代主義與文化理論》。臺北：合志文化。

Said, Edward W.（愛德華・薩依德）著，王志弘等譯，1999，《東方主義》（Orientalism）。臺北：立緒。

王國安，2020，〈甘耀明《冬將軍來的夏天》探析〉。《國立彰化師範大學文學院學報》21：39-53。

朱立雯，2014，《後鄉土小說的歷史記憶：以吳明益《睡眠的航線》及甘耀明《殺鬼》為例》。臺中：國立中興大學臺灣文學與跨國文化研究所教師碩士在職專班碩士學位論文。

吳紹微，2009，《臺灣新世代作家甘耀明、童偉格鄉土小說研究》。臺中：國立中興大學臺灣文學研究所碩士論文。

林君慧，2019，《新世紀臺灣鄉土小說題材與表現手法研究：以甘耀明小說作品為中心》。臺北：國立臺灣師範大學國文學系碩士論文。

林淑慧，2019，〈成長之旅：《邦查女孩》的生命敘事〉。《臺灣文學學報》34：33-60。

柯慶明，2006，〈臺灣「現代主義」小說緒論〉。《臺灣文學研究集刊》創刊號：9。

張令芸，2006，《土地與身分的追尋：李喬《寒夜三部曲》》。臺北：私立銘傳大學應用語文研究所中國文學組碩士論文。

張怡寧，2011，《歷史記憶建構的「民族」意涵：李喬臺灣歷史書寫的

認同流變與文學展演》。新竹：國立清華大學臺灣文學研究所碩士論文。

張琬茹，2016，《少年的自我療傷：甘耀明《殺鬼》少年圖書改編》。新竹：國立交通大學客家文化學院客家社會與文化學程碩士論文。

郭怡君，2020，《眾聲喧嘩的後鄉土：《邦查女孩》中的多元文化想像》。臺北：國立臺北教育大學臺灣文化研究所碩士論文。

陳秀珍，2015，《甘耀明小說《殺鬼》的鄉土、歷史與美學風格》。臺中：國立中興大學臺灣文學與跨國文化研究所碩士論文。

陳芷凡，2018，〈戰爭與集體暴力：高砂義勇隊形象的文學再現與建構〉。《臺灣文學研究學報》26：157-184。

陳郁娉，2015，《英雄、族群與宗教：李喬《寒夜三部曲》研究》。新竹：國立新竹教育大學中國語文學系語文教師碩士在職專班碩士論文。

陳國偉，2006，《解嚴以來（1987～）臺灣現代小說中的族群書寫》。嘉義：國立中正大學中國文學研究所博士論文。

陳惠齡，2009，〈空間圖式化的隱喻性：臺灣「新鄉土」小說中的地域書寫美學〉。《臺灣文學研究學報》9：129-161。

陳震宇，2019，《世代、性別與族群交織的成長之路：甘耀明《殺鬼》與《邦查女孩》之比較研究》。新竹：國立清華大學臺灣文學研究所碩士論文。

陳震宇，2020，〈從小說至兒童劇場的隱藏與再現：以《邦查女孩》到《一步一步：邦查女孩森林遇》為例〉。《國立臺灣科技大學人文社會學報》16（4）：369-382。

舒懷緯，2013，《論甘耀明《殺鬼》的後鄉土書寫》。臺中：私立靜宜大學臺灣文學研究所碩士論文。

黃小民，2012，《歷史的謊言・鄉土的真實：李喬小說創作研究》。臺北：私立中國文化大學中國文學研究所博士論文。

黃美惠，2015，《甘耀明《殺鬼》中的臺灣原住民神話研究》。新竹：國立交通大學客家文化學院客家社會與文化學程碩士論文。

黃菊芳，2021，〈鍾肇政小說中的族群再現〉。頁 331-368，收錄於周錦宏等編，《鍾肇政的臺灣關懷》。桃園：中大出版中心／臺北：遠流。

黃鈺婷，2021，〈海外移民書寫中的外省認同：論蔣曉雲的《桃花井》〉。《臺灣文學研究集刊》25：57-84。

楊雅儒，2017，〈咒詛、養生、安魂：論李喬「幽情三部曲」斯土／斯民之裂解／和解歷程〉。《東吳中文學報》34：331-356。

詹閔旭，2020，〈重構原漢關係：臺灣文學裏原住民族、漢人移民與殖民者的跨種族接觸〉。《中山人文學報》48：73-95。

劉佳欣，2009，《曾貴海詩作中的族群與土地》。嘉義：國立中正大學中國文學研究所碩士論文。

劉亮雅，2018，〈重返 1940 年代臺灣：甘耀明《殺鬼》中的歷史傳奇〉。《臺灣文學研究學報》26：221-250。

劉昭延，2018，《甘耀明小說的歷史與鄉土書寫研究》。高雄：國立高雄師範大學國文系中國文學教學碩士論文。

蔡林縉，2021，〈新南方論述：《邦查女孩》與定居殖民批判〉。《中山人文學報》51：51-80。

蕭阿勤，2012，《重構臺灣：當代民族主義的文化政治》。臺北：聯經。

鍾又禎，2018，《李喬《寒夜三部曲》中的族群關係》。臺中：國立中興大學臺灣文學與跨國文化研究所碩士論文。

簡銘宏，2011，〈試探曾貴海詩中的原住民書寫〉。《臺灣文學學報》

18：117-156。

羅慧娟，2012，《甘耀明小說研究：以 2011 年前的作品為探討範圍》。
　　嘉義：國立中正大學臺灣文學研究所碩士在職專班碩士論文。

饒展彰，2014，《甘耀明新鄉土小說中的死亡書寫研究》。臺中：國立中
　　興大學臺灣文學與跨國文化研究所碩士論文。

第八章

臺灣族群主流化政策指標的建構

張陳基

一、前言

　　族群的未來可以被引導或是建構的嗎？答案是可以的。透過前瞻（Foresight）預測族群發展的未來趨勢，並且輔以族群政策的制定，將族群的發展引導至積極正面的方向，以避免族語失傳、文化消失。前瞻可以說是長期政策制定的科學方法，過去常用於科技研發規劃佈局，著眼於未來的探索，也是一種開放性的願景思維，勾勒組織長期發展策略的工具。族群發展必須要了解世界趨勢，並且具有前瞻能力規劃策略，增加組織的能力，以達成期待之願景（江明修 2010）。前瞻主要目的是找出產生較大經濟及社會利益的策略性研究方向，或共通性技術領域，進而影響政策及預算分配，促成更美好的未來（袁建中 2006）。有效率地分析當下情境，並隨著時間移動而調整當下行動策略，同時考量族群在時間變動的情況下，提出一系列因應行動，達到想要的未來狀態（Amsteus 2008）。對於族群政策的發展，可以透過系統性方法展望長期未來社會、經濟、科學、技術的發展，辨識策略性研究領域和新興

理論，以得到最大可能的族群經濟與社會福利（Martin 1995）。設定族群未來存在多種可能性，今日的政策制定將影響未來的族群發展，不僅在推測未來，而是在眾多可能性中進行選擇，甚至企圖創造族群的未來（Grupp and Linstone 1999）。因此，透過前瞻技術的引導，在不同的族群政策選擇推動之下，族群未來是可以被建構的。

目前臺灣族群發展最重要的議題是族群主流化政策的制定，本章透過前瞻方法來探討臺灣族群主流化政策指標建構，以前瞻方法中的德菲法為基礎，整合國內專家學者的意見，為臺灣現有族群建構出臺灣族群主流化政策指標，並分別由客家、原住民、新住民、閩南、外省等不同的指標內容分析，描述臺灣的族群圖像，提出多元文化政策指標運用與規劃。以族群主流化發展願景為出發點，指引臺灣多元族群想要的未來，尋求臺灣族群主流化發展的最適路徑。

二、理論探討

（一）族群主流化

所謂主流化，是要避免各種可能的不平等，從而促進平等（黃之棟 2019），主流化經常被認為是具有潛在革命性（potentially revolutionary）的概念（Hankivsky 2005）。族群主流化（ethnic mainstreaming）的概念源自於性別主流化（gender mainstreaming）。性別主流化是一種考慮兩性利益的政策觀點。性別主流化的概念最早是在 1985 年世界婦女大會（Nairobi World Conference on Women）上提出（Miller and Razavi 1995）。性別主流化推動的成功經驗，影響 2000 年中期之後各種議題

的「主流化」。包括種族、族群、殘障、年齡、宗教、性取向（sexual orientation）等各種討論中，多元主流化（diversity mainstreaming）和族群平等主流化（mainstreaming ethnic equality）的概念，直接影響了本土族群主流化的論述（Black 1994；黃之棟 2019）。

　　過去研究將種族平等主流化（mainstreaming race equality）作為種族工作權平等的基本原則指標，在勞工權益及政策中產生影響（Aspinall and Anionwu2002）。在 1990 年代以後，有許多關於族群主流化的研究，談到了對政府在政策制定及施政上的影響（Hyman 2006），以及文化、種族、多樣性等議題（Korte and Sternberg 2004）。1990 年代初，少數族群家庭面臨不利條件和歧視情況已納入政策考量，族群主流化的概念對所有族群福利立法、政策和做法都至關重要。歐盟 在 EMILIA（Empowerment of Mental Illness Service Users: Lifelong Learning, Integration and Action）心理衛生服務研究計畫將族群主流化的觀念融入（Ramon, Ryan, and Urek 2010），加強族群主流化將促進與心理衛生服務對象之間的關係，使之更有凝聚力以及提高參與意願（Ramon and Urek 2007），這個計畫融入族群主流化的目的是減少族群不平等，在社會融合的過程中特別注意族群議題（Williams and Graham 2013：22-23）。

　　楊長鎮於 2013 年提出族群政策應轉向以族群關係為中心的想像，並參考「性別主流化運動」的思維，進行「族群主流化」的政策重構，其目的為建立一般性公共政策的族群敏感度、建構跨族群文化的公共領域及國家象徵資源的共享共構（楊長鎮 2013）。在楊長鎮提出「族群主流化」議題之後的三年，亦即在 2016 年時，臺灣的族群主流化推動進程從論述建構，進入到政策落實階段。在地方層級，臺南市政府在 2017 年通過了「臺南市推動族群主流化政策實施綱領」（黃之棟

2019）。族群主流化讓各級政府部門具備基本的族群敏銳度，並讓社會
大眾意識到每個人都是族群關係的利害關係人（stakeholder），進而促
使多元族群都能共同參與社會主流的建構。族群主流化要求所有政府部
門能夠正確認知多元族群觀點，在政策上避免歧視、保障族群平等，而
非看不見族群差異、預設了優勢族群的思考模式；就積極面而言，族群
主流化更要追求多元族群「共同參與主流的建構」，積極參與國家歷史
記憶、國家紀念日與儀式節慶、國家語言、大眾文化及大眾傳播的建構
（阮俊達 2016）。

（二）多元文化主義

多元文化強調人群差異之間的相互對待關係，主張尊重差異，
鼓勵對話與相互承認（李廣均 2008）。族群主流化則是承諾在結構
層面解決族裔平等，而不是著重於緩解不平等的具體症狀（Squires
2007）。Horace Kallen（1956）在第一次世界大戰期間提出了文化多元
論（cultural pluralism）的概念，以反駁美國作為一個運轉良好的「熔
爐」的普世看法（Kallen 1956）。一個族群是社會的基本單位，但任何
人的文化或觀點都不應占主導地位，文化多元論為少數族群提供了反
抗同化的堅定立場（Fishman 2004）。若是忽略文化多樣性，未能區分
不同的少數民族，有可能會喪失重要的文化特色以及文化間交互影響
（Appleton and Stanley 2008；Chand 2008）。有些國家政策通常不鼓勵文
化多元論，認為文化多元論無法促進國家團結，而這些政策同時抑制了
個人對認同的需求（Berry 1974）。

多元文化主義是當代社會日益普遍的特徵。然而，在現今文化多樣
化的社會環境中，幾乎每個人每天都會經歷跨文化接觸，要在這些環境

中存在真正的多元文化，就必須同時存在文化多樣性和社會參與公平（John 2016）。在 1970 年代，學者將多元文化主義定義為具有兩個同樣重要的核心價值：族群文化多樣性與所有文化群體的公平參與（Berry, Kalin and Taylor 1978；Feather 1979）。儘管有時認為多元文化主義僅指社會中存在「文化多樣性」，但多元文化主義的第二個核心要素「公平參與」同樣重要。只考慮文化多樣性存在的多元文化主義觀點可能會導致在多元化社會中出現獨立的文化群體。沒有平等參與的多樣性將導致分離或隔離；沒有多樣性的平等參與將導致同化或對大熔爐的追求。在缺乏多樣性和公平性的情況下，可能會發生邊緣化和排斥，但當多樣性和公平性同時存在時，就會發現融合和多元文化。

　　種族、文化、宗教和語言的多樣性在大多數國家都是司空見慣的。在全世界中，非洲和亞洲是最多元化的地區，而日本和韓國則是種族最單一的國家。北美和南美的部分地區（例如，加拿大和秘魯）屬於高度文化多樣化，而中東則存在很大差異。儘管歐盟的多樣性正在增加，但大多數歐洲國家還是相對同質性較高（Alesinaet al. 2003）。現今的社會，移民增強文化多樣化的可能性，研究報告在不同國家有不同的論述，其中一項論點是在美國的研究，移民和種族多樣性會降低社會成員之間的團結、減少信任及利他主義，並減少彼此的友善關係（Putnam and Unum 2007）。另一項相反的論點則是在紐西蘭研究發現，隨著移民人口密度的增加，居民對移民的評價會逐漸提高，並減少對移民的歧視（Wardet al. 2011）。

（三）族群政策指標

　　多元文化政策指標（Multiculturalism Policy Index，簡稱 MPI）由

Keith Banting 與 Will Kymlicka 於 2006 年建構，用來衡量西方 21 個國家社會的族群（文化）融合程度，衡量對象分別為跨國移民團體、少數民族以及原住民族，各有不同的衡量構面及指標（Banting and Kymlicka 2006）。首先，衡量一個國家中移民團體的融合程度指標包括：權力、決策與影響力；教育、文化與媒體；母語友善環境；族群發展機會；平等的社會福利待遇等五個構面，指標內容共有 8 項，分別為合法性宣稱、學校課程教材、大眾媒體具備族群代表性／敏感度、國家是否限制（具有宗教色彩）服飾、允許雙重國籍、政府資助相關族群組織、政府補助雙語教育或母語教學以及政府具有支持行動的宣示（即政府設立機制保障跨國移民團體應有之權益）。其次，衡量一個國家中少數民族的融合程度指標包括：權力、決策與影響力；教育、文化與媒體；族群語言定位；族群發展機會等四個構面，指標內容分別為國家或類國家領土自治權、官方語言地位、中央政府或法庭的席位保證、對採用少數民族語言之大學／學校／媒體的公共資助、憲法或議會承認多元民族主義、少數民族具有國際性身分等。再次，衡量一個國家中原住民族的融合程度指標包括：權力、決策與影響力；教育、文化與媒體；平等的社會福利待遇等三個構面，指標內容共有 9 項，分別為土地權認可、自治權認可、國家與原住民簽有合約關係、文化權認可（包括語言、打獵／漁捕、宗教）、原住民的習慣法被認可、中央政府席位保證、憲法或官方承認原住民族的特殊地位、支持與原住民族權利相關的國際公約、政府具有支持行動的宣示（即政府設立機制保障原住民族應有之權益）。

目前各國族群發展重要指標統計中，歸納出在政治、經濟、法律平等保障、基本生活需求、公平就業、教育機會及族群語言與多元文化價值認同等可能涵蓋項目（張翰璧等 2016）。MPI 對於原住民族的指標最為精簡，三個指標構面包括權力、決策與影響力；教育、文化與

媒體；平等的社會福利待遇。針對民族國家建立過程中被剝奪集體權利（政治、經濟或文化等）的少數民族指標為四個構面，刪除平等的社會福利待遇，增加族群語言定位與族群發展機會。針對跨國移民團體（作為「弱勢團體」）權利維護指標最為完整，包括權力、決策與影響力；教育、文化與媒體；平等的社會福利待遇；母語友善環境；族群發展機會。跨國移民團體的指標涵蓋了原住民族、少數民族的所有指標。「權力、決策與影響力」及「教育、文化與媒體」此二構面則是不同族群皆有之。檢視各國是否符合多元文化主義政策指標的時間分別為1980、1990、2000、2010 與 2020 年，追溯歷史資料，確認實施多元文化政策以及政策調整的年代，因歷年原住民族指標資料變動較少，2020年所更新的指標資料以跨國移民團體、少數民族為主（Tolley, Vonk and Wallace 2021；Westlake 2021）。

　　移民融合政策指標（Migrant Integration Policy Index，簡稱 MIPEX）是由多個政策領域的移民融合指標組成，MIPEX 於 2004 年首次由英國文化協會（British Council）、移民政策小組（Migration Policy Group，簡稱 MPG）、外交政策中心（Foreign Policy Centre）與雪菲爾大學（University of Sheffield）提出「歐洲公民之公民身分與包容指標」（European Civic Citizenship and Inclusion Index），計有五個政策構面，100 個政策指標（柯雨瑞等 2016）。到了 2011 年，MIPEX 已更新為包括勞動力流動、家庭團聚、教育、政治參與、長期居留、獲得國籍和反歧視法律等七個構面（Solano & Huddleston 2020）。多元文化政策指標（MPI，2006-2012）和移民融合政策指標（MIPEX，2004-2011），這兩個指標都考慮了文化多樣性和公平參與的相關政策。另外，關於族群政策發展的指標還有移民就業指數（Immigration for Employment Index，簡稱 IMMEX，2010-2012），主要是評估歐盟 27 個成員國的就業移民

政策（MPG，2012）。跨文化城市指標（Intercultural Cities Index，簡稱
ICC，2016-2017）用來評估城市在跨文化融合方面的表現，該指數有
助於城市對其多元文化政策和資源投資影響和結果做出判斷（COE，
2019）。國家整合評估機制（National Integration Evaluation Mechanism，
簡稱 NIEM，2017-2021）用來監測難民融合政策，包括法律、社會、
經濟和文化等構面，涵蓋以下指標：主流化、居住權、家庭團聚、獲得
公民身分、住所、就業、職業培訓和就業相關教育、健康、社會福利、
教育、語言學習和社會價值取向、溝通橋樑等（MPG，2020）。

三、族群政策指標建構方法論

　　族群主流化的政策工具包括：族群統計、族群分析、族群意識培
力、族群影響評估、族群機制及族群預算（阮俊達 2016）。為了有效制
定族群主流化政策，本章採用德菲法，進行臺灣族群社會的前瞻研究。
1946 年，美國蘭德公司（RAND）為避免集體討論存在的屈從於權威
或盲目服從多數的缺陷，利用德菲法「匿名」、「反饋」這二項特性，能
夠整合跨學科專家學者之意見，專家對於其專業領域上的見解比非專家
更為正確，尤其是當他們意見一致時（Gordon 1994）。德菲法整合專家
的共識，以多重開放性的觀點探索族群發展趨勢，作為輔助政策制定的
依據，建構出各學術領域專家與實務領域專家認知中最適合的族群主流
化指標制定，塑造出未來想要的族群主流化社會狀態。
　　首先，德菲法成功的關鍵因素是邀請具有政策影響力的專家來進行
訪談，本章作者邀請包括族群研究、新住民研究、原住民研究、客家研
究等不同領域的專家學者，具有特定族群身分的中央及地方政府民意代

表、政府官員，這些專家均具有對族群政策上的影響力，也長期關心族群政策發展，確立名單後，進行二回合訪談及問卷調查。根據訪談內容及意見回饋，將指標分類後並形成「多樣性」與「公平性」兩條發展軸線，劃分出發展可能以及影響因素之間的關係強度與方向，提出族群主流化政策矩陣與指標。

　　本章參考多元文化政策指標（MPI）和移民融合政策指標（MIPEX）訂定族群主流化政策指標初稿，政策方面的指標有 12 項、法律方面的指標有 12 項、組織方面的指標有 5 項，以及專家於德菲法訪談過程中建議的 3 項指標，有 32 項指標，對應 5 個族群，共計有 160 項指標。自 2021 年 8 月至 12 月，邀請 17 位專家學者參與二回合族群主流化政策指標調查。第一回合依政策、法律與組織等三方面來分析族群主流化政策指標，讓專家學者衡量所列評估指標是否適用客家族群、原住民以及新移民，並且向專家說明目的在建構臺灣族群主流化政策指標，期望透過族群主流化政策引導下，族群之間互相尊重，族群各自有發展特色，達成族群平等之目標。第二回合依據專家意見增加閩南族群、外省族群的選項，同時將數值改為集中的 0（不適用）、1（部分適用）、2（適用），整理所有專家學者在第一回合中的答案，括弧是所有成員回覆的平均值，專家學者在閱讀其他專家意見後，重新給予新的答案，並評斷是否合適作為族群主流化政策指標，調查問題皆屬於規範性問題。

　　第一回合與第二回合填答值差異最大為 - 0.87，最小為 0，為了更精確了解回合之間是否具有顯著差異，將第一回合與第二回合平均值進行成對樣本 t 檢定，第一回合平均值為 1.43，第二回合平均值為 1.29，P 值 =0.00 < 0.05（t=5.94），顯示第一回合與第二回合填答有統計檢定上的顯著性差異，觀察指標適用的變化，有 22 項指標有適用上的差

異，第一回合與第二回合的結果有明顯不同，顯示許多專家學者在看過第一回合填答平均值及其他專家的文字意見後，修正了原本的看法，驗證德菲法能確實整合專家學者意見。以調整過後的第二回合分數為基準，介於 0 至 0.5 之間為不合適的政策指標項目，介於 1.5 至 2.0 之間為合適的政策指標項目。研究結果為 55 項適用指標，其中適用於原住民族為 28 項、客家族群為 13 項。不適用指標為 35 項，原住民族為 0項。詳細結果，請參閱下表 8-1。

表 8-1　族群主流化政策指標與族群適用交叉分析表

指標構面	客家	原住民	新住民	閩南	外省	總計	比例
適用	13	28	7	4	3	55	34%
法律	0	10	0	0	0	10	6%
政策	10	11	6	3	2	32	20%
組織	2	4	0	0	0	6	4%
其他建議指標	1	3	1	1	1	7	4%
部分適用	14	4	18	19	15	70	44%
法律	7	2	6	6	5	26	16%
政策	2	1	5	9	7	24	15%
組織	3	1	5	2	1	12	8%
其他建議指標	2	0	2	2	2	8	5%
不適用	5	0	7	9	14	35	22%
法律	5	0	6	6	7	24	15%
政策	0	0	1	0	3	4	3%
組織	0	0	0	3	4	7	4%
總計	32	32	32	32	32	160	100%

資料來源：作者整理。

以下整理在以德菲法進行的訪談過程中，專家學者除了給予指標評分外，也在指標評估上充分說明及表達意見。由於本章採用匿名及回合

方式，故專家學者可以獨立表達自我意見與想法，同時在第二回合訪談問卷中，了解其他專家學者的意見，據以評估之後，提出有別於第一回合之意見表達。根據前述 t 檢定結果，二回合專家學者意見在統計檢定上有顯著差異。因此，檢定結果說明以下意見可以充分傳達專家學者意見以及達成部分共識。

（一）政策面指標

1. 政府推廣及補助本土語教學：適用於客家族群、原住民，閩南族群、新住民部分適用，外省族群不適用。支持觀點是語言本身和身分認同有密切的關係，本土語言教學推廣和族群認同有密切相關性。政府推廣及補助本土語教學符合推動族群多元平等的政策目標，多語社會是族群平等重要指標，語言是文化的根本，也是族群認同的核心要素。本土語言應該要優先推廣及補助。但要注意推廣本土語教育目的為何？同化融合或是推動多元文化社會。關於本土語實施地點有很多爭議，應在正規教育中執行，也應該透過社會教育推動，透過學校教導母語的功能有限。也有學者認為客家及原住民語的傳承應該是在家庭中，有學者則認為最佳本土語學習的管道是各種媒體。至於新住民語，由於不屬於本土語，有學者認為不適用本指標且不在正規教育中施行。依《國家語言發展法》，新住民的語言被排除在母語教學，可推廣第二外語或新住民語言相關課程，新住民子女學習本土語，可以讓下一代在語言上具有優勢。新移民（或稱新住民）因為來源國較為多元，師資與學生人數都有限，較難確實落實。在預算、經費充足的情況下，可輔助該國母語

的教育推廣，可在教育體系以外的成人教育或者是公部門教育體系以外去推動，同時也要注意對新住民的歧視。外省族群的部分，比較少發現使用語言來認同其外顯的身分。推動性別主流化與族群平等同為重要政策，但是否要透過學校教育來教導這些本應屬於家庭教育的「母語」，以現有推動狀況而言，學校正規教育的教導所產生的效果有限（從推動多年的閩南語與客語、原住民語成效可以觀之），臺灣社會並沒有營造尊重母語文化，母語代表了階級意識，國家推動英語的積極度遠勝於母語，故應思考從別的管道來推動母語政策，原住民語也是相當多元（和新住民一樣，甚至更多），若真的要從學校推動，應改變現有方式，透過數位教材協助學生學習，未必需要各校聘任師資，因為適合的師資也不足。無論本土語言或新住民語言都可以結合正規教育與社會教育課程推廣，若經費有限，可以規劃優先次序，逐年推動。

2. 政府對推廣或採用本土語之學校（媒體）提供公共資助：適用於客家族群、原住民，閩南族群、新住民部分適用，外省族群不適用。本土語言已列為國家語言，以政府資源推動理所當然，母語必須往下扎根，學校推動非常關鍵，所以必須提高獎勵措施。公共資助可有助於下一代學習意願和學習環境，也可以塑造語言使用環境。有助於群體及社會認同。中央到地方，均設有原住民與客家委員會，也有獨立預算，媒體部分設有客家與原民電視臺目前各族群各有部會，客委會、原民會、移民署新住民發展基金等補助資金從事各種文化及研究活動。除了中央政府補助外，各級政府亦可自籌經費補助。目前國內有客家、原民、臺語臺等，而廣播也有新住民語言時段，中央政府

應補助，更積極推動母語教育，營造多語的社會環境。資助場域是以學校、媒體為主要平臺，但補助學校推動母語教學，未必有效，建議結合數位教材來加以推動。透過學校教導母語的功能遠低於家長在家以母語溝通的效果。臺灣若要從正規體制推動母語，應該從幼稚園便開始，因語言是同儕互動學習的結果，到了小學以後再補助，其效果已大減。補助對象也有不同看法，有學者認為客家和原住民在語言上屬於弱勢，資助應集中在客家和原住民。推動弱勢的本土語言，應加強族語認證誘因，提供不同層級的認證通關獎勵金。新住民並不具備有族群團體的特質（只是政府為方便分類使用該稱呼，並無共同族群認同），新住民偏向移民特質，移民接收國不會在公部門輔助移民母語教學。也有學者認為新住民部分反而較需要政府提供公共補助，才能積極有效推動，鼓勵新住民子女學習媽媽的語言，也可以鼓勵一般民眾學習東南亞語言。

3. 授予本土語官方語言地位，使得少數族群語言與多數族群語言具有同等地位：客家族群、原住民、閩南族群部分適用，外省族群、新住民不適用。符合多元比例與公民權要求，如果以國家的官方高度授予少數族群語言地位，會增加認同感及榮譽感。客家和原住民為臺灣四大族群，其語言有必要授予官方語言地位，使得臺灣少數語言和多數語言具有同等地位，目前客家話和原住民語言取得官方地位。認可其官方語言地位為對其語言的尊重，也較可鼓勵家人間以母語交談，無須再透過學校正規教育教導。有些學者不同意將華文以外的語言納入全國性官方語言，因為這表示全國公部門文件、路標等都需要同時有這些語言文字，作為「官方語言」固然是很重要的肯定，一旦

將某一種語言作為官方語言就會牽動到其他族群的壓迫感。取得官方正式語言身分，前提是同時享有某些權利，但臺灣國家政策在資源分配上，並沒有以語言區分出資源享有權利上的差別，特別是臺灣獨尊華語的時代早已是過去式。但可以從區域或地方開始實施，以該縣市、區域或地方居住人口為主，公部門相關文件、路標、或地方廣播等，都可以相對應調整，方便多元族群的溝通與使用。至於新住民官方地位需要再多面向評估，新住民涉及到國家認同的問題。新住民人數相對少，移來臺灣時間短，來源國眾多，很難說是一個「族群」，因此其所使用之語言上不適合授予官方語言之地位。但是日常生活的使用，如捷運或機構宣傳等，可以考量新住民移居臺灣時間，對於華文與華語較不熟悉，面對將近百萬移工，建議增加部分新住民母語在公共場所的公告與說明。

4. 將多元族群文化的觀念納入義務教育課程內容：所有族群都適用。多元族群文化的觀念，追求各族群的平等，最好的方式是從義務教育課程開始讓學童學習這種觀念，因此在義務教育課程裡納入多元文化主義的觀念，對各族群都是重要而適用的。學習多元文化觀點比單純只學習語言更重要，推動族群平等多元文化教育，對於多元文化應具有一定的認識與理解是現代公民必備的素養，也是世界潮流，但問題在教學師資是否有正確的認識。

5. 支持多元文化，尊重族群服飾、節慶、信仰以及各式文化活動：僅外省族群部分適合，其餘皆適合。多元社會建構，應尊重多元族群文化，多元文化信仰對於不同族群都有它的重要性，族群多元與欣賞是多元文化社會基本的尊重，而且透過

文化儀式、節慶、文化活動等，更能深入民眾的印象，加深對
於各族群文化的認識與尊重。特別是原住民與新住民的文化、
信仰與節慶與主流社會非常不同，這部分也應該給予尊重及鼓
勵。在地和全球之間更加接軌，不同族群的多元文化理應透過
各種管道或活動讓更多人可以認識了解。多元族群文化的觀
念，追求各族群的平等，對各族群有形和無形文化的尊重和肯
認，是多元文化主義的最基本要求，對於客家、原住民和新移
民來說，自然都是重要而且適用的。應兼顧不同族群，但如何
在支持多元文化與避免流於形式之間取得平衡是相當重要的，
更重要的是，需區分究竟是日常生活中的多元文化，還是制度
中所考慮的多元文化權利，還有多元文化主義的核心關懷——
社會正義。然而，需要注意有些活動的文化深度不足，往往流
於形式（有些甚至耗費不少經費），但對於文化的實質支持相當
表淺，有時甚至傳遞或複製主流文化對多元文化的刻板印象展
現（如原住民歌舞、東南亞飲食），對於深入了解該文化沒有幫
助。流於表面與嘉年華式慶祝，無法真正實踐多元文化主義的
精神，避免流於 3f（food, fashion, festival）活動，或是衍生將
花布、桐花行銷成客家意象等現象。

6. 在法律上承認不同族群特有的文化權利：客家與原住民適用，
其餘族群部分適用。文化權利應該就要受到法律相關規範與保
障，透過法律制度來展現不同族群的平等尊重是應該的。在不
違反整體社會的人權、民主價值下，一個多元族群的社會，理
應對於不同族群的文化公民權給予尊重，客家人、原住民、新
住民三者的文化權基本上皆受到法律相關規範，但程度上仍有
所差異。有合法性的社會位階，法律上的保障是必須。不同族

群的平等尊重，是世界的趨勢和人民的素養。原住民文化各有差異，原住民社會跟漢人文化有所不同，例如：莫拉克風災永久屋問題，在魯凱、排灣社會都是長子、長嗣繼承，漢人社會皆是以戶籍為主，因此出現永久屋分配爭議，對於其文化權利需法律承認。目前尚未有禁止說母語或穿著帶有不同民族特色的衣服等。對各族群有形和無形文化的尊重和肯認，是多元文化主義的最基本要求，但是要讓各族群文化獲得充分發展，才是多元文化主義的目標。因此，在不違反整體社會發展的前提下，透過法律承認不同族群特有的文化權利，才能讓各族群文化有充分發展之可能。除非該項文化權利，明顯違反基本人權或危害生命等，否則都應該給與法律保障。新住民並非一個族群，但應對基本的文化權持以尊重，例如傳統服飾、飲食。然而，對於文化權利承認的程度仍待討論。不同族群的文化權利之內涵事實上並不太相同，法律條件也不完全一樣。不過，也有專家學者認為客家族群不須特別訂定，客家族群是漢族的一支，有著大同小異的文化習俗，有著共同的文字、信仰、規範秩序，因此，無所謂的族群特有的文化權利問題。

7. 政府在公部門或私部門有針對不同族群，有積極的平權行動政策：客家與原住民適用，其餘族群部分適用。尊重多元及差異的社會價值，積極行動才是多元文化主義的核心內涵，考慮族群多元政策和漸進實務方式，從小開始教育培養其族群平等的概念。平權行動政策需要由政府積極推動，也是尊重不同族群的做法，目前我國有關族群平等的政策，包括在人口政策綱領中（六、保障各族群基本人權，建構多元文化社會）。然而，在實務上很難根據多元族群分別設置不同文化綱領。多元文化政

策綱領應該獨立，在統整的多元文化政策綱領中，規範多元族群平等的行動及其基本原則、方向與內涵。透過法律承認不同族群特有的文化權利，才能讓各族群文化有充分發展之可能，這是指各族群各自有發展其族群文化之機會，但是政府和私部門（企業）有平權的行動和政策，多元文化主義才更有落實的可能。譬如資源的溢注、多元文化環境的塑造等。政府在公私部門情況仍有所差異，公部門較有可能執行政策但在私部門（企業、家庭）較難制定相關政策執行。和客家與原住民相比，新住民可以享有的平權政策較為不足。新住民如果視為移民，也應該要有平權政策，新移民並非一個族群，但是當作移民的話，移民團體應該要有平權政策。新住民在政策上較難執行。因此，在不同的地區或時間針對特別族群給予積極的支持是必要的。

8. 政府在公部門或私部門有針對不同族群，有制定消極的反歧視相關法規：客家、原住民與新住民適用，其餘族群部分適用。不同族群會產生的歧視類型不同，新住民可能有語言歧視問題，原住民則可能有膚色歧視問題。無論公部門或私部門，推動消極反歧視的做法均相對不足，反歧視法規能發揮的功效有限，較容易流於政令宣導，無法產生實質影響。政府制定消極的反歧視法規固然能代表政府保障弱勢族群的角色，但要如何落實應該是比較大的問題，實質的反歧視行動仍需要透過多元文化與族群教育來推動，對於任何族群都應積極推動反歧視。

9. 政府對不同族群進行資料統計分析，作為檢驗政策的客觀工具：適用於所有族群。目前政府對於族群分類，除原住民採認定原則外，其他各族群均採認同原則，因此在統計資料的分析

上不會刻意人為操作。透過科學數據進行治理，有完整的統計資料並進行分析，才能作為政策是否落實的檢驗指標，並作為下一階段政策規劃之依據。相關統計數據分析可以提供政策規劃的實證基礎，避免以少數案例進行政策規劃。目前中央與地方政府做得較完善的是性別指標，但是對於多元文化族群並未發展指標，需強化統計調查對政策的關聯性，並進行滾動式的檢討。量化統計資料是必須的，並以質性研究作為輔助，以確切了解各族群的真實狀況。客家與原住民各有專責機關，會不定期或定期進行調查並公布統計分析結果。

10. 政府制定各項政策時會針對不同族群進行影響評估：客家、原住民與新住民適用，其餘族群部分適用。不同政策對不同族群會產生不同影響。針對不同族群進行影響評估可以視為「社會影響評估」的其中一環。雖然沒有具體政策實例，但基於族群平等理念，應該要有這方面的考量。對於政策的影響評估應該以尊重多元文化差異作為主要的思考點，思考政策對於不同族群背景者可能產生的影響與意義，以避免政策造成的傷害或者反效果。對族群的影響評估，有些政策屬於中央，有些屬於地方政策檢驗，有助於國家政策推動，應區分中央與地方有助於檢驗政策的適切性。

11. 政府以專案形式提供國家資助與支持給不同族群：僅適用於原住民，對於其他族群均屬部分適用。專案性質需經得起族群主流化為前提，專案補助具有彈性，但要建立適合的標準，不應太過強調人口比例作為政府對於該族群的支持，需多加考量傳統背景、社經背景作為專案的制定。給予少數族群資助和支持，可以改善少數族群的不利處境。移民團體也需要資助，

依專案而定，應視不同族群的需求提供資助。依不同族群之需要，以專案形式提供補助，更積極促進多元文化社會建立。也有學者主張族群雖需要國家資助，但應常規化，專案形式恐流於短期，缺乏延續性，難累積長遠效果。

12. 政府在編列預算時皆會考量不同族群的觀點：客家、原住民與新住民適用，其餘族群部分適用。編列預算應同時考量各族群的需求，因此將會影響政策推動上所需要的成本，沒有相關經費的挹注很難推動相關政策。依不同族群之需要，編列適當預算，提供補助，積極推動多元文化社會。預算是落實政府政策的具體指標，因此考量不同族群的需求，需求導向的預算編列有助於各族群的發展。不應太過強調人口比例作為政府對於該族群的支持，需多加考量傳統背景、社經背景作為專案的制定。

（二）法律面指標

1. 政府允許雙重國籍，允許可保留其原來的公民身分：客家跟原住民依照憲法的規定只有一個國籍，客家及原住民沒有國籍問題，本指標只適用於新住民，不適用於客家與原住民。我國雙重國籍相關規定主要以國籍作考量因素而非以族群作為考量因素。「雙重國籍」是一個很有爭議的制度，雖然世界各國對此採取不同的作法，但它不是一個族群必然要有的保護措施。新住民族群的部分，我國不認定新住民歸化後擁有雙重國籍身分，若有允許雙重國籍情況下，歸化後可允許保留其原來公民身分。就保留「雙重國籍」而言，新住民較無條件爭取。但若是彈性處理，反而更能擴大認同感。在全球化時代，同意多重認

同、多重公民身分，可以給予新住民多重國籍的選擇。

2. 該族群可以具有公認的國際法律人格，例如國際賽事中擁有自己的團隊：只有原住民較為適用，因為原住民的認同與網絡上與國際南島語族有關，但是要達到這個前提應是臺灣政府需要更具體地承認與規劃將原住民視為「國中之國」的政策，讓原住民具有公認的國際法律人格。但既然是國際賽事，就代表國家，並非以族群為代表。雖有不同族群，但國際賽事應以國家為優先概念。依現況來看，臺灣不太會有特定族群具有公認的國際法律人格，若具有原來的身分情況下不適用。

3. 支持與族群權利相關的國際公約，同意簽署關於族群權利的國際文書：族群多元原則、落實國際人權，可以提升族群平等的高度。同意簽署關於族群權利的國際文書可以讓臺灣對少數族群的政策和世界同步。移民和原住民已有相關國際公約。國際公約應以國家出發，但臺灣原住民族有其特殊性，建議可以特別考量。國際人權有對宗教、語言等做相關規定，所以應對宗教、語言等給予尊重，但土地問題大多以原住民涉及較多，其他族群較少聽聞，此外族群權利方面屬於哪種國際公約仍須再界定，因各族群涉及到不同的國際公約，如：土地方面，原住民涉及到的偏向土地自治方面，而客家族群則有複雜的土地問題。有學者認為族群主流化不涉及這個議題。

4. 政府承認該族群具有傳統土地權利或所有權：原住民本有傳統領域，因此沒有太大問題，但客家亦可以考慮在其聚集區，俾利認同維繫與文化推展。承認臺灣原住民族的土地權利或所有權，較適合原住民族。原住民族是臺灣固有的住民，其文化中因為沒有土地私有觀念，因此在日治時期 1898 年至 1905 年的

土地調查中，無法進行土地申告，其固有土地（傳統獵場）淪
為「國有土地」，因而喪失其傳統土地權利，只保留部分「保留
地」。承認原住民的土地權利是臺灣族群政策的重要一大步，除
原住民族外，不同意其他各族群土地權利。

5. 國家在法律或法院裁決中承認該族群傳統土地權利、承認該族
群習慣法物權（承認習慣法可形成新物權）：僅適用原住民族的
指標，客家族群無法確認，日治時期有承認相關的傳統習慣法
規，但在民國後因重新採用其他辦法造成僅有部分適用。客家
或閩南族群的祭祀公業土地是否算傳統土地，需要再討論。

6. 不同族群能有對應的文化活動空間：文化節慶活動上空間與時
間皆為重要，須配合當地的文化節慶空間與時間。不同族群能
有對應的文化設施。尊重其文化差異性，提供對應之文化活動
空間有其必要性。尊重不同文化族群的文化空間是有其必要
性，但也要注意不會因此造成隔閡，減少族群間互動機會。原
住民族應有屬於自己的文化活動空間。客家族群也屬於自己的
聚落，也應該給予支持。新住民散居各地，則與國民共享文化
活動空間。有其對應的文化活動空間，能讓文化得以維繫其生
命力，文化空間可以方便交流。文化雖然可以無時無地表現，
但文化和族群生存的空間息息相關，如果能承認不同族群有文
化活動空間，將更有利於不同族群的文化發展。但新住民涵蓋
太多族群，恐難以成就特定空間，目前日常生活中的宗教、語
言、服飾、飲食、盥洗習慣等均沒有受到限制。

7. 不同族群的自治權利在法律中得到承認：原住民目前得到部分
的承認，有待改善。原住民是臺灣固有的住民，有其獨特文
化，在法律中承認其自治權利有助於文化發展。客家族群的自

治權利僅限於族群代表性。新住民非族群故不適用，此項指標
會面臨許多主權及自治的議題，部分學者認為客家族群亦不適
用，需要先行討論自治權範圍與性質，再確定什麼範圍的自治
權可以實施。

8. 政府承認不同族群的獨特地位：不同的族群分別有各自的文化
特色，在憲法各族群一律平等的大前提下，賦予少數族群獨特
地位，是促進各族群文化發展的重要手段之一，各族群的權益
都應該被公平對待。

9. 國家簽署官方文件承認該族群的歷史淵源：承認族群的歷史淵
源，是承認其文化權利和獨特地位的依據之一。原住民與客家
族群有其歷史淵源的獨特性，官方應簽屬文件。未有歷史淵源
者不適用。新住民涵蓋太多族群，新住民因為是近年移民來
臺，尚未具有共有的「歷史淵源」，因此並不適用。但有學者認
為新住民也是有其「歷史」可言，只是時間不久遠，故認為承
認歷史淵源仍適用於新住民。

10. 政府對於不同族群的席位保證，保障在中央政府或憲法法院的
代表權：同意應將原住民與新住民納入，中央政府或憲法應給
予保障名額，或相關委員會設置應給予代表權保障。原住民則
以血統作為族群分類可明確判斷因此可有席位保證。透過保障
原住民的參政權，原住民、新住民仍面臨結構性不利處境，因
此支持相關席次保證，有利其族群自治和文化發展，可以有話
語權。目前客家族群的政治席次不符比例原則。除了原住民族
之外，其他的族群認同都是文化、語言性質的認同，比較難在
公職上保障席位，有必要的話可在文化政策上做區分。也有學
者認為客家族群無須席次保證，客家以文化定義，難以分辨是

否屬該族群故不適用，新住民因為是近年移民來臺，尚難說是一個「族群」，因此並不適用。

11. 政府承認多元民族主義，並在憲法或議會通過的官方文件中確認：目前我國《憲法增修條文》已經名列中華民國為多元文化國家，但對於客家族群和新住民的保護，似乎不夠具體。《憲法增修條文》中有提及國家肯定多元文化，應屬多元族群精神。有學者認為臺灣是多元族群的移民社會，族群問題並不若曾有殖民歷史的西方國家嚴重，因此是否需要憲法或議會官方文件中來確認，還須再討論。原住民的傳統權利需要被確保，但是否需要在憲法層次有待商榷，若在議會層次是支持的。

（三）組織面指標

1. 政府設立族群電視臺／廣播／媒體，將族群代表性納入大眾媒體：因考量族群所使用的語言與文化，納入大眾媒體可以讓主流社會認識該族群之文化內涵。以文化公民權出發，族裔群體應有其媒體近用權，可增加多元文化的理解。目前已有原住民與客家電視臺，未來應朝向設置新住民電視臺，一來可以強化文化認同，二來可以促進多元文化學習與交流。同時提高弱勢族群的發聲權。新住民來自不同國家，定義上太複雜。但是新住民可以有小眾媒體，新住民的媒體近用權利可以進一步考量。除了設置專屬媒體頻道外，也可以思考以獎勵方式達成，媒體、文化和主權息息相關，所以在政府設立族群電視臺及媒體時，有族群代表是可以接受的。新住民的議題較需獨立研議，媒體的形式可以相當多元，即使來自不同國家的新住民也

可以獲得相關媒體頻道。

2. 政府在中央為不同族群設立委員會或專責機構：現階段仍以本土族群（客家與原住民）優先考量，目前已有專責委員會。目前中央政府成立的新住民相關組織或專責機構，屬於臨時編制。新住民人口數已超過原住民人口數，建議未來中央應比照客家與原住民成立委員會與專責機構，推動相關政策與實務。如果以差異政治出發，族裔群體應有其發聲權利。有學者認為僅需設原住民相關專責機構和多元族群機構，專責機構看似尊重該文化，但長久以來未必發揮功能，建議應該改設多元族群平等的單位來持續推動多元文化與教育平權行動。

3. 政府在地方為不同族群設立委員會或專責機構：地方可以依其特色另設置符合當地族群特色的專責機構，為避免組織擴大造成的無效性，建議在地方層次應統整多元文化委員會或專責單位推動相關政策與實務。

4. 政府在中央設立族群平等專責機構：由中央統一設置單一政策及族群平等專責機構。在設立的同時，要思考如何定義族群平等。因為是族群平等專責機構，邏輯上涵蓋了所有在臺灣的人民，所以設置單一政策及族群平等專責機構。反對觀點則是基於人權考量，需要有主責單位，但是否要專責機構，可再研議。由於目前已經設立客委會和原民會，因此行政院不宜再設立族群專責機構，否則可能成為疊床架屋。但可在監察院轉型為人權機構之後，下設族群平等的單位，監督落實族群平等政策。而行政院可以成立任務型跨部會的族群平等會報。

5. 政府在地方設立族群平等專責機構：已經成立客家事務局或原住民事務局的縣市政府，可將族群平權業務納入研考單位考核

範圍。如尚未成立客家事務局或原住民事務局和研考單位的縣
市政府，則可建議直接成立族群平等專責機構。將客家、原住
民及新住民平權業務納入。也有學者認為不需要。中央政策需
要的地方配合推動。事實上，臺灣不大，中央層級的該族群平
等委員會或專責機構應該較為適宜，無須地方成立。但若真成
立則目前政府組織要調整，因為既有之客委會、原民會及移民
署新住民基金等專責單位是否還有存在之必要，應一併檢討。
在中央的層次設立專責全國性族群議題的機構，地方就可以不
必疊床架屋的設立。

（四）其他建議問項（指標）

在應用德菲法的訪談過程中，專家學者所建議的指標也在第二回合
中提出，其中包括 1. 建構國家記憶應納入各族群的記憶、2. 考量人數
和人口比例下，不同族群應有平等受教育機會（尤其高等教育機會）、
3. 考量人數和人口比例下，不同族群應有工作機會（工作權）。其中一
項「建構國家記憶應納入各族群的記憶」被其他專家學者高度認可，適
用於各族群。另外二項指標也超過門檻值，收錄於本章所提出之臺灣族
群主流化政策指標。

表 8-2　族群主流化政策指標與構面分析表

構面	指標	客家	原住民	新住民	閩南	外省	多樣性	公平性
政策	1-1.　政府推廣及補助本土語教學	◎	◎	△	△		◎	
政策	1-2.　政府對推廣或採用本土語之學校（媒體）的提供公共資助	◎	◎	△	△		◎	
政策	1-3.　授予本土語官方語言地位，使得少數與多數族群語言具有同等地位	△	△		△		◎	
政策	1-4.　將多元族群文化的觀念納入義務教育課程內容	◎	◎	◎	◎	◎	◎	
政策	1-5.　支持多元文化，尊重族群服飾、節慶、信仰以及各式文化活動	◎	◎	◎	◎	△	◎	
政策	1-6.　在法律上中承認不同族群特有的文化權利	◎	◎	△	△	△	◎	
政策	1-7.　政府在公、私部門針對不同族群有積極的平權行動政策	◎	◎	△	△	△		◎
政策	1-8.　政府在公、私部門針對不同族群有制定消極的反歧視相關法規	◎	◎	◎	△	△		◎
政策	1-9.　政府對不同族群進行資料統計分析，作為檢驗政策的客觀工具	◎	◎	◎	◎	◎		
政策	1-10.　政府制定各項政策時會針對不同族群進行影響評估	◎	◎	◎	△	△		◎
政策	1-11.　政府以專案形式提供國家資助與支持給不同族群	△	◎	△	△	△		◎
政策	1-12.　政府在編列預算時會考量不同族群的觀點	◎	◎	◎	△	△		◎
法律	2-1.　政府允許雙重國籍，允許可保留其原來的公民身分	△	△	△	△	△	◎	
法律	2-2.　該族群可以具有公認的國際法律人格，如國際賽事擁有自己的團隊		△				◎	
法律	2-3.　支持與族群權利相關國際公約，同意簽署關於族群權利國際文書	△	◎	△	△		◎	

法律	2-4. 政府承認該族群具有傳統土地權利或所有權		◎			◎	
法律	2-5. 國家在法律或法院裁決中承認該族群傳統土地權利		◎			◎	
法律	2-5-1.國家在法律或法院裁決中承認該族群習慣法物權		◎			◎	
法律	2-6. 不同族群能有對應的文化活動空間	△	◎	△	△	△	◎
法律	2-7. 不同族群的自治權利在法律中得到承認		◎				◎
法律	2-8. 政府承認不同族群的獨特地位	△	◎	△	△	△	◎
法律	2-9. 國家簽署官方文件承認該族群的歷史淵源	△	◎		△	△	◎
法律	2-10. 政府對於不同族群的席位保證,保障在中央政府或憲法法院代表權	△	◎	△			◎
法律	2-11. 政府承認多元民族主義,並在憲法或議會通過官方文件中確認	△	◎	△	△		
組織	3-1. 政府設立族群電視臺／廣播／媒體,將族群代表性納入大眾媒體	◎	◎	△	△		◎
組織	3-2. 政府在中央為不同族群設立委員會或專責機構	△	◎	△			◎
組織	3-3. 政府在地方為不同族群設立委員會或專責機構	△	◎	△			◎
組織	3-4. 政府在中央設立族群平等專責機構	◎	◎	△	△	△	◎
組織	3-5. 政府在地方設立族群平等專責機構	△	△				◎
其他	4-1. 建構國家記憶應納入各族群的記憶	◎	◎	◎	◎	◎	◎
其他	4-2. 考量人數和人口比例,族群應有平等受教育機會(高等教育)	△	◎	△	△		◎
其他	4-3. 考量人數和人口比例,不同族群應有平等工作機會(工作權)	△	◎	△	△		◎

◎表示適用、△表示部分適用、 表示不適用

四、臺灣族群主流化政策指標

（一）族群主流化政策矩陣

　　世界各國在訂定族群政策指標時，多數都會考慮文化多樣性和公平參與等政策，基於族群主流化最重要的核心意涵，本章提出以文化多樣性與參與公平性為構面的族群主流化政策矩陣，透過前瞻研究法確實預測出臺灣族群主流化社會的未來，依據兩項社會組織特徵的強弱程度會形成四種不同的族群社會，請參閱圖 8-1。首先，文化多樣性與參與公平性兼具的社會為理想的族群主流化社會，族群之間相互交流、彼此尊重，進行文化融合（amalgamation），不同族群文化接觸時，彼此的文化因素在混合過程中結合起來，不是被消滅，而是認知欣賞彼此的差異，進而形成多元文化（Bhugun 2019）。其次，單獨重視參與公平性卻忽略文化多樣性的社會，這樣的社會是正在進行族群同化（assimilation）的社會，少數族群接觸主流文化的過程中，逐漸失去原來文化特色以及族群自信，學習並接受新的文化，自身族群文化的改變，甚至已經無法與主流文化做區別（Golden 1989；Joseph 2001）。第三，僅重視文化多樣性，但卻忽視參與公平性的社會為族群分化（differentiation）社會，不進行實質文化交流，也不給予公平的社會參與權利，族群分化經常跟權力關係與政策有關（Rughini 2011），讓不同的族群之間形成文化分立或是隔離的現象。第四，不承認其族群文化也不讓其享有公平參與社會的權力，造成族群排斥（exclusion）的事實，造成族群被邊緣化以及文化適應問題，通常會出現在對少數族群的歧視（van der Veen 2010），當出現族群排斥關係緊張時，特別容易引發族群動員，形成嚴重社會問題（Tezcür and Gurses 2017）。

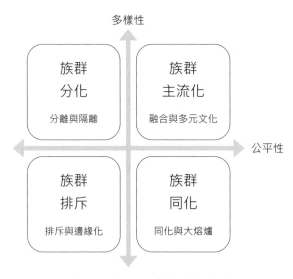

圖 8-1　族群主流化政策矩陣

資料來源：作者繪製。

（二）族群主流化政策指標

　　臺灣過去發展歷史中，至少形成五大「族群」，當代的族群運動，或是族群議題的討論多集中在原住民（民族國家建立過程中幾乎被剝奪所有權利的族群／種族）、客家（在民族國家建立過程中被剝奪了「文化權」）以及新住民（全球化浪潮下自願移動的婚姻移民）。不同「族群」所形成的歷史背景、面對的族群議題以及要求的族群權利不盡相同（張翰璧等 2016）。因此，需要有定期針對不同族群，進行指標資料的收集並討論。本章根據德菲法訪談並整合專家學者意見後，依照得分計算 0（不適用）、1（部分適用）、2（適用），將總分大於 6 的指標予以保留，提出以下指標作為「臺灣族群主流化政策指標」，共計有 19 項指標，構面從政策、組織與法律修正為族群主流化最重要的核心意涵：文

化多樣性與參與公平性，請參閱下表 8-3。期待臺灣族群主流化政策的推動，讓族群之間互相尊重。

表 8-3　臺灣族群主流化政策指標

構面	指標	客家	原住民	新住民	閩南	外省
多樣性	1-1. 將多元族群文化的觀念納入義務教育課程內容	◎	◎	◎	◎	◎
多樣性	1-2. 建構國家記憶應納入各族群的記憶	◎	◎	◎	◎	◎
多樣性	1-3. 支持多元文化，尊重族群服飾、節慶、信仰以及各式文化活動	◎	◎	◎	◎	△
多樣性	1-4. 在法律上中承認不同族群特有的文化權利	◎	◎	△	△	△
多樣性	1-5. 政府推廣及補助本土語教學	◎	◎	△	△	
多樣性	1-6. 政府對推廣或採用本土語之學校（媒體）的提供公共資助	◎	◎	△	△	
多樣性	1-7. 不同族群能有對應的文化活動空間	△	◎	△	△	△
多樣性	1-8. 政府承認不同族群的獨特地位	△	◎	△	△	△
多樣性	1-9. 政府承認多元民族主義，並在憲法或議會通過官方文件中確認	△	◎	△	△	△
多樣性	1-10. 政府設立族群電視臺／廣播／媒體，將族群代表性納入大眾媒體	◎	◎	△	△	
公平性	2-1. 政府對不同族群進行資料統計分析，作為檢驗政策的客觀工具	◎	◎	◎	◎	◎
公平性	2-2. 政府在公、私部門針對不同族群有制定消極的反歧視相關法規	◎	◎	◎	△	△
公平性	2-3. 政府制定各項政策時會針對不同族群進行影響評估	◎	◎	◎	△	△
公平性	2-4. 政府在編列預算時會考量不同族群的觀點	◎	◎	◎	△	△
公平性	2-5. 政府在公、私部門針對不同族群有積極的平權行動政策	◎	◎	△	△	△
公平性	2-6. 政府在中央設立族群平等專責機構	◎	◎	△	△	△

公平性	2-7. 政府以專案形式提供國家資助與支持給不同族群	△	◎	△	△	△
公平性	2-8. 考量人數和人口比例，族群應有平等受教育機會（高等教育）	△	◎	△	△	△
公平性	2-9. 考量人數和人口比例，不同族群應有平等工作機會（工作權）	△	◎	△	△	△

◎表示適用、△表示部分適用、 表示不適用

五、結語

　　透過各國和國內族群指標的蒐集，本章以前瞻研究方法為基礎，整合原住民、閩南、客家、外省、新住民等五大族群的特性及需求，建構臺灣「五大族群融合」的新指標——臺灣族群主流化政策指標，並分別由不同的指標內容分析，清楚描述臺灣的族群圖像，提出族群主流化政策規劃。臺灣族群主流化政策指標的建構是透過「文化多樣性」與「參與公平性」二項構面共同組成，期望讓中央及地方各級政府部門在施政上具有族群意識的敏銳度，盡量維持族群文化的多樣性，保存並傳承臺灣各族群的傳統文化。在社會參與、政治議題、經濟活動及日常生活上都能夠保持各族群公平參與的機會。讓社會大眾意識到每個人都是影響族群關係的關鍵角色，進而促使多元族群共同參與社會主流的建構，並回歸主流社會。族群主流化政策矩陣以多樣性與公平性指標勾勒出族群社會的四大象限，形成「族群主流化」、「族群同化」、「族群分化」以及「族群排斥」等不同族群社會現象。族群主流化政策指標能夠幫助臺灣族群社會健全發展，預期對於臺灣族群政策規劃及成果評估會有一定的助益。未來將以此族群主流化政策指標逐一檢視不同族群政策的制定及執行現況，以了解族群主流化社會的發展進程。在學術理論上提出族群

主流化政策矩陣與指標，兼具文化多樣性與參與公平性的族群政策才能夠建立族群主流化社會，族群之間相互交流、認同彼此的差異，進而形成多元文化，讓臺灣社會呈現文化多樣性以及公平包容的社會參與，促進族群之間互相尊重。

參考文獻

李廣均，2008，〈籍貫制度，四大族群與多元文化—國家認同之爭下的人群分類〉。頁 93-112，收錄於王宏仁、李廣均、龔宜君編，《跨戒：流動與堅持的臺灣社會》。臺北：群學。

阮俊達，2016，〈族群主流化觀點下的原住民族轉型正義〉。《臺灣原住民族研究學報》6（3）：51-71。

柯雨瑞、孟維德、徐嘉助，2016，〈從「移民融合政策指標」（MIPEX）探討我國移民融合機制之現況、成效與未來可行之發展對策〉。《中央警察大學國土安全與國境管理學報》26：63-112。

袁建中，2006，《技術前瞻（Foresight）先期研究》。臺北：行政院國家科學委員會。

張翰璧、柯瓊芳、黃祥芝，2016，《我國族群發展重要指標分析與運用規劃》。臺北：國家發展委員會。

黃之棟，2019，〈族群主流化的理論框架與政策意涵〉。《東吳政治學報》37（2）：117-165。

Alesina Alberto, Arnaud Devleeschauwer, William Easterly, Sergio Kurla and Romain Wacziarg, 2003, "Fractionalization." *Journal of Economic growth* 8(2): 155-194.

Amsteus, Martin, 2008, "Managerial foresight: concept and measurement." *Foresight* 10(1): 53-66.

Appleton, Jane and Nicky Stanley, 2008, "Safeguarding children—everyone's responsibility." *Child Abuse Review* 17(1): 1-5.

Aspinall, Peter J., and Elizabeth N. Anionwu, 2002, "The role of ethnic monitoring in mainstreaming race equality and the modernization of the

NHS: a neglected agenda?" *Critical Public Health* 12(1): 1-15.

Berry, John W., Rudolf Kalin and Donald Taylor, 1978, "Multiculturalism and ethnic attitudes in Canada." *Canadian Ethnic Studies* 10(1): 378.

Berry John W., 2016, "Comparative analysis of Canadian multiculturalism policy and the multiculturalism policies of other countries." *Psychology in Russia: State of the Art* 9(1): 4-23.

Berry, John W., 1974, "Psychological aspects of cultural pluralism: unity and identity reconsidered." *Topics in culture learning* 2: 17-22.

Bhugun, Dharam, 2019, "Strategies for Making Intercultural Parenting Work." Pp. 161-190 in *Intercultural Parenting and Relationships*, edited by Dharam Bhugun. London: Palgrave Macmillan.

Black, Naomi, 1994, "Mainstreaming gender, race and sexual orientation in the teaching of political science." *PS: Political Science & Politics* 27(4): 716-718.

Chand, Ashok, 2008, "Every Child Matters?: A Critical Review of Child Welfare Reforms in the Context of Minority Ethnic Children and Families." *Child Abuse Review* 17(1): 6-22.

Feather, Norman Feather, 1979, "A Review of: "Berry, J. W., R. Kalin and D. M. Taylor Multiculturalism and ethnic attitudes in Canada". " *International Journal of Psychology* 14(1-4): 99-100.

Fishman, Donald A., 2004, "Mainstreaming ethnicity: Horace Kallen, the strategy of transcendence, and cultural pluralism." *Southern Journal of Communication* 69(2): 157-172.

Golden, John, 1989, "Acculturation, biculturalism and marginality: A study of Korean American high school students." *NABE Journal* 14(1-3): 93-

107.

Gordon, Timothy J., 1994, "The delphi method." *Futures Research Methodology* 2(3): 1-30.

Grupp, Hariolf, and Harold A. Linstone, 1999, "National technology foresight activities around the globe: resurrection and new paradigms." *Technological Forecasting and Social Change* 60(1): 85-94.

Hankivsky, Olena, 2005, "Gender vs. diversity mainstreaming: A preliminary examination of the role and transformative potential of feminist theory." *Canadian Journal of Political Science/Revue canadienne de science politique*: 977-1001.

Hyman, P., 2006, "Pay Equity and Equal Employment Opportunity-Developments 2004/2006 and Evaluation." *Labour, Employment Work in New Zealand*: 43-49.

Joseph, Baby, 2001,"The influence of culture, ideologies, religion and political boundary determines universal bioethics." *Eubios Journal of Asian and International Bioethics* 11(5): 152-156.

Kallen, Horace Meyer, 1956, *Cultural pluralism and the American idea: An essay in social philosophy*. Philadelphia: University of Pennsylvania Press.

Korte, Barbara, and Claudia Sternberg, 2004, "Black and Asian Britain and the Cultural Mainstream." Pp.7-28 in *Bidding for the Mainstream?*, edited by Korte, B., and Sternberg, C. Leiden: Brill.

Martin, Ben R., 1995, "Foresight in science and technology." *Technology analysis & strategic management* 7(2): 139-168.

Putnam, Robert D., and Pluribus E. Unum, 2007, "Diversity and community in the twenty-first century. The 2006 Johan Skytte Prize lecture." *Scandinavian Political Studies* 30(2): 137-166.

Ramon, Shulamit, Peter Ryan and Mojca Urek, 2010, "Attempting to mainstream ethnicity in a multi-country EU mental health and social inclusion project: lessons for social work: Poskus uveljavljanja načela enakosti etničnih manjšin v večkulturnem evropskem projektu na področju duševnega zdravja in socialne vključenosti: naloga socialnega dela." *European journal of social work* 13(2): 163-182.

Ramon, Shulamit, and Mojca Urek, 2007, "Mainstreaming Gender and Ethnicity within an EU Multi-site Mental Health Project." *Socialinė teorija, empirija, politika ir praktika* 4: 36-37.

Rughini , Cosima, 2011, "Quantitative tales of ethnic differentiation: measuring and using Roma/Gypsy ethnicity in statistical analyses." *Ethnic and Racial Studies* 34(4): 594-619.

Squires, Judith, 2007, "Diversity mainstreaming: Moving beyond technocratic and additive approaches." *Femina Politica-Zeitschrift für feministische Politikwissenschaft* 16(1): 45-56.

Tezcür, Giineç Murât, and Mehmet Gurses, 2017, "Ethnic exclusion and mobilization: The Kurdish conflict in Turkey." *Comparative Politics* 49(2): 213-234.

van der Veen, Ruud, 2010, "Demography, social structure and learning through life." *International Journal of Lifelong Education* 29(4): 415-425.

Williams, Charlotte, and Mekada Graham, 2013, *Social work in Europe: Race and Ethnic Relations*. Routledge.

網路資料

江明修，2010，〈全球治理趨勢下非營利組織的發展與前瞻〉。論文發表於「非營利組織的發展與前瞻研討會」。臺北：國家圖書館。4 月 17 日。http://www.cares.org.tw/CaresPortal/benefit/paperFile.do?subject_id=12，取用日期：2022 年 2 月 9 日。

楊長鎮，2013，〈族群主流化：從行政院客委會到民進黨族群部的工作與思考〉。https://www.ios.sinica.edu.tw/colloquiaDetail/803，取用日期：2022 年 5 月 21 日。

Banting, Keith and Will Kymlicka, 2006, "The Multiculturalism Policy Index." In Multiculturalism Policies in Contemporary Democracies. Retrieved from http://www.queensu.ca/mcp (accessed May13, 2021).

COE., 2019, About the Intercultural Cities Index. Retrieved from https://www.coe.int/en/web/interculturalcities/about-the-index (accessed February 9, 2022).

Miller, Carol, and Shahra Razavi, 1995, *Gender mainstreaming: A study of efforts by the UNDP, the World Bank and the ILO to institutionalize gender issues*. Retrieved from https://www.researchgate.net/publication/265066531_Gender_Mainstreaming_A_Study_of_Efforts_by_the_UNDP_the_World_Bank_and_the_ILO_to_Institutionalize_Gender_Issues (accessed February 9, 2022).

MPG., 2012, IMMEX: Immigration for employment index A research project on European immigration policies. Retrieved from https://www.migpolgroup.com/index.php/portfolio-item/immex/ (accessed February 9, 2022).

_____, 2020, NIEM report: Refugee integration evaluation in 14 EU states.

Retrieved from https://ec.europa.eu/migrant-integration/library-document/niem-report-refugee-integration-evaluation-14-eu-states_en (Date visited: February 9, 2022).

Solano, Giacomo, and Thomas Huddleston, 2020, "Migrant integration policy index." *Migration Policy Group*. Retrieved from https://www.migpolgroup.com/index.php/portfolio-item/migrant-integration-policy-index/ (accessed February 9, 2022).

Ward, Colleen, Anne-Marie Masgoret and Malanie Vauclair, 2011, Attitudes towards immigrants and immigrant experiences: Predictive models based on regional characteristics. *Wellington: Department of Labour*. Retrieved from https://www.mbie.govt.nz/dmsdocument/2724-predictive-models-based-on-regional-characteristics-pdf (accessed February 9, 2022).

Westlake, Daniel, 2021, Annual Data for the Multiculturalism Policy Index for Immigrant Minorities, 1960-2020. Retrieved from https://www.queensu.ca/mcp/sites/mcpwww/files/uploaded_files/immigrantminorities/Annual%20Data/Annual%20data%20MCPs%20for%20Immigrant%20Minorities%20Evidence%20Document%201960-2020.pdf (accessed February 9, 2022).